반드시 다시 오실 내 주 예수님,

언제라도 오시옵소서!

주님의 성결한 신부되어 기다리겠습니다.

예수님 중심으로 펴는

제5복음서 요한계시록

지은이 이병균
초판발행 2014. 10. 13

펴낸이 배용하
책임편집 박민서
등록 제364-2008-000013호
펴낸곳 **도서출판 대장간**
www.daejanggan.org
대전광역시 동구 삼성동 285-16
전화 (042) 673-7424 전송 (042) 623-1424

ISBN 978-89-7071-339-7

값 15,000원

예수님 중심으로 펴는

제5복음서 요한계시록

이병균 지음

CONTENTS

CONTENTS

제3부 천국보좌와 일곱인

제4부 일곱 나팔과 일곱 이적

CONTENTS

들어가는 말

무관심할 일은 없다. 무관심한 사람이 있을 뿐이다.

– 체스터튼(G. K. Chesterton) –

신약성경에 예수님께서 친히 하신 말씀은 사복음서와 사도행전 1:4,5,7,8;9:4,5,6,10,11,12,15,16;10:13,15;11:7,9,16;18:9,10;22:7,8,10;21;23:11;26:14-18 외에는 유일하게 요한계시록에 기록되어 있습니다. 요한계시록은 가히 제5복음서라 할 만큼 중요한 성경입니다.

그러나 요한계시록은 이단들이 그들의 전유물인 것처럼 사용하는 책입니다. 사람들을 두렵게 하고 위협하는 수단으로 삼고 인간을 신격화하는 도구로 삼습니다. 그래서 요한계시록을 공부한다고 하면 이단이 아닌가 의심부터 해야 할 정도입니다.

근간에 새롭게 일어나는 요한계시록에 대한 관심은 대단히 바람직합니다. 요한계시록에 대한 많은 책이 출간되는 상황에서 또 다른 책을 쓴다는 것은 분명한 이유가 필요합니다. 예수님 중심으로 펴는 "제5복음서 요한계시록"이라는 주제로 이 책을 쓰게 된 이유를 몇 가지로 정리하여 보았습니다.

첫째, 요한계시록이 반드시 다시 오실 예수님을 증거하는 책이기 때문입니다. "대개 종말론을 요한계시록의 핵심주제로 삼습니다. 물론, 종말론은 요한계시록의 중요 주제 중 하나이지만, 모든 성경이 그러하듯 요한계시록도 예수님에 관한 책이라는 관점에서 보아야 합니다. 성경은 철저하게 예수님 중심으로 이해하고, 예수님 중심으로 해석해야 합니다. 구약성경이 오실 메시아에 관한 것이라면, 신약성경은 오신 예수님에 관한 것입니다. 요한계시록도 마찬가지입니다. 요한계시록은 반드시 그리고 틀림없이 다시 오실 예수님에 관한 책입니다."[1] 어떤 예수님을 증거하는가? '하나님의 아들이지만, 하늘 보좌의 영광을 버리고 하나님의 어린양으로 오셔서 십자가에서 대속의 제물로 죽으시고 성경의 예언대로 부활승천하신 예수님, 그 예수님이 심판주와 교회의 신랑으로서 반드시 다시 오신다는 사실'을 계시하는 책입니다. 그러므로 이 책은 요한계시록의 핵심주제가 '반드시 다시 오실 예수님'에 관한 증거라는 관점에서 시작합니다.

둘째, 요한계시록을 복음서의 관점에서 보기 위함입니다. 복음서의 핵심주제는 참 구주이신 예수님을 믿고 구원받으라는 것입니다. 그 증거들을 기록한 것이 복음서인데, 요한계시록도 사복음서 메시지의 연장 선상에서 이해해야 합니다. 요한계시록은 반드시 다시 오실 예수님을 믿어야 할 증거들과 계시들을 전해줍니다. 그래서 요한계시록은 '제5복음서'라고 부제를 붙일 만큼 복음서적 요소들이 그 전체에 흐르고 있습니다. 골즈워디Graeme Goldsworth는 요한계시록을 복음서적 관점에서 이해하는 것을 강조합니다. 그는 "요한계시록은, 다른 모든 신약성경과 마찬가지로 복음서의 주해이다. 복음의 어떤 의미를 강조하는 면이 있겠지만, 요한계시록은 여전히 복음서이다."라고 강조하면서 "복음은 예수님에 관한 메시지"라고 하였습니다.[2] 요한계시록은 예수님에 관한 메시지일 뿐만 아니라 예수님의 메시지이며 예수님의 계시로 꽉 찬 책입니다. 그러므로 이 책은 복음서의 관점에서 요한계시록의 메시지를 들으려고 합니다.

셋째, 열린 관점에서 요한계시록을 이해하는 것이 필요하기 때문입니다. 편협한 관점으로 요한계시록에 접근하는 것보다 열린 관점으로 이해할 때 메시지를 본래 의미대로 이해하는 데에 도움이 됩니다. 예를 들면 문자적 해석을 일관되게 관철하여 경직되게 해석한다든가 상징적으로 일관되게 해석하여 본문의 본래 의도를 벗어나 현혹적 해석을 하는 것이 아니라, 문자적으로 해석할 부분은 문자적으로, 역사적 관점으로 해석할 부분은 역사적 관점으로, 상징적으로 계시된 것은 상징적으로 접근하는 것입니다. 이 접근방법의 장점은 메시지를 원래의 의도대로 이해하는 데에 유익하다는 점입니다.

이런 관점에서 요한계시록을 공부하면 예수님이 주신 요한계시록의 계시는 정교하고 헛됨이 없으며 어렵거나 복잡하지 않습니다.

이 책을 통하여 요한계시록을 바르게 정리하면 여러 유익함이 있습니다. 첫째는, 요한계시록이 그렇게 어렵지 않다는 사실과 둘째는, 요한계시록의 내용을 쉽게 기억할 수 있다는 것과 셋째는, 우리의 믿음을 견고하게 해 줄 것이며 넷째는, 이단의 잘못된 가르침에서 교회를 지킬 수 있을 것입니다. 예수님만이 우리를 구원하시는 분입니다. 요한계시록은 예수님이 실패한 구주가 아니라 바로 십자가에서 죽으시고 부활승천하신, 반드시 다시 오실 예수님이라는 것을 알려줍니다. 이 예수님 외에 다른 구주는 없다는 진리를 확실하게 붙잡을 이유들을 요한계시록에서 알게 됩니다.

이단 사설이 난무하는 때에 이 한권의 책이 바른 신앙생활을 하는 데에 유익하기를 간절히 바랍니다. 이 책을 읽는 모든 분에게 오직 십자가에서 죽으시고 부활승천하신 예수님, 반드시 다실 오실 예수님, 우리를 신부로 맞아주시고 영원히 책임지시는 그 예수님만이 우리의 영원한 구주시라는 확신이 일어나며, 그로 말미암아 예수님을 향한 신앙의 절개와 사랑의 정절을 지켜내는 신앙생활에 유익함이 되기를 간절히 소망합니다. 우리의 참 소망이신 예수님께서 우리를 맞이하러 다시 오시기까지 믿음을 잘 지켜서 그 날에 "내가 너를 아노라" 하시는 축복의 자리에 들어가기 바랍니다.

마라나타
아멘 주 예수님, 오시옵소서.
내 주 예수님, 언제라도 오십시오.
내일 오셔도 좋습니다.
주님 맞을 준비하고 있겠습니다.

아멘 주 예수님, 오시옵소서.
내 주 예수님, 언제라도 오십시오.
내년에 오셔도 좋습니다.
그때까지 주의 일에 충성하며 기다리겠습니다.

아멘 주 예수님, 오시옵소서.

십 년 후에 오셔도 좋습니다.

백 년 후에도 좋습니다. 언제라도 오시옵소서.

주님의 성결한 신부되어 기다리겠습니다.

아멘 내 주 예수님이여 오시옵소서.

1

요한계시록 입문

1강 서론

하나님의 계시에 대한 당신의 반응은 당신이 하나님을 믿는 믿음의 척도다.

– 헨리 블랙가비, *Experiencing God* (p.135) –

전화기를 사용하기 전인 1872년에 보스톤의 신문에 실린 기사입니다. 46세 된 코퍼스미스Joshua Coppersmith는 사람들을 현혹하여 모금하려고 했다는 이유로 구속당했습니다. 기사에 따르면 그는 금속선을 통하여 사람의 목소리를 먼 곳에 있는 사람에게 전달하는 장비라고 주장하며 그 기계의 이름을 전화기Telephone라고 소개했습니다. 그 기사는 "지성인이라면 금속선을 통해 육성을 전달할 수 없다는 것을 안다"며 "당국은 이 범죄자를 즉각 적절하게 처벌해야 한다"1)라고 마지막 줄을 적었습니다.

교회 역사에 요한계시록이 무시당했던 때도 있었습니다. 그러나 요한계시록을 공부하지 않으면 영적 무지함에 빠져서 마치 전화기를 소개하는 자를 무식하다고 하는 것과 다름없는 어리석은 일을 범하게 됩니다.

1. 요한계시록의 인식

(1) 중요하면서도 오용당한 책

요한계시록은 성경책 중에서 가장 흥미로우면서도 일반적으로 가장 적게 읽히는 책입니다. 칼뱅Calvin은 요한계시록의 주석을 쓰지 않았고, 루터Luther는 계시록이 신약성경에 포함 된 것을 싫어했으며, 츠빙글리Zwingli는 계시록을 부인했습니다. 또한 바클레이는 "신약성경 중에 가장 난해한 책"으로 알려졌다고 했습니다.[2] 더욱이 이단들이 요한계시록을 두려움과 공포 분위기를 조성하며 교세를 확장하는 수단으로 악용하는 것은 요한계시록에 대한 접근을 더 주저하게 하고 어렵게 만듭니다.

(2) 어렵게 보이지만, 꼭 공부해야 하는 책

요한계시록이 어렵게 보이는 첫째 이유는 미래에 일어날 일과 종말에 관한 일을 많이 계시하기 때문입니다. 둘째 이유는 우리에게 익숙하지 않은 많은 상징과 환상과 숫자를 사용하기 때문입니다.

그럼에도, 요한계시록을 반드시 공부해야 하는 이유는 첫째 요한계시록은 시대를 막론하고 모든 그리스도인이 반드시 알아야 할 중요한 주제를 다루고, 둘째 요한계시록은 복음서의 연장이며, 셋째 신약성경의 총정리이며, 넷째 성경전체의 결론이며, 가장 중요한 다섯째 이유는 예수님의 계시이기 때문입니다. 요한계시록은 서두에서부터 "예수 그리스도의 계시"임을 분명히 합니다. 요한계시록은 예수님의 계시입니다. 예수님을 믿고 사랑하는 자라면 계시록이 계시하는 예수님과 예수님의 뜻을 바르게 그리고 깊이 아는 것이 마땅합니다.

2. 요한계시록의 저자와 기록연대

(1)요한계시록의 저자

요한계시록의 저자에 대하여는 장로 요한설, 선지자 요한설, 익명설 등 여러 견해가 있습니다. 크게 두 가지로 분류한다면 첫째는, 예수님의 제자였던 사도 요한이라고 보는 견해와 둘째는, 사도 요한과 같은 이름을 가진 사람이라고 보는 견해입니다. 사도 요한의 기록을 부인하는 주된 이유 중 하나는 요한계시록이 문법적으로 요한복음보다 헬라어가 변칙적이고 불완전하다는 사실입니다. 그러나 그 문법적 차이가 요한계시록이 요한복음과 달리 상징적 표현과 히브리적 관념이 강하고 미래에 관한 묵시적 내용이라는 점에서 표현 방법이 요한복음서와 다른 성향을 가질수도 있는 것입니다. 헬라어의 표현의 차이가 사도 요한의 기록을 부인할 근거가 되지 못합니다. 그러므로 순교자 저스틴Justin Martyr, 이레니우스Irenaeus, 터툴리안Tertullian, 오리겐Origen, 클레멘트Clement와 같은 초대 교부들이 인정한 것과 같이 사도 요한이 계시를 받아서 기록한 것으로 보는 것이

타당합니다.3)

예수님의 품에 안겨 어느 누구보다도 더 가까이서 예수님을 알았던 사도 요한이 예수님의 계시를 직접 받아서 기록했다고 볼 때, 요한계시록을 통해서 우리에게 전달되는 예수님의 음성은 더욱 간절해집니다.

(2) 요한계시록의 기록연대

요한계시록의 기록연대에 대하여는 세 가지 주된 견해가 있습니다. 첫째는, 클라디우스 황제의 통치기간Claudius, A.D. 41-45년, 둘째는, 네로 황제의 통치기간Nero, A.D. 54-68년, 셋째는, 도미티아누스 황제의 통치기간Domitianus, A.D. 81-96년입니다. 이 중에 세 번째가 전통적 견해입니다.4) 당시는 황제가 자신을 신으로 경배할 것을 강요하는 등 일곱 교회가 위급한 정치적 환경에 처했던 시기였습니다. 이런 시기에 요한계시록은 그들에게 큰 용기와 격려가 되었습니다.

2강
요한계시록 소개

내가 만물을 새롭게 하노라.
– 요한계시록 21장 5절 –

어느 작은 마을 교회에서 40년 동안 목회를 하신 목사님이 은퇴하는 날이었습니다. 그날은 그 마을의 큰 잔치 날이 되었고, 그 목사님이 마을을 위해 수고한 것에 감사하는 날이 되었습니다. 그날을 축하하려고 인기 연예인으로 성장한 그 마을 출신 청년도 돌아왔습니다. 그날 프로그램 중에 40년 동안 마을의 목자로 수고하신 목사님에게 감사를 표현하는 의미로 이 젊은 배우가 시편 23편을 읽는 시간도 마련하였습니다. 청년은 브로드웨이에서 연기하는 실력으로 흠 잡을 데 없이 감동스럽게 시편 23편을 읽었습니다. 청중이 박수를 치며 환호합니다. 그리고 앙코르를 요청했습니다. 청년은 끝까지 사양하였습니다. 대신에 그날의 주인공이 앙코르를 대신하는 것이 좋겠다고 제안하였습니다. 그래서 이 나이 든 목사님이 단 위로 올라왔습니다. 그리고 간단히 인사를 한 후에 지팡이에 기대 떨리는 목소리로 시편

23편을 읽기 시작하였습니다. "여호와는 나의 목자시니 내게 부족함이 없으리로다…" 그렇게 끝을 내었을 때에 청중은 고요했습니다. 머리를 숙이고 기도하듯 앉아 있었습니다. 청중이 물었습니다. "무엇이 이토록 다르게 만드는가?" 그때 청년이 단 위에 올라서서 말했습니다. "그 차이점을 제가 설명해드리지요. 제가 읽었을 때에 여러분은 손뼉을 치며 좋아하였고 앙코르를 청했습니다. 그러나 스미스 목사님이 읽으셨을 때에 경건해져서 침묵하였습니다. 차이점을 아십니까? 간단합니다. 저는 시편을 알았고, 목사님은 목자를 알았습니다."

우리는 계시록을 공부하면서 우리의 목자 되신 예수님께 모든 관심과 주의를 기울여야 합니다. 그러면 요한계시록은 우리의 모든 것에 힘을 실어줄 것입니다.

1. 요한계시록의 성경적 위상

(1) 신학적 중요성

요한계시록은 성경의 결론입니다. 결론은 서론과 본론의 의미를 바르게 정립합니다. 성경은 창세기에서 계시록에 이르기까지 일관된 메시지가 있습니다. 그 메시지의 결론을 계시록에서 찾게 됩니다.

첫째, 계시록은 성경 전체의 결론을 정리합니다. 죄 때문에 깨져버린 하나님과 인간의 관계 회복을 바라시는 하나님의 구원 계획이 성경 전체에 흐릅니다. 이 하나님과 인간의 깨진 관계를 회복하는 것이 계시록에서 완성됩니다. 그러므로 성경 전체의 주제를 계시록을 통해서 분명하게 이해할 수 있습니다. 예를 들어 창세기 3장에서 "아담아 네가 어디 있느냐?"라고 하나님이 죄인을 부르시는 역사가 계시록에서 완결됩니다.

둘째, 계시록은 인간사의 결론을 알게 합니다. 인간사의 의미와 구약성경과 이스라엘 역사의 바른 의미를 찾게 됩니다. 또한 인간사의 결말을 알려주는 계시입니다.

셋째, 계시록을 통해 복음서가 빛을 발합니다. 계시록이 있어서 복음서가 힘을 발하고, 복음서가 있어서 계시록을 이해 할 수 있습니다. 복음서는 '하나님께서 죄인을 어떻게 대하시는가?', '죄인들은 하나님 앞에서 구원받을 길이 없는가?' 라는 질문의 대답이신 예수님을 증거합니다. 계시록은 복음서가 내리지 못한 예수님의 정체와 하시는 일에 관한 결론을 내려줍니다.

넷째, 계시록 덕분에 서신서가 권위를 얻습니다. 계시록 덕분에 사도행전에서 유다서에 이르기까지 모든 서신서가 권위를 가집니다. 요한계시록이 빠진 서신서의 권위는 생각할 수 없습니다. 요한계시록은 성경 전체의 의미와 해석 방향을 잡아줄 뿐만 아니라 모든 성경책에 권위를 부여합니다. 더하여서 모든 성경을 예수님 중심으로 해석해야 하는 이유를 제공합니다.

(2) 교회사적 중요성

계시록은 각 시대의 모든 교회에게 주는 메시지입니다. 교회의 위치와 존재 이유, 교회의 미래와 현실에 대한 권면을 담고 있습니다.

각 시대의 모든 교회는 예수님께서 계시록을 통하여 주시는 메시지를 들어야 합니다.

(3) 개인적 중요성

예수님의 사람들이 읽고, 듣고, 지켜야 할 예수님의 계시입니다. 요한계시록 1장 3절입니다. "이 예언의 말씀을 읽는 자와 듣는 자와 그 가운데에 기록 된 것을 지키는 자는 복이 있나니 때가 가까움이라."

읽고 : 예수님을 사랑하는 자들이 읽도록 들려주시는 책이며, 예수님을 사랑하는 자들이 읽어야 할 책입니다. 계시록을 읽고 깨닫는 자는 복 있는 자입니다.

듣고 : 계시록의 계시를 들어야 합니다. 그러려면 전하는 증거자가 있어서 들려주어야 합니다. 전하고 듣는 자는 복된 자입니다.

지켜야 : 예수님에게 소망을 둔 예수님의 사람이 지켜야 할 말씀이며, 이 말씀을 지키는 자에게는 예수님의 축복이 임합니다. 예수님의 계시의 말씀을 읽거나 듣고도 세상 재미나 유혹에 빠져 지키지 않는 자는 믿지 않는 자입니다. 반면, 어려움이 임하고 세상이 유혹하여도 요동하지 않고 듣고 읽은 것을 지키는 자는 예수님을 참으로 믿는 자입니다. 예수님은 이런 자들을 끝까지 돌봐주시며 영원히 책임지십니다. 그래서 복된 자가 됩니다.

2. 요한계시록의 종말론과 핵심주제의 관계

(1) 종말론에 대하여

첫째, "언제"When보다 "무엇"What에 초점을 두어야 합니다. 계시록은 종말의 "어느 때"에 초점을 맞추어 쓴 책이 아니라 종말에 "어떤 일"이 일어나는가를 계시하는 책입니다.

둘째, 두려움보다 축복이 되는 책입니다. 많은 사람이 계시록에 기록된 종말이 언제 일어나는지에 관심을 둡니다. 그러나 믿음의 사람은 그 "때"가 언제인지 두려워 할 이유가 없습니다. 믿음 없는 사람은 언제 그런 일이 일어날지 궁금해 하며 두려워하지만, 믿음의 사람은 예수님이 언제 오시든 맞이할 순비가 되어 있기 때문에 두려워할 이유가 없습니다. 계시록을 통하여 미래에 어떤 일이 일어나는지를 배우고, 믿음을 지키며, 예수님을 전파하는 일에 힘쓸 것입니다

셋째, 요한계시록은 세상의 종말은 새로운 시작이라는 것을 계시하는 책입니다. 계시록은 종말론에 관한 책이 아닙니다. 물론, 종말론이 계시록의 중요한 주제 중 하나이지만, 가장 중요한 핵심주제는 종말이 아니라 예수님이십니다. 계시록은 예수님이 분명히 다시 오시며, 그것은 심판이 먼저가 아니라 예수님의 신부된 교회, 곧 하나님의 백성을 맞이하러 오시는 것이라는 사실을 알려줍니다. 또한 이 일을 완성하려면 반드시 필요한 것이 사탄을 심판하는 것이며, 예수님이 다시 오시면 사탄은 반드시 심판받는다는 것을 알려줍니다. 계시록은 어두운 종말론에 관한 책이 아니라 새로운 시작을 알려주는 복음서입니다.

(2) 주요주제에 관하여

첫째, 예수님이 어떤 분인지를 알려줍니다. 메릴 테니Merril Teny는 계시록의 기독론적 강조를 명확하게 하였습니다. "요한계시록이라는 바로 그 이름이 책의 주된 내용으로서 그리스도를 계시할 것임을 뜻한다. 그리스도는 그 계시의 부수적인 것이 아니라 주제이다. 기적과 상징이 가장 먼저인 듯한 장에서조차, 그리고 하나님의 홍수 심판이 모든 다른 관심사를 가리는 장에서 조차 그리스도가 여전히 중심이었다."[1] 복음서의 예수님은 메시아로 오신 하나님의 아들로서 죄인을 위해 이 땅에 오셔서 고난 받으시고, 십자가에서 죽으셨다 부활하시고, 지금은 승천하셔서 이 땅에 계시지 않는 분입니다. 반면, 계시록은 복음서에서 그렇게 멈춰버린것 같은 예수님에 관해 계속하여 증거합니다. 계시록의 예수님은 세상 역사를 주관하며 다스리고 심판하시며, 하나님의 백성을 신부로 맞이하실 만왕의 왕이요 승리의 주이십니다.

둘째, 승천하신 예수님은 반드시 다시 오십니다. 예수님은 신부된 성도들을 약속하신 대로 하나님나라의 친 백성 삼으시고 영원한 하나님의 자녀로 세우시려고 다시 오십니다. 창세기에서 시작하신 성부의 뜻을 완성하려고 반드시 다시 오십니다.

셋째, 그때에 어떤 일들이 일어납니까? 예수님의 신부된 교회를 핍박하며 예수님을 믿지 않은 자들에게는 영원한 심판이 임합니다. 그러나 예수님을 향한 믿음을 지킨 성도들에게는 영원한 하나님나라에 예수님의 신부가 되어 들어가는 축복을 받습니다. 구원의 완성입니다.

이 일을 위해서 사탄과 모든 악의 세력은 영원한 멸망을 당해야 하며 예수님은 그렇게 심판하십니다. 반면, 성도들에게는 하나님이 예비하신 큰 성 새 예루살렘이 새 하늘과 새 땅에 임합니다.

정리하면 계시록은 예수님이 계시하신 예수님에 관한 책입니다. 세상의 종말과 함께 예수님은 반드시 다시 오신다는 것입니다. 예수님은 반드시, 꼭, 확실히 다시 오십니다! 구약 성경이 오실 예수님에 관하여 증거한다면, 신약 성경은 오신 예수님에 관하여 증거합니다. 요한계시록은 반드시 다시 오실 예수님에 대하여 계시합니다. 이 계시들은 반드시 이루어질 일입니다.

예수님이 다시 오시면 대 분리사건이 일어납니다. 그때에 모든 사람은 둘로 나뉩니다. 한 부분의 사람들에게 예수님은 '나는 너희를 모른다!' 라고 선포하시며, 다른 부분의 사람들에게는 '내가 너희를 아노라' 라고 선포하십니다. 마7:23, 10:33

예수님이 다시 오실 때 우리는 '내가 너를 안다' 라고 하시는 은혜의 자리에 있어야 합니다. 이 은혜는 오직 예수님을 진정 나의 구주로 믿는 믿음으로만 얻을 수 있습니다. 이런 믿음을 가진 자도 죄악 된 세상에 살다보면 수많은 유혹과 핍박을 받습니다. 그때 어떤 길을 선택하며 살겠습니까? 진정으로 예수님을 사랑하고 믿는 자이면 믿음을 지켜 성결하게 신랑을 기다리는 신부의 길을 택할 것입니다.

예수님의 사람들은

첫째, 믿음의 정절을 지킵니다.

둘째, 세상을 두려워하지 않습니다.

셋째, 마지막 날까지 예수님을 진합니다.

3. 요한계시록의 해석방법들

(1) 과거적해석 방법Preterist Approach

계시록의 내용을 1세기 당시 과거에 이미 성취됐다고 보는 해석 방법입니다. 예를 들면, 요한계시록 17장에 나오는 "바벨론"을 당시 로마 제국으로, "음녀"는 하나님을 배반한 이스라엘로 해석합니다.

이 해석방법은 예수님의 재림에 관한 내용을 비교적 강하게 강조하지 않습니다. 따라서 계시록의 기록 목적은 당시 핍박으로 생명의 위협 아래 놓였던 교회에 위로와 힘을 실어주는 것입니다.

장점은 당시 교회의 상황을 이해하고 그 교회들에 전하는 메시지를 찾게 됩니다. 따라서 이 해석 방법은 묵시록의 성격을 강조합니다.

그러나 이 해석 방법은 예언적이고 미래적인 요소를 배제함으로 예수님의 재림과 성경의 결론적 메시지로서 계시록의 내용이 외면당하게 됩니다.

(2) 역사적해석 방법Historist Approach

계시록을 예수님의 초림 때부터 재림 때까지 교회와 세상에서 일어날 역사를 예언한 책이라고 보는 해석 방법입니다. 특히 이 방법은 교회의 중요한 역사적 사건들을 마치 시간표처럼 상징적 표현들을 통해 예언해 놓았다고 봅니다. 이 해석을 취하는 사람들은 계시록의 내용을 교회와 세계역사에 맞추어 보려고 시도하면서 계시록의 내용들이 언제 어떻게 일어났으며, 앞으로 어떤 사건들이 언제 어떻게 일어날지 알아내려고 합니다.

하지만, 이는 이단들이 가장 많이 악용하는 방법으로서, 그들은 예수님의 재림과 하나님의 무서운 심판을 강조하면서 종말의 공포심을 조성하여 추종자들로 하여금 자신들의 집단을 맹종하게 합니다. 계시록은 "언제"를 알게 하려고 계시된 책이 아니라 "무엇"이 일어나는가를 계시해주는 책입니다. 무리하게 시간표를 짜 맞추려는 생각은 버려야 합니다.

이 방법의 장점은 하나님의 구원 역사에 관심을 일으키며, 심판의 무서움을 인식하게 하고, 예수님 맞을 준비를 하게 하는 데에 유익합니다.

그러나 계시록의 내용을 역사적 시간표에 맞추려고 무리한 해석을 하게 되며, 이로 말미암아 계시록의 핵심주제와 진리를 왜곡하거나 외면하기 쉽습니다.

(3) 미래적해석 방법Futurist Approach

계시록을 미래에 일어날 일들을 기록해 놓았다고 보는 해석 방법입니다. 극단적 미래론자는 계시록을 예수님의 재림직전 7년 환난 기간에 일어날 일들의 기록이라고 봅니다. 세대주의적 해석이 여기에 속합니다.

근래에 수정된 세대주의는 계시록에 7년 환난동안의 일만이 아니라 이미 성취된 내용도 있고 앞으로 일어날 일도 있다고 보는 견해를 취합니다. 즉 계시록의 예언들이 역사의 흐름에 따라 점진적으로 성취된다는 것입니다.

장점은 미래에 일어날 일들에 관한 관심을 불러일으킵니다. 그러나 계시록의 일차적 수신자인 당시 교회들에 주는 메시지를 흐리게 합니다.

(4) 상징적해석 방법Symbolist approach

계시록의 역사적 요소를 부인하며, 계시록이 단지 하나님나라와 사탄의 세력과 영적 전쟁을 상징적으로 묘사한다고 보는 해석 방법입니다. 역사적 시간이나 예수님의 재림에 관한 강조는 배제되고 다만 영적 전쟁에서 궁극적으로 사탄의 나라를 하나님께서 멸망시키고 하나님나라가 승리한다는 내용을 계시록의 주제로 삼습니다.

장점은 계시록의 영적해석과 의미를 찾아내는 데에 유익합니다. 문제점은 계시록의 종말론적 요소와 예언적 내용을 가볍게 다루게 되므로 소중한 내용들이 외면당할 수 있습니다.

각각의 해석방법을 복음적 신학자들이 따르고 있습니다. 그러면 우리는 어떤 해석 방법을 택하는 것이 옳겠습니까? 요한계시록의 성격을 살핀 후에 결론 내리겠습니다.

4. 요한계시록의 성격

계시록이 어떤 특성을 가진 책인지 알아야 바르게 읽고 해석할 수 있습니다. 요한계시록은 세 가지 특성을 지녔습니다.

첫째, 요한계시록은 묵시록의 성격을 갖췄습니다. 계1:1 BC 200-AD 400년의 기간은 유대인에게는 여러 방면에서 박해시절이었습니다. 특히 안티오커스 에피파네스Antiocus Epiphanes 때는 유대인이 율

법책을 읽으면 무조건 사형이었으며, 할례를 주면 주는 자와 받는 자 둘 다 묶어 썩혀 죽이기도 했고, 성전에서 돼지 피로 이방신에게 제사를 지내기까지 했던 모욕적 시기였습니다. 이런 박해의 시기에 생성된 독특한 문학 형식이 묵시록입니다. 묵시록의 특징은 저자를 밝히지 않거나 다른 이름을 사용하고, 은유나 상징적 표현을 사용해서 박해자들의 멸망과 하나님의 백성이 궁극적으로 구원과 은혜를 입는 내용들이 주를 이루었습니다.

이러한 내용들은 핍박받던 독자들에게 용기와 위로와 소망을 주었습니다. 세상의 역사를 절망적 관점으로 보지 않고 하나님의 관점과 시각에서 보도록 하였습니다. 이런 묵시 문학들은 상징적 표현을 사용했으며, 그런 표현을 통해서 영적 가르침을 전달하였습니다. 계시록도 상징적 표현을 많이 사용하며, 묵시적 성격을 지녔습니다. 따라서 계시록은 상징적 해석을 필요로 합니다.

둘째, 요한계시록은 예언서의 성격을 지녔습니다.계1:3 구약의 예언서는 미래에 일어날 일을 많이 전달하였습니다. 그러나 미래의 일은 현재 상황과 별개가 아니라 밀접하게 연결되어 있습니다. 그러므로 예언서는 미래에 일어날 일들을 다루지만, 그 근본적 이유는 미래의 사건들을 통해 현재 일어나는 상황들을 조명하고, 의미를 찾고, 어떻게 행해야 하는지 가르치는 것입니다. 계시록도 미래에 일어날 일들을 계시하면서 당시 교회가 당면한 핍박의 현장에서 왜 신앙의 절개를 지켜야 하는지 어떻게 핍박을 이겨 승리해야 하는지 가르칩니다. 미래의 일들은 하나님의 백성은 반드시 승리하고, 영원한 하나님 나라가 반드시 임하며, 그때가 되면 현재 당하는 모든 핍박이 사라지고 영원한 기쁨을 누릴 것을 확신하게 합니다.

따라서 계시록에는 미래적 해석방법을 사용할 부분들이 있습니다.

셋째, 요한계시록은 서신서의 성격을 지녔습니다. 계시록은 당시의 일곱 교회에 보낸 서신서입니다. 교회에 보낸 서신서는 곧 당시 교회들에 전하는 메시지입니다. 보내는 사람이 받는 사람에게 전하려고 하는 의도가 담겨 있습니다. 서신서의 성격으로 볼 때 계시록에는 수신자인 당시 교회들에게 구체적으로 전달되어야 할 내용과 의도적 목적이 있습니다. 당시 교회들에는 막 다가오는 사건들에 대한 내용이겠지만, 오늘날 교회들에는 시대적 상황에서 볼 때 이미 과거에 일어났던 사건들도 포함된 것입니다. 따라서 요한계시록은 과거적 해석의 요소들을 지녔습니다.

계시록은 어떻게 읽고 어떤 방법으로 해석하는 것이 바른 접근일까? 어느 한 가지 방법만으로는 온전하게 해석하기 어렵습니다. 요한계시록을 과거 1세기에 일어난 사건으로만 보는 과거적 해석방법은 배제합니다. 또한 역사적 시간표를 찾으려는 해석 방법도 제외그때는 오직 하나님만 아신다고 하셨습니다. 행1:7; 마24:36; 막13:32할 것입니다.

어떻게 해석 방법을 설정할 것인가? 과거적 해석방법을 근거로 과거에 일어난 사건들을 조명하면서 미래의 사건들을 다루는 내용은 미래적 해석방법을 사용해야 하며, 역사적 부분은 역사적 접근방법으로 해석하고, 상징적 표현을 사용한 내용은 상징적 해석방법으로 해석하는 것이 유익할 것입니다. 중요한 것은 계시록을 통하여 전하시는 예수님의 마음의 음성을 알아듣는 것입니다.

정리하면 계시록은 구주이신 예수님께서 반드시 다시 오시며, 그 때가 사탄에게는 영원한 멸망의 때이며, 하나님의 백성에게는 구원의 완성의 때인 것을 분명하고 명쾌하게 계시합니다. 계시록을 공부하면서 배우는 자들에게 공포감을 일으키는 것은 올바른 해석방법이 아닙니다. 오히려 용기와 담대함, 기대와 소망, 확신과 사명의식이 일어나야 합니다. 따라서 계시록을 제대로 공부하면서 우리는 첫째, 담대함으로 핍박 중에도 믿음을 지키며 둘째, 현실에 실망하지 않고 반드시 이루어질 소망을 부여잡으며 셋째, 마지막 때가 임하면 어떻게 될까 하는 두려움 속에 살아가는 것이 아니라 언제 종말이 오더라도 예수님을 맞이할 준비된 삶을 살면서 기대와 기쁨 가운데 살아가는 것입니다.

종말은 불신자들에게는 끝이지만, 하나님의 생명책에 이름이 기록된 예수님의 사람에게는 새 하늘과 새 땅과 새 예루살렘에서의 영광된 삶의 새로운 시작임을 깨닫고 그때 신랑 되신 예수님 앞에 온전히 서도록 경건하고 성결한 신앙생활을 추구하는 이유입니다. 믿음 없는 사람들이 이단들이 가르치는 계시록의 내용에 미혹되어 소망 없는 길에 자신들의 인생을 겁니다. 계시록을 바로 깨달아서 세상의 유혹과 헛된 가르침의 미혹에서 벗어나 승리하는 신앙생활을 하는 것이 축복입니다. 예수님은 그 백성을 신부로 맞으시려고 반드시 다시 오십니다.

누군가 웨슬리에게 "선생님께서는 내일 종말이 오면 어떻게 하시겠습니까?"라고 물었습니다. 웨슬리의 대답입니다.

"나는 다른 날과 마찬가지로 아침을 먹고 오전에 약속

된 설교를 할 것입니다. 그리고 점심을 먹을 것입니다. 오후에는 늘 하던 대로 심방을 하며 예수님을 전할 것입니다. 그리고 저녁에 예배를 드리며 설교를 할 것입니다. 밤에 하루를 인도하신 하나님께 감사드리고 잠자리에 들 것입니다. 그리고 내일이면 예수님을 만날 것입니다."

멋진 신앙고백입니다. 계시록을 통해서 이런 믿음을 다지면 예수님께서도 기뻐하실 것입니다.

넷째, 상징적인 관점에서: 모든 것을 상징적 관점으로만 보려고 해서도 안 되고, 또한 신비주의적이나 역사적 해석에 따라 억지로 짜 맞추려 해서도 안 됩니다. 계시록은 성경의 결론이라는 관점에서 성경의 가르침에서 벗어나지 않습니다. 비유적이며 상징적인 내용들의 영적 메시지들도 성경적으로 찾아내야 합니다.

왜 성경과 계시록은 상징적 표현들을 사용합니까? 여러 이유가 있겠지만, 상징적 방법을 사용하면 메시지의 전달이 강렬하며 오래 기억-요한 당시에는 우리처럼 성경이 흔하지 않았습니다.-하게 되어 삶의 현장에서 확신을 가지고 적용하도록 돕습니다. 계시록에 나오는 상징적 표현들을 통하여 오늘 우리 자신과 교회에 주시는 예수님의 메시지를 열심히 읽고 들어서 마음 깊이 새겨야 합니다. 그래서 삶의 현장과 핍박의 상황에서 절망과 고통이 도전해 올 때 상징으로 가르쳐 주신 말씀을 기억하고 믿음을 지켜 승리의 길을 걸어가야 합니다.

5. 요한계시록의 구조

(1) 안식개념7의 수에서 본 구성7중 구조

계시록의 구조를 안식의 개념으로 분석하려는 시도입니다. 안식개념은 7이란 숫자를 사용합니다. 하나님께서 천지를 창조하시고 7일째는 안식하셨습니다. 즉 7은 완전과 완성의 의미를 지닙니다. 계시록의 재앙도 일곱 시리즈로 된 것처럼 그 내용 구조도 일곱 시리즈의 주제를 다룬다고 보는 것입니다.

7중 구조의 내용을 살펴보면 그림1의 도표와 같습니다.

서론(1)

↓

① 일곱 편지(2~3)

↓

삽입(4~5)

② 일곱 인(6)

↓

삽입(7)

③ 일곱 나팔(8~9)

↓

삽입(10~11)

④ 일곱 이적(12~14)

↓

삽입(15)

⑤ 일곱 대접(16)

* 일곱 우레

↓

삽입(17~18)

⑥	일곱 비전(19~20)

↓

삽입 없음

⑦	최후(우주적) 안식(21~22)

그림1 요한계시록의 7중 구조

(2) 환상적 주제로 본 구조4중 구조

이는 "내가 네게 보이리라"라고 하시며 하나님이 요한에게 보여주신 네 개의 환상을 주요 내용으로 보는 구조입니다.

- 서론1:1-8

1) 첫째 환상1:9-3:22 : '예수님의 일곱 교회'

2) 둘째 환상4:1-16:21 : '일곱 재앙 시리즈'

3) 셋째 환상17:1-21:8 : '큰 성 바벨론의 멸망'

4) 넷째 환상21:9-22:5 : '새 예루살렘의 완성'

- 결론22:6-21

(3) 역사적 계시의 관점에서 본 구조3중 구조

요한계시록 1장 19절에 "네가 본 것"과 "지금 있는 일"과 "장차 될 일"로서 과거 현재 미래의 사건들을 기록한다고 봅니다.

- 과거의 일들 : 1장
- 현재의 일들 : 2-3장

• 미래의 일들 : 4-22장

(4) 계시록의 구조에서 얻는 유익

요한계시록의 구조를 이해하는 것에서 얻는 유익은 계시록 전체를 일목요연하게 정리하고 내용을 잘 기억하는 것입니다. 따라서 계시록을 어떤 구조로 볼 것인가는 개인의 성향에 따라 선택하면 됩니다.

계시록의 구조를 결정하는 중요한 열쇠 중 하나는 계시록의 내용을 연속되는 역사적 사건들로 보는지 아니면 같은 내용의 반복적 기록으로 보는지에 달려 있습니다. 이 책은 계시록의 재앙들이 점진적이면서도 반복적으로 계시된다고 봅니다. 점진적이기만 하면 일곱인 재앙 다음에 일곱 나팔, 일곱 나팔 다음에 일곱 우레, 마지막으로 일곱 대접 재앙으로 이어져야 합니다. 그러나 '그림2'는 계시록이 점진적이면서도 반복적인 요소를 보여 줍니다.

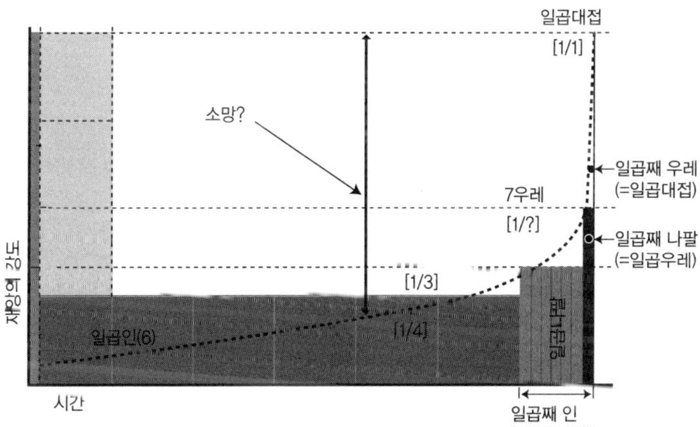

그림2 재앙 진행의 관점

일곱 인 재앙이 시작되면 점진적으로 일곱 인이 펼쳐집니다. 그리고 처음 네 개 인의 재앙은 동시에 일어날 수도 있을 것입니다. 그러나 마지막 일곱 번째 인의 재앙을 확대하면 일곱 나팔 재앙으로 나타나며, 점진적으로 펼쳐진 일곱 나팔 재앙 중 일곱 번째 나팔 재앙을 확대하면 일곱 우레가 되고, 또한 마찬가지로 일곱 우레 중 일곱 번째 우레를 확대한 것이 일곱 대접 재앙이 됩니다.

만약, 이 재앙들의 기간을 시간의 축으로 등분하면 재앙의 진행 폭이 기하급수적으로 짧아지는 것을 표에서 볼 수 있습니다. 굵은 곡선 아래 부분은 재앙으로 말미암아 멸망하는 영역이며 점선 윗부분은 재앙에서 제외되는 영역입니다. 곡선 윗부분의 영역이 남아있다는 것은 하나님께서 소망을 버리지 않으신다는 것을 알 수 있습니다. 그러나 이 곡선을 보면 시간이 갈수록 멸망하는 영역이 기하급수적으로 늘어납니다. 반면 소망의 영역은 반기하급수적으로 줄어듭니다.

일곱 인의 재앙으로는 세상의 4분의 1이 멸망하고 일곱 나팔 재앙으로는 세상의 3분의 1이 멸망하고 일곱 우레 재앙으로는 세상의 2분의 1이 멸망하는 것을 짐작할 수 있습니다. ⑴일곱인: 4분의 1[1/4] → ⑵일곱 나팔: 3분의 1[1/3] → ⑶일곱 우레: X분의 1[1/X] → ⑷일곱 대접: 1분의 1[1/1]의 수열을 보면 'X' 는 '2' 가 될 것이라는 것을 쉽게 짐작할 수 있습니다.

마지막 때가 가까울수록 재앙의 강도와 범위가 급속도로 커지며 하나님께서 보시는 소망도 급격하게 줄어드는 것을 알 수 있습니다.

이렇게 보면 재앙들이 연속적으로 보아야 할 내용들도 포함되어 있지만, 모든 재앙들이 꼬리에 꼬리를 물고 일어나는 시간표처럼 짜인 사건들은 아닙니다. 따라서 계시록의 재앙들은 점진적이면서도 반복적이라고 봅니다. 시간이 흐를수록 심판의 강도는 높아져 가며 그와 함께 경고의 강도도 높아져 갑니다.

6. 계시록의 상징적 숫자들

(1) 숫자 '7'

일곱 영, 일곱 촛대, 일곱 교회, 일곱 인, 일곱 나팔, 일곱 우레, 일곱 대접 등 '일곱' 이라는 숫자를 많이 사용합니다. 창세기 1장에서 하나님께서 6일 동안 천지를 창조하시고, 일곱 째 날에는 모든 것을 완성하시고 안식하신 것을 보면 성경에서 '일곱' 은 완성과 완전의 의미를 상징합니다.

일곱 영: 온전한 하나님의 영, 성령의 상징적 표현

일곱 심판 – 하나님의 철저하고 완전한 심판

일곱 교회 – 각 시대의 모든 교회를 대표

(2) 숫자 "4"

숫자 4는 세상 또는 우주를 상징합니다. "땅과 바다와 강과 물"이라는 표현은 온 세상 또는 우주를 상징합니다. 또 전 세계 모든 민족을 표현 할 때에도 "나라와 족속과 백성과 방언들" 이라는 4중 표현을 사용합니다.

(3) 숫자 "12"

이스라엘은 12지파로서 한 민족을 이루었습니다. 숫자 12는 하나님의 백성을 상징합니다. 12 성문, 12 기초석, 12 지파 등의 표현은 하나님의 백성을 상징합니다.

(4) 숫자 "3"

대체로 3중 표현은 하나님과 연관된 상징입니다. 예를 들면, 하나님의 보좌에서 천사들이 부르는 "거룩 거룩 거룩"의 노래는 삼위일체의 하나님께 드리는 찬양입니다.

소그룹 공부를 위한 질문

1. 요한계시록이 왜 중요합니까? 세 가지로 정리해 보십시오.

2. 요한계시록의 가장 중요한 핵심주제는 무엇일까요? 그 핵심주제와 종말론은 어떤 관계가 있습니까?

3. 요한계시록의 해석방법들은 어떤 것이 있습니까?

4. 요한계시록은 어떻게 구성되어 있습니까?

5. 요한계시록에 나오는 숫자들은 무엇을 상징합니까? 이처럼 상징을 사용하는 의도는 무엇일까요?

제1부 요한계시록 입문의 에필로그

시한부 종말론과 목회자들의 각성

시한부 종말론자들은 특정한 시기에 종말이 온다고 예언한다. 우리나라에서는 시한부 종말론이 틈만 나면 득세를 하고 교회를 어지럽게 만든다. 시한부 종말론을 내세우는 집단에게는 몇 가지 공통점이 있다. 간략하게 정리하면:

첫째, 종말을 공포감을 조성하는 수단으로 삼는다. 이들은 추종자들에게 긴박한 공포감을 조성하여 임박한 종말의 위기에 대비하려면 자신들의 교리를 따르라고 세뇌시킨다.

둘째, 재산 헌납을 유도한다. 종말이 오기 전에 재산을 헌납하여 종말을 대비하라고 위협한다. 추종자들이 헌납한 재산은 지도층 소수들이 관리하며 그들의 전유물로 사용된다.

셋째, 지도자들은 강렬한 카리스마로 추종자들의 절대순종을 요구한다.

넷째, 추종자들을 단절시킨다. 교묘한 논리와 각종 위협 수단을 동원하여 추종자들을 자신들 외에는 외부와의 접촉을 단절시킨다.

다섯째, 기성 교회의 문제점을 비판하는 데는 적극적이다. 그리하면 자신들의 교리는 옳은 것처럼 부각시키는 효과를 얻는다. 이들의 비판은 정확하고 신랄하여서 교회에 대하여 불만을 가진 자들에게는 속이 시원하게 느껴지게 하는 감정을 불러일으킨다.

시한부 종말론은 비성경적이라는 것은 조금만 공부하여도 알 수 있다. 성경은 종말의 때를 사람이 알지 못한다고 여러 차례 선언하고 있다. 그럼에도 불구하고 '왜 시한부 종말론을 따르는 자들이 있는가?' 라는 점에서 관심을 기울여야 한다. 시한부 종말론을 따르는 자들 중에 기성교회에 출석했던 이들이 다수를 차지한다는 사실이다. 그 이유를 분석해보면 목회자들이 그 중심에 있다는 것을 알게 된다.

첫째, 목회자들의 세속화이다. 교회의 세속화는 목회자들의 세속화에서 출발한다. 목회자의 세속화는 교인의 세속화의 원인이요, 교인의 세속화는 부모의 세속화의 원인을 제공하고, 부모의 세속화는 자녀의 세속화를 초래한다. 목회자들의 세속화가 한국교회에 어둠의 그림자를 만들고 시한부 종말론자들이 교회에 파고들 수 있는 공간을 제공하고 있다.

둘째, 목회자들의 목회성공주의이다. 목회자들의 성공주의가 교인 모으기에 우선순위를 두면서 인기를 얻으려는 의도로 기복주의 설교와 번영주의 신학을 거리낌 없이 선포한다. 이런 틈바구니를 타고 대형교회를 만드는 것이 목회의 목적이 되어버리고 이 목적을 위하여 목회자들은 교회와 교인들을 도구로 삼으면서 뜻있는 교인들로부터 외면당하고 세속의 웃음거리가 되어간다. 비성경적인 설교와 신학은 교인들을 실망시키고 교회를 떠나게 만들며 시한부 종말론과 같은 것들에 미혹되게 하는 원인을 제공한다.

셋째, 목회자들의 현세 중심의 신앙이다. 성도들의 현세주의와 물질주의의 경향은 목회자의 현세주의의 영향이다. 목회자들이 재림신앙이 흐려짐으로 인하여 현세주의에 사로잡히게 되고 순교자적 기상은 없어지고 교회는 인본주의 사상에 굴복하게 된다. 이런 목회자에게 실망한 교인들은 반사작용으로 시한부 종말론과 신비주의 같은 것에 끌리게 된다.

이 외에도 여러 가지를 들 수 있겠지만 시한부 종말론과 같은 이단과 사이비 집단에 미혹되지 않게 하는 것은 예수님 중심의 성경적 가르침에 열심을 내어야 한다. 그러기 위해서는 목회자들이 주력해야 할 몇 가지가 있다.

첫째, 목회자는 진정한 예수님의 사람이어야 한다. 예수님을 목회의 도구로 여기는 것이 아니라 예수님께 모든 것을 다 드리는 자로서의 예수님과 관계를 가져야 한다. 목사이기 이전에 예수님의 사람이 되어야 한다. 예수님의 가르침을 그대로 믿고 믿는 대로 살고 행하는 것이 우선되어야 한다.

둘째, 목회자는 예수님의 진정한 종이어야 한다. 베드로는 어부에서 제자로, 제자에서 사도로, 사도에서 종으로 살았다. 목회자에게서 진정한 종의 삶이 드러나게 될 때 교인들은 신실하게 배움의 길을 따라 갈 수 있을 것이며 이로 인하여 시한부 종말론이나 이단의 공략을 무너지게 할 수 있다.

셋째, 목회자는 예수님의 참 증인이 되어야 한다. 예수님의 참 증인이 되는 것은 말로만 증언하는 것이 아니라 예수님의 가르침을 먼저 삶으로 증언하는 자가 되어야 한다. 그리고 목회자는 끊임없이 예수님 중심으로 하는 성경을 공부하고 연구하여 성도들이 예수님만 따르도록 가르쳐야 한다.

이런 목회자가 돌보는 교회가 많이 일어날 때 교회는 시한부 종말론과 같은 비성경적인 가르침을 거부할 수 있다. 이런 목회자가 되기 위해서는 요한계시록을 공부하는 것은 필수적이다. 요한계시록을 공부하면서 다시 오실 예수님을 제대로 알게 되면 예수님을 제대로 증언할 수 있다. 이런 목회자로 인하여 성도들이 가짜에 미혹되지 않을 것이다. 결국 시한부 종말론을 가르치는 집단과 신천지 같은 이단이 득세할수록 목회자는 그 책임의 중심에 있다는 것을 자성하고, 충성스럽고 지혜롭게 오직 예수님만이 길이요 진리요 생명이신 것을 증언하는 일에 최우선 순위에 두어야 한다.

21세기는 목회자의 진솔한 각성이 어느 때보다 절실하게 요구되는 때이다. 특히 교계에서 영향력 있는 목회자일수록 철저하게 다시 오실 예수님 안에 바로 서고, 예수님 중심의 목회로의 전환이 일어나야 한다.

2

예수님과 예수님의 일곱교회

요한계시록 1-3장

3강

복음서 요약 요한계시록 1장 1-8절

이 성경이 곧 내게 대하여 증언하는 것이라

- 요5:39 -

한때 회의론자였던 조쉬 맥도웰Josh McDowell의 고백입니다. "700시간 이상을 쏟아서 공부하며 철저하게 조사한 후에, 나는 예수 그리스도의 부활은 세상에서 가장 악하고 교활하며 생각 없는 날조이던가 아니면 역사상 가장 환상적인 사실일 것이라는 결론에 도달하였다." CRIChristian Research Institute의 대표인 헤니그래프Hank Hanegraaff의 글입니다. "부활은 기독교 신앙에서 역사적으로 중요할 뿐만 아니라 부활이 없다면 기독교는 존재할 수 없다. 그 사실은 기독교를 모든 종교 위에 두게 한다. 부활로 말미암아 그리스도는 아브라함이나 부처, 공자나 무하마드와 같은 이들과는 차원이 다른 분이라는 것을 드러낸다. 예수님은 자신의 생명을 버릴 권세 뿐 아니라 그 생명을 다시 찾는 권세도 지니셨다."

요한계시록 1장 1절은 요한계시록이 예수 그리스도의 계시라고 시작합니다. “예수 그리스도의 계시라 이는 하나님이 그에게 주사 반드시 속히 일어날 일들을 그 종들에게 보이시려고 그의 천사를 그 종 요한에게 보내어 알게 하신 것이라.” 예수님은 누구입니까? 요한복음 1장 18절에 “본래 하나님을 본 사람이 없으되 아버지 품속에 있는 독생하신 하나님이 나타내셨느니라.” 예수님은 본래 하나님의 품속에서 하나님과 영원한 교제를 나누시던 하나님의 아들로서, 성경이 예언한 메시아이신 그리스도로 세상에 오셨던 분이십니다. 세상 죄를 지고 갈 하나님의 어린양으로 오셔서 십자가 고난을 받으시고 죽으심으로 우리를 위한 완전한 속죄물이 되셨고, 죽은 지 사흘 만에 예언대로 부활 하시고 승천하셔서 우리의 영원한 구주가 되셨습니다. 그 예수님이 성부에게 받은 계시를 자신이 사랑하시는 종 요한에게 천사를 보내어 알려 주셨습니다.

계시는 드러내는 것인데 특별히 하나님께서 하실 일에 관하여 알려주는 것입니다. 하나님의 계시는 하나님께서 알려주시지 않으면 우리는 전혀 알 수 없습니다. 예수님께서 우리에게 알려주시는 것은 절대 시시할 수 없습니다. 매우 중요한 내용임이 틀림없습니다. 그런 계시를 성부 하나님께서 성자 예수님께 알려주시고 성자께서 우리에게 전해 주신 것입니다.

마가복음 13장 32절에 예수님께서 “그러나 그 날과 그 때는 아무도 모르나니 하늘에 있는 천사들도, 아들도 모르고 아버지만 아시느니라.”라고 말씀하셨습니다. 성자도 모른다고 하신 말씀은 다음과 같은 의미로 볼 수 있습니다. 예수님께서 세상에 계시는 동안에는 스스로를 인간적 존재로 제한하셨습니다. 인간으로 세상에 계셨던 동안은 아버지의 때를 스스로 모르는 상태로 제한하셨다는 뜻입니다. 그러나 지금은 승천하셔서 하나님 보좌 우편에 계십니다. 성부 하나님과 막힘없는 교제의 자리로 돌아가신 것입니다. 승천하신 예수님은 성부의 모든 것을 다 아십니다. 그렇게 아시는 성부의 뜻을 우리에게 알려주신 것입니다.

요한에게 계시하신 이유는 예수님의 모든 종에게 보여주시려는 것입니다. 시간과 공간을 채우며 전파되어서 바로 우리에게까지 알게 하시려는 의도입니다. 바로 모든 예수님의 사람입니다. 예수님의 사람은 예수님의 종입니다. 종은 주인의 뜻을 위해 존재합니다. 우리가 요한계시록을 잘 공부하는 것은 우리의 영광스럽고 자랑스러운 주(主)님이신 예수님이 원하시는 것이니 열심히 해야 합니다.

어떤 일들을 알리시는 것입니까? 반드시 속히 될 일들입니다. 속히 될 일이라고 해서 속히 다 될 일을 의미한다기보다 반드시 속히 시작될 일을 의미하며, 그렇게 속히 시작된 일은 반드시 끝을 이룰 것이니 반드시 속히 될 일은 그 이후의 모든 일을 포함합니다.

2절은 요한은 자기가 본 것을 다 증언하였다고 합니다.

3절은 "이 예언의 말씀을 읽는 자와 듣는 자와 그 가운데에 기록한 것을 지키는 자는 복이 있나니 때가 가까움이라"라고 합니다. 읽는 것은 개인과 공회가 할 일이요, 듣는 것은 공회와 함께 하는 일이요, 지키는 것은 모두가 함께 해야 할 일입니다. 때가 가까움이라는 것은 종말의 때를 포함하지만, 계시된 일들이 시작되는 것에서부터 종결을 이루기까지 일의 시작이 가깝다는 의미에서 출발합니다.

4-5절에는 성부 하나님과 성령님과 성자 예수님, 삼위일체 하나님에 대한 설명이 나옵니다.

하나님: (1)이제도 계시고, (2)전에도 계셨고, (3)장차 오실 이.

성령님: (1)하나님의 보좌 앞에 임재하시고, (2)일곱 영으로, (3)하나님의 완전하신 영.

예수님: (1)충성된 증인으로 십자가에 죽기까지 성부의 뜻에 충성하신 성자, (2)죽은 자들 가운데서 먼저 나셔서 부활의 첫 열매가 되신 성자, (3)땅의 임금들의 머리가 되셔서 모든 권세자를 다스리시는 왕 중의 왕.

이 삼위일체 하나님이 아시아에 있는 일곱 교회에 편지하시는 내용이 요한계시록입니다. 계시록은 서신서입니다. 모든 교회, 모든 성도가 읽어야 할 책이라는 뜻입니다.

계시록 1장 5-8절은 복음서의 요약이라 할 만 합니다. 첫째, 예수님은 우리를 사랑하셔서 성육신하셨으며, 둘째, 예수님은 그의 피를 뿌려서 우리 죄를 대신 갚으심으로 우리를 피로 사서 죄에서 해방하시고, 셋째, 예수님은 우리를 하나님 나라와 제사장으로 삼으신 분입니다.

그러므로 6절에 "그의 아버지 하나님을 위하여 우리를 나라와 제사장으로 삼으신 그에게 영광과 능력이 세세토록 있기를 원하노라 아멘" 이라고 예수님을 찬양합니다.

예수님은 우리의 경배와 찬양을 받으셔야 하는 분입니다. 내 기분 좋을 때만 찬양하려는 마음을 버려야하고, 감사할 일이 있을 때만 찬양하겠다는 자세도 버려야 합니다. 우리가 불편하고 부족해도, 어려움 중에 있어 힘들고 아플지라도 우리는 예수님을 찬양해야만 합니다. 예수님은 우리의 사정이나 형편과 상관없이 찬양받으셔야 하는 분입니다.

7절 “볼지어다 그가 구름타고 오시리라. 각 사람의 눈이 그를 보겠고 그를 찌른 자들도 볼 것이요 땅에 있는 모든 족속이 그로 말미암아 애곡하리니 그러하리라. 아멘!” 예수님의 재림을 의미합니다. 사도행전 1장 9절에 예수님께서 승천하시는 것을 본 사람들이 하늘을 쳐다보고 있을 때 흰옷 입은 두 천사가 11절에 말합니다. “갈릴리 사람들아 어찌하여 서서 하늘을 쳐다보느냐 너희 가운데서 하늘로 올려지신 이 예수는 하늘로 가심을 본 그대로 오시리라.” 예수님이 타고 오실 구름은 우리가 지금 보는 세상 구름이 아닙니다. 하늘 구름, 영광의 구름입니다. 각 사람이 그를 볼 것이라고 했는데 ‘지구는 둥근데 이것이 가능합니까?’ 라는 질문을 자주 받습니다. 가능합니다. 이때 세상은 이미 심판으로 없어지고 백보좌 심판대 앞에 서는 날이므로 우주적 종말이 임하였고, 이전 세상은 존재하시 않습니다. 그러므로 세상 모든 존재가 재림하시는 예수님을 볼 것입니다.

그를 찌른 자도 볼 것이라고

각 사람의 눈이 재림 예수님을 본다?

‘지구가 둥근데 어떻게 각 사람들이 예수님을 동시에 볼 수 있겠는가? 성경은 중학생이 들어도 불가능한 이야기를 하고 있네.’ 이 질문에 대한 답은 간단하다. 예수님이 재림하실 때에는 이미 지금의 지구는 사라지고 모든 이들이 심판주 예수님 앞에 서는 날이므로 모든 사람들이 동시에 재림 예수님을 목격한다.

예수님이 재림하시면 신자 불신자를 막론하고 모든 사람들이 재림하시는 예수님을 보게 되는데 어떤 이단의 교주들은 자신들이 재림예수라고 주장한다. 그러나 그들은 자신을 따르는 무리에게만 보여지니 그들의 수상은 허무맹랑하고 비상경직이며 모순이다. 믿음없어 못본나고 빈박히겠지만 계시록 1장 7절에 찌른자도 본나고 했으니 이도 거짓말이다.

계시록을 근거로 자신들이 재림예수라고 주장하면서 계시록과 어긋난 주장을 하니 웃기는 처들이다.

합니다. 이 구절에서 그를 찌른 자는 복수입니다. 반면 예수님이 십자가에서 죽으신 후에 사망사실을 확인하려고 예수님의 옆구리를 찌른 자는 한 사람이었습니다.요19:34 그러므로 그를 찌른 자는 예수님과 예수님의 교회를 박해하고 핍박하는 자들을 의미합니다. 모든 족속이 애곡하리라고 한 것은 종말이 임할 때에 드러나는 인간의 비극적 상태를 알려줍니다. 악한 길을 선택하고 예수님과 예수님의 교회를 박해하고 핍박하는 자들을 향한 강렬한 경고문에 해당합니다.

8절에 주 하나님이 말씀하십니다. “주 하나님이 이르시되 나는 알파와 오메가라 이제도 있고 전에도 있었고 장차 올 자요 전능한 자라 하시더라.” 어떤 성경은 이 구절이 빨간 색깔로 되어있습니다. 예수님이 하신 말씀이라는 표시입니다. 그런데 말씀하신 분은 주 하나님이신데 왜 빨간색으로 되어있는가? 요한계시록 21장 6절에 예수님이 하신 말씀이 “이루었도다 나는 알파와 오메가요 처음과 마지막이라 내가 생명수 샘물을 목마른 자에게 값없이 주리니.” 또 22장 13절에 “나는 알파와 오메가요 처음과 마지막이요 시작과 마침이라.” 하신 구절들과 비교해 볼 때, 이 말씀도 예수님의 말씀이라고 본 것입니다. 그렇다면 계시록도 예수님을 주 하나님으로 계시한다는 의미가 됩니다. 그 증거는 요한복음 20장 28절에 도마가 부활하신 예수님을 만나 뵙고 “나의 주 나의 하나님”이라며 엎드렸던 도마의 고백입니다.

하나님은 “이제도 있고 전에도 있었고 장차 올 전능한 자라”고 하였습니다. 하나님이 어떻게 장차 오시는가? 아들이신 예수님을 통하여 오십니다. 예수님은 지금도 살아계시고 영원히 사시는 분입니다. 예수님은 전에도 계셨습니다. 어떤 사람들은 예수님은 본래는 하나님이 아니었다고 주장합니다. 그러나 예수님이 존재하지 않으셨던 시간은 전혀 없습니다. 우리가 믿는 예수님은 피조물이 아닙니다. 원래부터 하나님이십니다.

예수님이 그런 분이신 것을 다시 오시는 날 예수님을 부인하던 모든 자가 알게 될 것입니다. 그날 예수님을 찌른 자도 볼 것이요, 모든 족속이 예수님으로 말미암아 애곡할 것입니다. 복음서의 예수님은 아기로 오셔서 “세상 죄를 지고 가는 하나님의 어린양”요1:29이 되셨지만, 계시록의 예수님은 만왕의 왕으로 심판주로 오십니다. 예수님의 백성 된 자들에겐 춤을 추는 날이요, 예수님을 조롱하고 불신하며 예수님의 사람들을 핍박하고, 박해하며, 승리한 줄로 여기고 날뛰던 자들에겐 애곡하는 날이 될 것입니다. 애곡하다는 단어, 콥폰타이의 원어는 콥토로 “잘라내다, 베어내다, 슬픔으로 가슴을 치다”라는 의미로 슬퍼서 가슴치도록 애곡한다는 뜻입니다. 예수님이 다시 오시는 날이 그런 날이 될 것입니다. 그러므로 계시록은 그런 자리에 들지 말라는 하나님의 경고와 부르심입니다.

파라데이Michael Faraday:1791-1867는 영국이 낳은 위대한 과학자입니다. 그가 병들어 죽게 되어 당대의 많은 과학자가 방문하였지만, 과학에 관한 이야기보다 죽음에 관한 이야기들을 더 많이 나누었습니다. 한 사람이 물었습니다. “선생님, 선생님의 미래는 어떠할 것이라고 짐작하세요?” 그는 같이 있었던 사람들을 놀라게 하는 대답을 했습니다. “짐작이라니요! 나는 심작하지 않소. 나는 확실한 것을 의지하는 것이요.” 그리고 그는 디모데후서 1장 12절을 암송했습니다. “ 내가 믿는 자를 내가 알고 또한 내가 의탁한 것을 그 날까지 그가 능히 지키실 줄을 확신함이라"1)

오늘 우리에게 임한 환난에 너무 아파하지 말며, 누리는 축복에 너무 마음 뺏기지도 말고, 닥친 괴로움을 너무 두려워하지 말며, 누리는 행복에 너무 안심하지도 말고 오직 우리는 우리주 예수님만을 믿는 믿음에 굳게 서야 합니다.

다음은 창세기와 요한계시록을 비교한 것입니다.

창세기	계시록
– 창조의 시작	– 창조의 완성
– 인간의 타락	– 인간의 성화
– 인간의 실낙원	– 인간의 복낙원
– 인간의 고통	– 인간의 행복
– 인간의 죽음	– 인간의 영생
– 인간의 절망	– 인간의 희망
– 인간의 암흑	– 인간의 빛

성경은 창세기부터 요한계시록까지 연결되어야 완성됩니다. 창세기에서 시작된 것이 요한계시록에서 완성되는 것입니다. 다시 오실 예수님은 이 모든 사건의 분기점이 되신 분이며 완성이십니다.

4강
예수님 앞에 죽다 요한계시록 1장 9-20절

성령님은 예수님만을 증거하신다.
– 켐벨 모간(G. Campbell Morgan) –

주님은 어디 계셨습니까?

"심장이 산산조각 무너질 때 주님은 어디 계셨습니까?"

"나는 거기 있었다. 너를 위해 모든 것을 붙든 채로!"

"공포가 얼굴을 드러낼 때 주님은 어디 계셨습니까?"

"나는 거기 있었다. 공포에서 널 자유롭게 하면서!"

"환경이 고통으로 몰아갈 때 주님은 어디 계셨습니까?"

"나는 거기 있었다. 네 고통은 나의 눈물이었다!"

"어두워 앞을 볼 수 없을 때 주님은 어디 계셨습니까?"

"나는 거기 있었다. 네가 살 곳으로 인도하면서!"

"죽음이 최선이라고 여길 때 주님은 어디 계셨습니까?"

"나는 거기 있었다. 삶의 목적과 안식을 베풀며!"

"폭풍이 둘러쌌을 때 주님은 어디 계셨습니까?"

"나는 거기 있었다. 네 곁에서 팔로 널 꼭 안고서!"

"혼란에 빠져 방황할 때 주님은 어디 계셨습니까?"

"나는 거기 있었다. 네 안에 평안을 채워 주면서!"

"원수가 둘러싸고 달려들 때 주님은 어디 계셨습니까?"

"나는 거기 있었다. 너를 상하지 않도록 지켜주면서! 그런데 내 아이야 내가 너를 부를 때 너는 어디 있었더냐?"

"주님 죄송합니다. 너무 바빠서 듣지 못했습니다."

"네 회개를 들었다. 널 용서하마. 난 네 마음을 본다. 네가 필요할 때는 언제든지 날 불러라. 난 네 곁에 항상 있을 것이다."

1. 예수님의 증인, 9절:

요한계시록 1장 9절입니다. "나 요한은 너희 형제요 예수의 환난과 나라와 참음에 동참하는 자라 하나님의 말씀과 예수를 증언하였음으로 말미암아 밧모라 하는 섬에 있었더니."

(1) 정체성:

요한은 자신을 예수님의 환난과 나라와 참음에 동참한 자라고 증언합니다. 즉 자신의 정체는 오직 예수님에게 있다는 증언입니다. 우리도 우리의 정체성을 철저하게 예수님에게만 둘 것입니다. 요한은 독자를 형제라고 불렀습니다. 우리의 정체성은 예수님의 것이며, 교회의 정체성은 예수님의 사람들의 형제 됨으로 밝혀야 합니다.

(2) 존재성:

요한이 밧모섬에 유배당한 이유는 하나님의 말씀과 예수님을 증언한 것입니다. 우리는 예수님을 증언해도 유배당하지 않는 시대와 환경에 삽니다. 초대성도들보다 예수님을 더 왕성하게 전파함이 마땅하지 않습니까? 요한 자신은 밧모섬에 갇힌 존재이지만, 더 고상한 존재성을 인식하고 있었습니다. 그것은 예수님의 증인됨이었습니다. 그는 예수님의 증인됨으로 자신의 존재를 확인하였습니다. 우리도 우리의 존재성을 예수님을 증언하는 자에서 찾아야 합니다. 동참한다는 단어 쉉코이노노스는 동업자라는 뜻이 있습니다. 우리는 다 같이 예수님의 증인되는 일에 동업자입니다.

2. 인자 같은 분

요한은 1장 11절에서 한 음성을 듣습니다. "네가 보는 것을 두루마리에 써서 에베소, 서머나, 버가모, 두아디라, 사데, 빌라델비아, 라오디게아 등 일곱 교회에 보내라." 이 일곱 교회는 당대에 존재했던 실제 교회들이며 또한 각 시대의 모든 교회를 대표합니다.

12-16절에서는 10절에 들리던 음성의 주인공에 대해서 설명합니다. 우리의 구주 예수님을 섬세하게 계시합니다.

첫째, 인자 같은 이13절 : 복음서의 예수님이라는 증언입니다. 하나님이신 분이 인자, 즉 사람의 아들로서 성육신하셨던 예수님이라는 뜻입니다. 성육신하시고 십자가에 죽으셨다 부활하신 바로 그 예수님을 뜻합니다. 부활승천하신 예수님은 여전히 부활된 성체를 지니고 계십니다. 그래서 우리가 천국에 가면 예수님을 확실하게 알아보게 됩니다.

둘째, 발에 끌리는 옷을 입고 가슴에 금띠를 띠고13절 : 이 복장은 대제사장 또는 왕의 복장입니다. 예수님은 왕과 대제사장의 권위를 가지신 분임을 상징적으로 보여줍니다.

셋째, 그의 머리와 털의 희기가 양털 같고 눈 같으며14절 : 흰 머리털은 성결과 함께 영원하신 분이심을 의미합니다. 전에도 계시고, 이제도 계시며, 장차 올 자이신 예수님의 성결과 신성과 영원성을 뜻합니다. 마가복음 9장 2절에 변화산에서 변화된 예수님의 옷의 광채를 "세상에서 빨래하는 자가 그렇게 희게 할 수 없을 만큼 희어졌더라" 라고 설명하였습니다. 세상에 존재하지 않는 흰 색을 의미합니다. 하늘의 광채로 말미암아 희게 비쳐지는 영광을 드러내는 광채입니다. 우리 예수님은 그런 영광의 존재라는 것을 나타냅니다.

넷째, 그의 눈은 불꽃같고14절 : 예수님의 눈길은 세상에 닿지 않는 곳이 없습니다.시139편 주님의 눈은 사람들의 심중 깊은 곳까지 감찰하십니다. 이 주님의 눈길은 죄인과 불신자에게는 두려움입니다. 그 불꽃같은 눈앞에 감출 수 있는 것은 하나도 없습니다. 모든 인간의 행위와 죄를 다 아시는 예수님이십니다. 그러나 성도와 신자들에게는 위로와 격려가 되는 눈길입니다. 그 눈길로 자녀들의 마음을 알아주시고 멸망에서 지켜주시기 때문입니다.

다섯째, 발은 풀무에 단련한 빛난 주석 같고15절 : 강한 발은 심판의 강력함을 예시합니다. 앞으로 다가올 심판은 주석 같은 발로 적장의 머리를 밟듯 엄중할 것입니다. 세상의 심판과 법은 피해 갈 수 있으나 주석 같은 발로 밟는 것 같은 예수님의 심판을 피해갈 자가 한 사람도 없습니다. 그때 원수 사탄의 머리는 예수님의 발아래 속 시원히 짓밟힐 것입니다. 창세기 3장 15절의 “여자의 후손이 네 머리를 상하게 할 것이요” 라고 하신 예언이 완결되는 때가 반드시 올 것입니다.

여섯째, 그의 음성은 많은 물소리와 같으며15절 : 나이아가라 폭포를 방문하여서 폭포 아래로 배를 타고 들어가 본 적이 있습니다. 그때 들었던 많은 물소리는 웅장하고 굉장한 힘의 소리였습니다. 많은 물소리와 같은 음성은 예수님의 권능을 나타냅니다. 한 번 음성을 발하시면, 거역할 수 없는 권능으로 세상을 움직이십니다. 예수님의 음성이 들리면 이루어지지 않는 것이 없습니다. 거대한 폭포수의 물소리처럼, 백만 사자의 포효처럼 예수님의 음성은 능력과 권세가 있습니다.

일곱째, 그의 오른손에는 일곱 별이 있고16절: 일곱 별은 일곱 교회의 사자를 의미합니다. 주님의 교회는 예수님의 손안에 있습니다. 예수님께서 주님의 모든 교회의 사자를 손안에 두시고, 지키시며, 쓰십니다. 즉 교회는 예수님의 돌보심 아래에 있다는 뜻입니다.

여덟째, 그의 입에서 좌우에 날선 검이 나오고16절: 예수님 말씀의 권세를 나타냅니다. 히브리서 4장 12절은 “하나님의 말씀은 살아있고 활력이 있어 좌우에 날선 어떤 검보다 예리하여 혼과 영과 및 관절과 골수를 찔러 쪼개기까지 하며 또 마음의 생각과 뜻을 판단” 한다고 하였습니다. 예수님은 하나님 말씀의 현현顯現이며, 선포하신 말씀은 반드시 이루십니다. 예수님의 말씀은 죄로 불신자에게는 심판의 권세요, 우로 신자에게는 구원의 은혜로서 좌우의 날선 검과 같습니다.

아홉째, 그 얼굴은 해가 힘 있게 비치는 것 같더라16절: 비치는 것 같다고 할 때 비친다는 동사는 현재 능동태로서 해 같은 빛이 예수님 얼굴에 비치는 것이 아니라 예수님의 얼굴에서 해가 힘 있게 비치는 것과 같은 생명의 빛이 계속적으로 비쳐 나온다는 뜻입니다. 예수님이 드러내시는 성자의 영광을 상징적으로 표현합니다. 태양을 바로 볼 자 있는가? 예수님이 드러내시는 영광은 하나님의 영광이요 사람이 쳐다 볼 수 없는 영광입니다. 해 같이 비치는 영광의 예수님이십니다. 그 예수님이 자신의 영광을 가리고 이 땅에 오셔서 죄인들과 함께 하시며, 죄인들을 사랑하시고, 죄인들에게 생명을 주시려고 십자가에 죽기까지 하셨습니다. 이런 영광을 가지신 분이 이 땅에서 수모와 멸시와 조롱을 받고 죽임 당하셨습니다. 아, 예수님의 은혜의 빛줄기가 내 영혼에 채워지게 하소서!

부활 승천하신 예수님께서 구름을 타시고 다시 오신다고 증언합니다. 모든 사람이 예수님을 볼 것이고, 예수님을 찌른 자도 볼 것이며, 모든 족속이 애곡 할 것이라고 합니다. 예수님의 심판 권세는 열방에 임합니다. 예수님을 찌른 자들은 예수님을 실제로 십자가에 못 박고 창으로 찌른 자들뿐만 아니라, 그 이후에 예수님의 제자들을 잡아 가두고, 찌르며, 핍박한 자들 또한 포함합니다. 사도행전 9장 5절에 예수님께서는 사울에게 "나는 네가 핍박하는 예수라"라고 하셨습니다. 바울이 예수님을 직접 핍박한 것이 아니라 예수님의 제자들을 핍박하였을 뿐인데, 예수님 자신을 직접 핍박했다고 하십니다.

예수님께서 다시 오시는 날은 핍박자들이 애곡하는 날이 될 것이라고 증거합니다. 심판의 날이 예수님의 재림하심으로 도래합니다. 복음서의 예수님은 빌라도 법정에 끌려가 조롱당하시고 십자가에서 죽으셨던 예수님이었지만, 계시록의 예수님은 영광과 권세로 세상을 심판할 분이시며, 교회를 붙드시는 분이시며, 만왕의 왕이신 예수님이십니다! 아멘!

3. 예수님 앞에서 죽다!

요한은 예수님이 세상에 계실 때 가장 가까이에서 교제했던 자였습니다. 그는 예수님을 듣고 보고 만져도 보았습니다. 그런 그가 계시록의 예수님을 뵙고는 어떻게 했습니까? 요한계시록 1장 17절에 "내가 볼 때에 그 발 앞에 엎드러져 죽은 자 같이 되매"라고 했습니다. 예수님 앞에서 감히 얼굴을 들고 서 있을 자는 없습니다.

나 같은 죄인은 오죽 할까!

나는 오늘도 예수님 앞에 죽은 자처럼 엎드린다.

예수님께서 나를 불쌍히 여기시지 않으면

나는 심판의 자리에 설 수밖에 없다.

요한을 위로하신 예수님의 그 위로의 음성을

내게도 주시기를 간구한다.

주여! 이 죄인을 불쌍히 여기소서.

4. 예수님 스스로의 증거

죽은 듯이 엎드려져 있는 요한에게 예수님은 어떻게 하셨는가? 17-18절에 "그가 오른손을 내게 얹고 이르시되 두려워하지 말라 나는 처음이요 마지막이니 곧 살아있는 자라 내가 전에 죽었었노라 볼지어다 이제 세세토록 살아있어 사망과 음부의 열쇠를 가졌노니"라고 하셨습니다. 십자가에서 죽으셨던 예수님은 영영토록 살아계신 주님이십니다. 이 예수님 앞에 남아 엎드려 죽으면 삽니다. 예수님은 어떤 분이신가?

(1) 죄인에게 손을 얹고 위로하시는 예수님:

나병 환자에게 손을 얹으시고 고쳐주신 예수님은 죄인을 거절하지 않으시고 오른손을 얹고 위로하십니다. 오른손은 의의 손, 권능의 손, 사랑의 손, 자비의 손입니다. 예수님은 하나님의 자녀들이 두려워하며 사는 것을 원치 않으십니다. 믿는 자가 두려워하지 않을 이유는 단 하나, 예수님 때문입니다. 예수님의 권세를 알고 예수님을 믿으므로 예수님에게 속한 자가 되어 예수님과 바른 관계를 맺으면 두려울 것이 하나도 없습니다. 바른 관계는 무엇인가? 예수님께서 나를 알아주시고 내가 예수님을 아는 관계입니다.

(2) 나는 처음이요 나중이니:

처음이요 나중은 하나님에 대한 표현입니다. 예수님은 하나님과 같은 분이시며 창조주로 역사의 시작과 결론을 내리시는 역사의 주인입니다. 예수님은 일어나는 사건을 다 아시며 다스리십니다. 모든 것을 시작하신 분이 예수님이시며 모든 것의 결론도 예수님이십니다. 모든 시간과 공간의 처음과 나중의 사이도 예수님으로 꽉 차있습니다.

(3) 곧 산자라:

예수님은 어제도 오늘도 영원히 사시는 분입니다. 예수님을 죽은 자 가운데서 찾아서는 안 됩니다. 살아계신 예수님을 믿으면 세상의 어떠한 일도 견디며 승리의 길을 갈 수 있습니다. 살아계신 예수님을 바라보며 사는 자에게 마지막 승리의 영광이 주어집니다.

(4) 내가 전에 죽었었노라:

> **가짜 예수들**
>
> '가짜 예수들을 쉽게 분별할 수 있는 증거가 무엇인가?' 이 질문에 대한 답도 간단하다. 죽었다가 살아난 증거를 보이는 것이다. 성경의 예수는 실패자고 자신이 참 구주라고 하는 자들에게 죽으면 다시 살아나게 할 증거를 가졌는가? 예수님의 흉내를 내려고 한다면 십자가의 죽음과 부활부터 내어야 할 것이다.

이런 영광과 권세를 가지신 예수님께서 죽으셨습니다. 십자가에서 죄인들의 손에 죽임당하셨습니다. 심판받아야 할 죄인들이 심판주이신 예수님을 죽였으니 그 죗값은 어떻게 하는가? 심판 받아야 할 죄인 중에 나도 있습니다. 그런데 예수님은 죄인들을 위하여 어린양처럼 죽임당하셨습니다. 누구를 위해 그렇게 죽으셨는가? 바로 자신을 죽이는 그 죄인들을 구원하시기 위함이었으니 이것이 은혜입니다.

(5) 이제 세세토록 살아있어 사망과 음부의 열쇠를 가졌노니:

예수님은 사망과 음부의 열쇠를 가지신 분입니다. 예수님만이 이 권세를 지니셨습니다. 영혼의 생사가 예수님께 달렸으며 영혼이 음부에 갈지, 천국에 갈지는 오직 예수님께 달렸습니다. 예수님의 말씀을 듣고 믿는 자는 예수님의 사랑 안에 거하며 은혜를 입으리라.

(6) 교회에 계시해 주시는 예수님:

예수님은 교회를 버리지 아니하시고 끝까지 사랑하시며 말씀하십니다. 예수님께서 예수님을 증거하고 생명을 구원하는 역사를 위해 교회를 사용하십니다. 일곱 교회에게 메시지를 전하시는 것은 예수님의 뜻을 이루려고 교회를 사용하시기 위함입니다. 다른 어떤 것에게도 이 사역을 부탁하지 않으셨습니다. 오직 예수님의 교회를 통하여 구원역사를 이루십니다. 이것이 교회의 사명입니다. 교회는 예수님을 알고 예수님의 비밀을 받은 자들입니다. 교회는 이 예수님을 열방에 증거해야 합니다.

예수님의 참 교회는 예수님을 외면하지 않습니다.
예수님의 참 교회는 예수님을 구박하지 않습니다.
예수님의 참 성도는 예수님을 배반하지 않습니다.
예수님의 참 성도는 예수님을 부인하지 않습니다.
교회가 살아야 세상이 살길을 얻습니다.
예수님은 자신의 교회를 외면하지 않으시고, 구박도 않으십니다.
예수님은 자신의 성도를 배반하지도, 부인하지도 않으십니다.
아 이 끝없는 예수님의 사랑이여!
세상의 심판주 예수님이시여!
내게는 생명의 주가 되소서.

내가 주님을 믿나이다.

주여! 내 영혼을 불쌍히 여기소서!

나는 예수님 앞에 죽은 자 같나이다.

요한을 만지신 의의 오른손으로 나를 만지소서.

소그룹 공부를 위한 질문

1. 요한계시록의 저자 요한은 누구입니까?계1:1-9

2. 요한계시록 1장에서는 어떤 예수님을 증거합니까? 복음서의 예수님과 비교하여 보십시오.

3. 요한계시록의 기록목적을 찾아보십시오. 복 있는 자는 어떤 사람입니까?

5강
예수님의 일곱 교회 요한계시록 2-3장

오직 성령님만이 예수님을 증거하신다.
- 켐벨 모간(G. Campbell Morgan) -

2010년도에 당시 100세셨던 방지일 목사님을 엘파소 제일한인침례교회에 모시고 사경회를 했습니다. 그때 들려주신 이야기였습니다. 방지일 목사님이 젊은 시절 자전거를 타고 가는데 뒤에서 웬 노인이 귀 가까이 대고 냅다 소리쳤습니다.

"예수 믿어야 천당 가지."

놀라서 뒤를 돌아보니 최권능 목사로 알려진 최봉석 목사였습니다. 방지일 목사인 줄 알아보고 소리친 것입니다. 그리고 지나가며 남긴 말이었습니다.

"개라면 짖어야 개지."

예수님을 믿는 자라면 전도하라는 말씀이었습니다.

예수님의 교회라면 반드시 해야 할 사명은 예수님의 증인이 되어 예수님을 전하는 것입니다.

1. 예수님의 일곱 교회2-3장

(1) 일곱 교회와 일곱 사자

첫째, 일곱 교회일곱 촛대 : 일곱 별은 일곱 교회의 사자요 일곱 촛대는 일곱 교회입니다. 일곱 교회는 요한의 시대에 실존했던 일곱 교회였습니다. 세대주의자는 일곱 교회를 교회 역사의 일곱 시대를 대표하는 것으로 해석합니다.[1] 그러나 이 일곱 교회는 각 시대의 모든 교회를 대표합니다. 그 첫째 근거는 각 교회에 전하는 편지 끝에 "귀 있는 자는 성령이 교회들에게 하시는 말씀을 들을지어다"라고 똑같이 반복되는 내용입니다. 이 교회들이라는 단어는 복수형입니다. 즉 각 교회에 전달된 예수님의 편지 내용을 모든 교회가 들어야 한다는 의미입니다. 둘째 근거는 오늘날 현대 세계의 교회들을 보면 서머나 같은 핍박 가운데 놓여 가난하지만, 신앙을 지키는 교회가 있는 동시에 라오디게아 교회의 성격을 지닌 교회도 볼 수 있기 때문입니다. 즉 다른 성격의 교회가 동시대에 공존하는 것입니다. 계시록 2-3장의 일곱 교회의 일곱 메시지는 모든 시대의 모든 교회가 읽고 배워야 할 편지입니다. 현대 모든 교회에 배달되고 모든 성도가 읽고, 듣고, 지켜야 할 예수님의 계시인 것입니다. 일곱 교회는 모든 시대의 모든 교회를 대표합니다.

정말 예수님을 사랑합니까? 그러면 계시록을 통해서 주시는 메시지를 잘 공부하고 깨달아 믿음을 지키는 자와 교회가 되어야 할 것입니다.

세상에서 교회의 역할은 무엇인가? 교회를 촛대에 비유한 것은 교회가 해야 할 중요한 역할이 있음을 의미합니다. 촛대는 어둠을 밝히고 길을 보여줍니다. 모든 주님의 교회는 어느 시대든, 어떤 환경에서든 어둠 속에서 방황하는 자들을 위한 세상의 빛이 되어야 합니다. 어떤 빛인가? 구제나 선행을 베푸는 것도 중요하지만, 가장 중요한 빛은 예수님의 생명과 구원의 빛을 비추는 것입니다. 멸망의 길을 가다가 결국은 계시록이 증거하는 무서운 심판을 받게 될 세상에 그 심판에서 구원하시는 생명이시며 구주이신 예수님을 알려야 합니다. 예수님은 길이요 진리요 생명이기 때문입니다.

오늘날 교회들은 어떤가? 세상의 유혹과 핍박으로 말미암아 빛을 포기하고 세상과 타협하여 어둠에 스며들지는 않는가? 진정으로 예수님을 사랑하는 교회는 어느 시대든지 생명의 빛을 비춥니다. 교회를 촛대로 비유하는 이유는 너무나 명쾌합니다. 오늘날 교회는 가물거리며 꺼져가는 생명 없는 교회인가 아니면 밝게 빛을 발하는 살아있는 교회인가? 계시록을 읽고, 듣고, 지켜서 예수님의 생명의 밝은 빛을 발하는 생명력 있는 교회가 되어야 합니다.

둘째, 일곱 사자일곱 별 : 일곱 별로 표현한 사자는 헬라어로 앙겔로스이며 천사라는 의미로 많이 사용됩니다. 그러나 메시지를 전하는 사람, 즉 사자라는 의미로도 사용되는 것을 볼 수 있습니다. 마가복음 1장 2절의 이사야서를 인용한 구절로서 "보라 내가 내 사자를 네 앞에 보내노니 그가 네 길을 예비하리라" 라고 한 사자도 앙겔로스로 예수님보다 앞서 보냄을 받은 침례세례 요한을 의미합니다.

야고보서 2장 25절에는 "또 이와 같이 기생 라합이 사자들을 접대하여 다른 길로 나가게 할 때" 사자들은 여호수아 2장 1-21절에 나오는 두 정탐꾼으로 사람을 의미하였습니다.

또한 일곱 교회마다 각 교회의 사자에게 편지하라는 것은 천상에서 지상에 있는 각 교회의 사자에게 보내는 메시지라는 뜻입니다.

그러므로 계시록에 나오는 일곱 별로 상징된 일곱 사자는 교회를 대표하는 자로서 영적 지도자로 볼 수 있습니다. 일곱 교회에 보내는 메시지가 이들에게 전달된 것을 볼 때 메시지를 전하는 천사들로 보는 것보다 메시지를 받는 교회의 지도자로 보는 것이 옳습니다.

이들 일곱 별은 예수님의 오른손에 있습니다. 그것은 예수님께서 교회와 교회 지도자를 보호하고 인도하심을 상징하며, 또한 예수님께서 교회와 교회 지도자와 영적으로 교통하시는 것을 의미합니다. 교회의 지도자는 예수님 손안에 있습니다. 교회 지도자를 위해 기도하고 격려해야 합니다. 지도자를 위한 중보기도는 오늘날 무엇보다도 절실합니다. 교회의 말씀을 맡은 지도자는 예수님과 깊은 영적 교제를 나눠야 합니다.

필자가 신학교에 공부할때 교수 한 분이 들려준 이야기입니다. 그 교수가 비행기를 타고 장거리 여행을 하게 되었습니다. 비행기 안에서 옆자리에 앉은 분이 출발할 때부터 두손을 모으고 중얼중얼 기도하고 있었습니다. 교수가 무엇을 위해 그렇게 열심히 기도하느냐고 물었더니, 소름끼치는 대답을 했습니다. "자신은 사탄의 교회 교인인데 자기가 사는 도시의 목사들이 성과 돈에 타락하게 할것을 위해 기도한다고 했습니다.

교회 지도자의 위치는 대단히 중요합니다. 그러므로 디모데전서 3장에서는 교회 지도자를 세울 때 엄중한 구비조건을 요구하는 것입니다. 오늘날 조금 재능이 있다고 여겨지면 아무나 지도자가 되려고 합니다. 교회 지도자는 세상의 지도자와는 다릅니다. 늘 예수님과 끊임없이 영적 교제를 해야 합니다. 예수님의 음성에 항상 민감해야 하는 것입니다.

(2) 계시록과 일곱 교회의 메시지

계시록은 일곱 교회에 전달되는 메시지로서 교회의 현재를 돌아보고 미래를 준비하게 합니다. 일곱 교회의 메시지는 2-3장에서 끝나지 않습니다. 4장 이후의 내용이야말로 예수님께서 교회에게 전하는 핵심입니다.

교회는 계시록에 계시된 구원역사의 중심에 있습니다. 교회는 세상에서 일어나는 일과 무관하지 않습니다. 오히려 그런 사건들 중에서 핵심 역할을 담당해야 합니다. 세상이 어두울수록 교회의 역할은 더욱 긴박해집니다.

일곱 교회에게 전달되는 메시지들을 보면 공통점이 있습니다.

첫째, 각 교회의 사자에게 편지가 전달된다는 사실입니다. 교회 지도자는 늘 깨어 있어서 예수님의 편지를 민감하게 받아야 합니다.

둘째, 예수님께서는 각 교회마다 특정한 모습으로 자신을 소개하십니다. 예수님께서는 각 교회의 형편과 처지를 잘 아시며, 각 교회의 특성을 인정하십니다.

셋째, 각 교회의 현재 영적 모습을 먼저 전달하고 각 교회가 무엇을 어떻게 해야 할 것인지를 권면합니다.

넷째, 각 교회마다 예수님께서 약속을 주셨습니다. 이것은 예수님은 문제가 있는 교회든 없는 교회든 가리지 않고 사랑하신다는 뜻입니다. 약속의 내용은 각각 다르나 각 교회와의 약속은 예수님의 재림 때 일어날 일과 연관 있습니다. 교회가 받을 상급은 지금이 아니라 후일 예수님이 오실 때입니다.

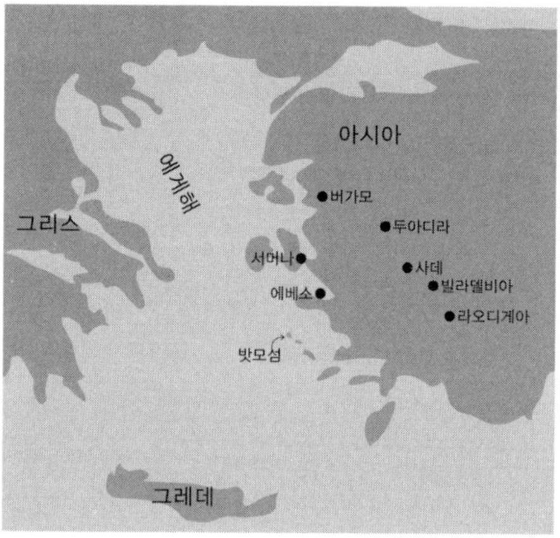

그림3 일곱 교회의 위치

다섯째, 각 교회마다 "귀 있는 자는 성령이 교회들에게 하시는 말씀을 들을지어다."라고 말씀하십니다. 이 말씀은 예수님께서 지상사역하실 때에도 여러 차례 쓰신 표현입니다. 성령이 전하시는 말씀은 영으로 듣습니다. 그러므로 귀는 영의 귀를 의미합니다. 들어야 할 '교회들'은 복수형으로 모든 교회이지만, '들을지어다'의 듣는 것은 단수 동사로 개개인이 들어야 합니다. 각 교회에 주시는 메시지지만, 모든 교회에 들으라고 하십니다. 그러므로 일곱 교회에게 주신 일곱 편지는 모든 교회가 다 듣고, 깨닫고, 개개인이 지켜 행해야 할 내용이라는 뜻입니다.

일곱 교회 중 다섯 교회는 책망을 받았으며 두 교회는 칭찬을 받았습니다. 지상에서 완전한 교회는 없습니다. 부족한 교회라도 다시 오실 예수님을 분명히 믿고 예수님의 재림을 준비하면 영광된 하나님나라를 약속받습니다.

각 교회의 모습은 한 교회에만 국한된 것이 아닙니다. 어느 교회든지 일곱 교회 모습들의 조각을 지닙니다. 따라서 모든 교회가 일곱 특징을 가진 교회를 통해서 현재 어떤 상태에 있는지를 진단하고 어떤 교회로 변해가야 하는지 배워야 합니다.

좋은 교회 = 문제없는 교회?

좋은 교회를 문제없는 교회로 본다면 지상에 좋은 교회는 존재하지 않는다. 문제 없는 교회가 되려면 모든 교인들이 성자이면 된다. 그러나 성자들만 모인 교회는 그 자체만으로 문제다. 성자들이 모인 교회라면 구원받지 못한 이들을 교회로 초대해야 하지 않겠는가? 그 순간부터 교회는 문제가 생긴다. 그러므로 좋은 교회는 더 많은 문제를 안고 있다. 좋은 교회를 새롭게 정리한다면 이런 교회일 것이다: '문제꺼리를 숙제꺼리로 보고 숙제꺼리를 예수님께서 기뻐하시는 방향으로 풀 줄 아는 교회' 이런 교회라면 좋은 교회이다.

소그룹 공부를 위한 질문

1. 요한계시록의 일곱 별과 일곱 교회는 무엇을 의미합니까?

2. 이 일곱 교회에게 전달되는 편지가 요한계시록 전체 주제와 어떤 연관이 있습니까?

6강
첫 사랑 예수님 요한계시록 2장 1-7절

예수님을 사랑함이 적으면 예수님에 대한 할 말도 적다.
- 이병규 -

어느 교회 의과 의사가 담임 목사에게 가끔 쉬기도 해야 한다면서 음악회 입장권을 선물하였습니다. 목사님이 연주회의 내용을 살펴보더니 "이 표는 돌려드려야 하겠습니다."라며 돌려주었습니다. 의사가 이유를 물으니 담임목사가 설명하기를 음악회가 너무 세속적이라서 자신의 영이 오염될 것 같기 때문이라고 합니다. 의사가 너무 심한 것 아니냐고 반문하자 목사님이 의사에게 대답합니다. "당신은 수술 할 때 세심하게 손을 씻지 않습니까? 더러운 손으로 수술하기를 원치 않듯이 저는 그리스도의 종으로 사람의 영혼을 섬기는 사람입니다. 추한 영으로 섬길 수는 없지 않습니까?"

이와 같이 영이 순수한 교회, 예수님을 순전하게 사랑하는 교회가 그리운 시대입니다. 예수님도 첫 사랑이 변치 않는 교회를 간절히 찾으십니다.

1. 에베소 교회의 성격

에베소 교회를 제일 먼저 언급한 것에는 의미가 있습니다. 에베소 교회는 바울의 2차 선교여행 중 바울이 브리스길라와 아굴라와 함께 개척한 교회입니다. 행18:18 이후 바울은 안디옥으로 떠나고 그들은 남아서 교회를 돌보았습니다.

3차 선교 여행 때 에베소로 와서 2년간 말씀을 가르쳤으며, 에베소는 아시아에 복음을 전하는 본부가 되었습니다. 행19:9,10,26 바울은 에베소 교회를 위해 3년간 사역했습니다. 행20:31 바울에게 3년은 긴 시간이었습니다. 바울의 선교 사역이 전부 10년 넘짓한 것과 데살로니가 교회 같은 데서는 고작 3주 정도밖에 머물지 않았던 것을 생각하면 에베소에 머문 3년은 대단히 긴 기간입니다. 바울이 전한 복음 덕분에 도시에 개혁이 일어나고 교회가 부흥하는 열매를 맺게 되었습니다. 행19:17-20

나중에는 바울의 영적 자녀인 디모데가 사역하였습니다. 딤전1:3 아볼로도 한때 이곳에서 말씀을 증거하였습니다. 전통Irenaeus and Eusebius에 의하면 바울이 죽은 후에 사도 요한이 예수님의 어머니를 모시고 사역했다고 합니다. 요한과 예수님의 어머니의 무덤도 이곳에 있었다고 합니다.

에베소 교회는 이와 같이 초대교회의 쟁쟁한 영적지도자들을 담임목사로 모시고 신앙생활을 했던 영성배경이 단단한 교회였습니다.

에베소는 이방 종교의 중심지이기도 했습니다. 아데미라는 여신행19:35을 섬기는 본거지였으며, 로마의 신들과 로마 황제를 예배하는 장소이기도 했으며, 에베소는 온갖 미신과 마술로 알려진 도시였습니다. 데메드리오라 하는 우상의 물건들을 파는 상인의 선동으로 바울이 어려움을 겪고 에베소를 떠나야 했던 도시였습니다. 행19:24-20

이렇듯 에베소 교회는 바울이 가장 오래 머물며 사역했던 교회이며, 디모데와 요한과 같은 위대한 사역자들이 수고한 교회입니다. 그러므로 이 교회는 말씀의 깊이에서 다른 교회와는 달리 깊었을 것입니다.

에베소 교회의 성격을 이 교회에 나타내신 예수님의 모습에서 찾을 수 있습니다. 이 에베소 교회에 나타내신 예수님을 "오른손에 있는 일곱 별을 붙잡고 일곱 금 촛대 사이에 거니시는 이"라고 표현하였습니다. 에베소 교회는 다른 교회의 어머니 격이며 교회 중에서도 빛을 발하는 촛대의 사명을 받은 교회입니다. 게다가 상업과 문화의 중심지가 된 에베소의 교회는 아시아 지역에 복음을 전하는 통로로서 말씀에 바로 선 에베소 교회가 적격입니다. 예수님의 상징적 모습과 에베소 교회가 가진 사명은 다른 교회와는 다릅니다. 위대한 사역자들에게 말씀을 가장 풍성하고, 깊고, 넓게 배웠던 교회였습니다.

이 교회를 예수님은 2-3절에서 칭찬하십니다. "내가 네 행위와 수고와 네 인내를 알고 또 악한 자들을 용납하지 아니한 것과 자칭 사도라 하되 아닌

금 촛대 같은 교회

촛대는 빛을 발해야 촛대다. 교회는 금빛을 비춰야 하는 금 촛대 같은 교회다. 금빛은 무슨 빛인가? 예수님을 드러내는 빛은 천국의 금빛이다. 목사를 자랑하는 교회는 사람의 빛을 드러내는 교회다. 프로그램을 자랑하는 교회는 도구의 빛을 드러내는 교회다. 기도를 자랑하는 교회는 행위의 빛을 드러내는 교회다. 예배의 모양을 자랑하는 교회는 껍데기를 드러내는 교회다. 금 촛대 같은 교회는 오직 예수님만 드러내는 교회다. 진정한 예수님의 교회는 예수님 외에는 자랑할 것이 전혀 없다. 예수님을 참 구주로 높이는 교회다. 이런 교회는 절대 예수님을 홀대하지 않는다.

자들을 시험하여 그의 거짓된 것을 네가 드러낸 것과 또 네가 참고 내 이름을 위하여 견디고 게으르지 아니한 것을 아노라." 첫째는, 행위와 수고와 인내를 칭찬 하셨습니다. 둘째는, "자칭 사도라 하되 아닌 자들을 시험하여 그 거짓된 것을 드러낸 것"입니다. 셋째는, 예수님의 이름을 위해 인내하며 게으르지 아니하였다고 칭찬하셨습니다. 참으로 말씀에 바로 선 교회였습니다.

그러나 완벽하게 보인 교회였지만, 심각한 문제가 있었고 이로 말미암아 예수님의 경고를 받았습니다.

2. 에베소 교회의 문제와 교회가 받은 경고

(1) 에베소 교회의 문제는 무엇이었는가?

4절입니다. "그러나 너를 책망할 것이 있나니 너의 처음 사랑을 버렸느니라." 처음 사랑을 버렸다는 것입니다. '버렸느니라' 라는 동사는 과거 직설법 능동태 단수로 되어있습니다. 이것은 이미 개개인이 자의로 버렸고, 지금도 버린 상태에 있다는 뜻입니다. 에베소 교회 교인들의 영적 상태를 말해주는 단어입니다. 처음 사랑을 버렸다는 것은 무엇을 의미하는가? 그들이 비록 말씀을 깊이 깨닫고, 이단을 잘 분별해내며, 행위가 완전하다고 해도 그 모든 것보다 가장 중요한 신앙의 핵심을 잃어버렸기 때문에 큰 책망을 받아야 했습니다. 처음 사랑은 원어의 의미상 최고의 사랑, 최선의 사랑을 의미합니다.

신앙의 핵심은 무엇인가? 예수님입니다. 처음 믿었을 때에 예수님을 사랑했던 그 감격적 사랑 대신에, 예수님보다 예수님의 말씀을 공부하는 그 자체를 더 사랑하고, 예수님보다 예수님의 행위를 더 사랑하며, 인내를 자랑할 만하더라도 예수님을 사랑하는 것이 빠지면 교회의 본질을 잃어버립니다.

에베소 교회는 예배를 빠짐없이 드리고, 헌금도 많이 하며, 힘을 다해 봉사하고, 기도에도 열심을 내며, 정통 사역자들에게 깊이 있게 말씀을 배우고, 배운 말씀을 행하는 교회입니다. 그러나 가장 중요한 예수님을 향한 사랑이 식어버린 교회입니다. 주님께서 원하시는 것은 어떤 것인가? 예배의 형식과 모습을 제대로 갖춰도 마음에 없는 예배는 싫어하십니다. 그래서 우물가의 여인에게 예수님은 하나님이 기뻐하시는 예배는 신령과 진정으로 드리는 예배라고 가르치신 것입니다.

기도도 그렇습니다. 누가복음 18장 9-14절에 예수님의 비유에서 세리와 바리새인이 기도할 때 바리새인은 자신의 의로움을 감사하는 기도를 드렸지만, 세리는 자신을 죄인으로 여겨 하나님께서 불쌍히 여겨주시기를 기도했습니다. 예수님은 세리를 의롭다고 하셨습니다. 모든 신앙생활의 동기가 한 가지에서 출발해야 합니다. 예수님을 사랑하는 마음입니다. 예수님을 사랑하는 깊이에 따라서 신앙생활의 깊이가 결정됩니다.

에베소 교회는 말씀의 깊이와 행위의 온전함은 있었으나 가장 중요한 신앙생활의 핵심이 빠졌으니 곧 예수님을 향한 사랑입니다.

(2) 어떻게 해야 하나?

5절입니다. "그러므로 어디서 떨어졌는지를 생각하고 회개하여 처음 행위를 가지라 만일 그리하지 아니하고 회개하지 아니하면 내가 네게 가서 네 촛대를 그 자리에서 옮기리라." 회개하고 첫 사랑을 회복하라고 하십니다. 첫 사랑은 어떤 사랑인가? 오직 예수님만 사랑하는 순결하며, 거짓 없고, 열정적인 사랑입니다. 보고 있어도 보고 싶으며, 듣고 있어도 듣고 싶으며, 만나면서도 만나고 싶은 사랑을 노래합니다. 처음 예수님을 영접할 때의 감격이 이러합니다.

아! 나를 그토록 사랑하시는 예수님!

처음 신앙을 고백할 때 예수님을 향한 사랑과 감사!

용서받은 탕자의 심정!

회개와 감사와 헌신!

이 첫사랑을 회복해야 합니다. '생각하라, 회개하라, 가지라, 회개하지 아니하다' 라는 이 구절에 나오는 모든 동사는 단수형입니다. 각자가 어디서부터 어떻게 하다가 예수님과의 사랑을 잃어버렸는지 그 원인과 시기를 더듬어보아서 그 원인을 제거하고 예수님께로 돌아오라는 회개의 메시지입니다. 우리 각자가 회개해야 합니다. 예수님보다 더 사랑하는 것이 있으면 그것을 버리고 회개하여 예수님께로 돌아와야 합니다. 첫 사랑을 회복하면 놀라운 은혜가 임하기 시작합니다.

(3) 불순종하면 어떻게 되는가?

촛대를 옮기신다고 하셨습니다. 촛대의 사명을 옮기시겠다는 경고입니다. 즉 쓸모없는 교회가 되고 맙니다. 예수님께서 쓸모없게 만드시는 것이 아니라 스스로 쓸모없는 길을 가는 것입니다. 서구의 큰 교회 건물들이 비어있거나 다른 종교에 팔려나가는 것은 왜 그런가? 선한 행위도 있었고 성경 말씀도 열심히 분석하고 연구했지만, 예수님에 대한 진실한 사랑을 잃어버려서 그렇습니다. 어느 시대든 예수님을 향한 사랑을 잃어버리면 교회는 세상에게 조롱과 외면을 당하며 주님에게 책망을 받습니다.

교회를 교회답게 만드는 본질은 무엇인가? 교회의 본질은 "예수님은 그리스도요. 예수님만이 나의 주님이라는 고백으로 예수님의 것이 되어, 예수님을 위해 살고, 예수님께 생명 드린 예수님의 사람들"입니다.[1] 이런 교회의 본질은 예수님 사랑에서 시작됩니다. 예수님의 우리 사랑과 우리의 예수님 사랑, 이 사랑 때문에 교회가 본질에 바로 서게 됩니다. 예수님의 교회는 이 예수님 사랑을 잃지 말아야 합니다. 6절에 예수님은 이어서 말씀하십니다. "오직 네게 이것이 있으니 네가 니골라 당의 행위를 미워하는도다 나도 이것을 미워하노라." 니골라는 사도행전 6장 5절에 예루살렘 교회가 택한 일곱 집사 중 한 사람입니다. 그는 인간의 영혼과 육체를 분리하고 영혼의 구원을 받은 사람은 육체의 죄를 범해도 구원을 잃지 않는다고 주장하며 교회 안에 새로운 당파를 만들었습니다. 오늘로 말하면 구원파와 같은 이단입니다. 이 교리는 계속해서 죄를 지으면서도 자신은 구원받았다고 착각하게 만드는 교묘한 이단의 교리로 가짜 예수를 따르게 합니다. 에베소 교회는 예수님도 미워하는 이 당을 미워하였습니다. 잘한 일입니다. 그러나 그것보다 더 근본적인 것은 십자가에서 죽으시고 부활하신 참 예수님을 전심으로 사랑하는 것입니다. 그러면 니골라당과 같은 이단에 빠지는 일은 없습니다.

3. 에베소 교회가 받은 약속:

예수님은 7절에 약속하십니다. "귀 있는 자들은 성령이 교회들에게 하시는 말씀을 들을지어다 이기는 그에게는 내가 하나님의 낙원에 있는 생명나무의 과실을 주어 먹게 하리라." 이기는 자는 어떤 자를 말하는가? 예수님이 하시는 권고의 말씀을 듣고, 믿고, 그대로 순종하는 자를 말합니다. 예수님을 사랑하기 때문에 유혹이 있을지라도, 육신의 평안함을 버리면서도, 예수님의 말씀에 순종하는 자가 이기는 자입니다. 이런 믿음의 교회에게 예수님은 생명나무의 과실을 주셔서 먹게 한다고 하셨습니다. 하나님의 낙원에서 살게 하시겠다는 약속의 말씀입니다.

언제 이 약속이 이루어지는가? 이제 계시록 4장 이후부터 그 약속이 이루어지기까지 지나야 할 사건들을 계시하십니다. 그리고 예수님이 다시 오시면 생명나무의 약속을 이루어 주십니다. 새 예루살렘이 이미 예비 되어 있고 새 하늘과 새 땅이 주어집니다. 창세기 3장에서 잃어버린 낙원을 회복시켜 주십니다. 본래부터 하나님께서 우리에게 간절히 주기 원하셨던 하나님의 낙원입니다.

오늘 우리 교회가 에베소 교회와 같지는 않는지 살펴보아야 합니다. 예수님보다 행위를 더 사랑하고, 예수님보다 성경지식을 더 사랑하며, 예수님보다 전통과 형식을 더 사랑한 것을 회개하고, 오직 예수님을 향한 순결하고 뜨거운 사랑을 회복해야 합니다.

회개는 어떻게 하는가? 회개라는 단어의 헬라어 메타노이아는 '함께 또는 가운데' 라는 뜻의 전치사 메타와 '마음 또는 의지' 를 어근으로 하는 '마음으로 알다' 라는 단어 노에오의 복합어로, 마음으로 돌이킨다는 뜻입니다. 구약성경의 회개한다는 단어 슈브도 마음에서부터 하나님께 돌아간다는 의미를 강조합니다. 회개는 요엘서 2장 13절의 말씀처럼 과거를 돌아보며 지난날에 하나님을 떠난 잘못–하나님을 부정, 불신, 경멸, 조롱한–을 마음을 찢어 자백하고, 전인격적으로 하나님께로 돌아가는 것입니다. 마음을 찢고 하나님께 돌아가는 길이 피 묻은 십자가의 예수님께로 돌아가는 것입니다. 그 예수님 앞에 끝까지 남아 엎드려서 회개하고, 고백하며, 은혜를 구하면 아무리 무서운 죄악도 용서하시는 예수님이십니다. 예수님 사랑을 회복하게 해 달라고 생명을 걸고 회개하며 기도합시다. 성령께서도 도우십니다. 예수님을 향한 사랑이 넘치는 교회가 되면 촛대의 사명을 잘 감당할 수밖에 없지 않겠습니까? 사랑하니까 사랑하는 예수님을 기쁘게 해드리려고 생명을 다하는 삶을 살게 되는 것입니다. 이런 교회가 되어야 합니다.

누가 이런 가르침을 듣고 회개할 것인가? "귀 있는 자는 성령이 교회들에게 하시는 말씀을 들을지어다." 귀도 단수이며 '들을지어다' 라는 동사도 단수입니다. 각자가 영적 귀를 성령님께 열어서 성령이 깨우침을 민감하게 깨달아 알고 그 가르침대로 따르는 귀가 있어야 합니다.

에베소 교회에게 주신 말씀을 들어야 할 교회들은 복수형입니다. 모든 교회가 들어야 하는 말씀입니다. 모든 교회여! 에베소 교회와 같은 잘못이 없는지 돌아보라! 예수님과 성결한 사랑에 빠지는 축복을 누리라. 교회가 이렇게 되는 길은 무엇인가? 각 교회의 각 교인이 회개하고 예수님을 향한 첫 사랑을 회복하는 것입니다. 에베소 교인이여! 주님과 사랑의 안방으로 들어갈지라!

4. 에베소 교회는 어떤 교회를 대표하는가?

에베소 교회는 제자 훈련도 열심히 하고, 성경 공부를 부지런히 하며, 이단을 배척하고, 교회의 실적을 자랑하는 교회에 해당합니다. 또한 설교와 성경 지식에 정통한 유명한 담임목사님을 예수님보다 더 자랑하는 교회일 것입니다. 바울과 디모데와 요한과 같은 위대한 사역자들이 목회한 교회이니 그 말씀을 배운 깊이와 넓이가 어떠하겠습니까?

오늘 이런 현대 교회가 많습니다. 제자훈련이 유행처럼 번지고, 훌륭한 신학교를 졸업한 최고학력을 갖춘 유명한 설교자들이 담임하는 교회가 많이 일어납니다. 교회 성장 세미나가 유행하며 온갖 새롭고 유명한 프로그램들이 개발되고 있습니다.

이런 교회가 가장 먼저 배워야 할 중요한 것이 무엇인가? 그것은 교회의 가장 근본 된 본질의 회복입니다. 아무리 제자훈련을 잘하고, 성경공부가 왕성하며, 좋은 프로그램을 운영하고, 많은 교인이 모인다 해도 교회의 가장 근본 된 본질을 잃어버리면 교회는 촛대로서의 빛을 잃어버립니다.

교회의 본질은 예수님을 사랑하는 것에 그 뿌리를 둡니다. 현대 교회는 예수님을 교회의 비전이나 어떤 목적을 이루는 수단으로 여기는 경향이 늘어갑니다. 예수님을 향한 사랑이 회복되어야 합니다. 일곱 교회 중에 제일 먼저 에베소 교회를 택하여 주신 이 메시지는 시대와 장소와 상황을 막론하고 반드시 회복되어야 합니다. 예수님을 향한 사랑이 모든 행위의 동기가 될 때, 그 모든 행위에서 예수님의 향기가 드러날 것이며 생명의 빛을 발할 것입니다.

아 한국의 에베소 교회들이여!

이 첫사랑을 회복하라!

그리고 촛대의 사명을 잘 감당하라!

세상은 그대에게 소망을 얻기를 바라노라!

소그룹 공부를 위한 질문

1. 에베소 교회의 성격은 어떠합니까?

2. 에베소 교회의 문제와 교회가 받은 경고가 무엇입니까?

3. 에베소 교회가 받은 약속은 무엇이며 요한계시록의 주제와 어떤 연관이 있습니까?

4. 에베소 교회는 어떤 교회를 대표합니까? 에베소 교회의 편지에서 현대 교회가 깨달아야 하는 교훈은 무엇입니까?

7강
약한 중 강하라 요한계시록 2장 8-11절

내게 나누어 줄 천 개의 목숨이 있다면 조선이 다 가져야 한다.
– 켄드릭(Ruby Kendrick) –

루비 켄드릭Ruby Kendrick은 1883년에 텍사스에서 태어나서 1907년 8월에 24세 처녀의 몸으로 조선 땅에 선교사로 발을 디뎠습니다. 그러나 선교의 꽃을 피우지도 못한 채 1908년 6월에 맹장염 수술을 한 뒤 안타깝게도 서울의 한 병원에서 부름 받았습니다. 루비가 마지막 즈음에 부모에게 보낸 편지입니다.

"아버지, 어머니! 이곳 조선 땅은 참으로 아름다운 곳입니다. 모두 하나님을 닮은 사람 같습니다. 선한 마음과 복음에 대한 열정으로 보아 아마 몇 십 년이 지나면 이곳은 예수님의 사랑이 넘치는 곳이 될 것 같습니다. 저는 복음을 들으려고 20킬로미터를 맨발로 걸어오는 어린아이들을 보았을 때, 그들 안에 있는 하나님의 사랑 때문에 오히려 위로를 받았습니다. 그러나 한편에서는 탄압이 점점 심해집니다. 그저께는 예수님을 영접한 지 일주일도 안 된 서너 명이 끌려가 순교했고, 토마스 선교사와 제임스 선교사도 순교 했습니다. 선교본부에서는 철수하라는 지시가 있었지만, 대부분의 선교사들은 그들이 전도한 조선인들과 아직도 숨어서 예배를 드립니다. 그들은 모두가 순교할 작정인가 봅니다. 오늘밤은 유난히도 고향으로 돌아가고 싶습니다. 외국인을 죽이고 기독교를 증오한다는 소문 때문에 부두에서 저를 끝까지 말리셨던 어머니의 얼굴이 자꾸 눈앞에 어른거립니다. 아버지, 어머니! 어쩌면 이 편지가 마지막일 수도 있습니다. 제가 이 곳에 오기 전 뒤뜰에 심었던 한 알의 씨앗이 이제 내년이면 온 동네를 꽃으로 가득 채우겠죠? 그리고 또 다른 씨앗을 만들어 내겠죠? 저는 이곳에서 작은 씨앗이 되기로 결심했습니다. 제가 씨앗이 되어 이 땅에 묻힐 때 아마 하나님의 시간이 되면 조선 땅에는 많은 꽃이 피고 그들도 여러 나라에서 씨앗이 될 것입니다. 저는 이 땅에 저의 심장을 묻겠습니다. 이것은 조선을 향하는 저의 열정이 아니라 조선을 향한 하나님의 열정이라는 것을 알게 되었습니다. 어머니 아버지, 사랑합니다."

그녀의 편지에 담긴 예언은 이루어졌습니다. 오래지 않아 조선 땅에는 복음의 꽃이 피어났고, 지금은 골짜기와 마을마다 교회가 들어선 땅이 되었습니다. 양화진에 있는 그의 비석에는 마지막 말이 적혀 있습니다.

"내게 천개의 목숨이 있다면 조선이 다 가져야 한다."

서머나 교회는 이런 사람들의 교회였습니다.

1. 서머나 교회의 성격과 환경

서머나 교회의 성격도 이 교회에 나타나신 예수님의 모습에서 찾습니다. 그 모습은 8절에 첫째는 "처음이요 나중이요"라고 하였고, 둘째는 "죽었다가 살아나신 이"로 나타내셨습니다.

서머나 교회는 한마디로 죽을 것 같은 환경에 처한 교회라고 할 수 있습니다. 예수님은 죽었던 분이십니다. 그런 죽음의 환경에 처한 교회가 서머나 교회입니다. 무엇이 그들로 하여금 그토록 어려운 환경에 처하게 했는가? 이유는 두 가지입니다. 9절에 예수님은 "내가 네 환난과 궁핍을 아노니 실상은 네가 부유한 자니라"라고 위로하십니다. 환난과 궁핍입니다. 믿음을 지키려고 환난을 받으며 믿음 때문에 사회에서 냉대와 배척을 당하므로 궁핍하게 살아야 하는 교회입니다.

그뿐 아니라 서머나 교회는 하나님의 이름을 빌어 핍박하는 자칭 유대인의 회라는 자들의 훼방 때문에 더 큰 어려움에 처했습니다. 이들은 예수님이 사탄의 회당이라고 부르는 악한 자들에게 어려움은 당하는 고난 가운데 있었으며 또한 가난한 교회였습니다.

2. 서머나 교회가 받은 위로와 예고

(1) 서머나 교회가 받은 위로

이들에게 예수님은 용기와 위로를 주십니다. 이 교회는 에베소 교회와는 달리 예수님을 사랑하기 때문에 어려운 환경에 처하는 환난과 고통도 달게 받았으며 예수님 사랑 때문에 궁핍의 삶도 마다하지 않았습니다.

이 교회에게 예수님은 예수님 자신을 계시해 주심으로 여러 가지로 위로하셨습니다.

첫째, "처음이요 마지막"이신 예수님 자신을 보여주셨습니다. 즉 모든 역사의 처음과 나중을 주관하시는 분이시니 서머나 교회도 그런 예수님의 주관 아래 있음을 기억하고 소망을 잃지 말 것을 권면하시는 말씀입니다.

둘째, 예수님 자신도 "죽었다가 살아나신 이"라고 하십니다. 세상을 사랑하시기 때문에 이 땅에 오셔서 온갖 고통과 환난과 고독한 삶을 사셨습니다. 죄인을 위하여. 자신의 백성에게 핍박과 조롱을 받으시며 십자가에 달려 죽으셨습니다. 이 예수님의 십자가 희생과 고통을 어디에 비할 수가 있을까? 게다가 하나님의 아들로서 세상을 심판할 권세를 가지신 분이 도리어 세상에서 환난과 핍박을 당하셨습니다. 그러나 예수님은 어린양처럼 반항도 않으시고 죽어 주셨습니다. 서머나 교회에서도 '나도 너희와 같이 핍박과 환난과 궁핍에 처하며 끝내는 죽기까지 하였노라' 라고 위로하십니다. 히브리서 2장 18절에 "그가 시험을 받아 고난을 당하셨은즉 시험 받는 자들을 능히 도우실 수 있느니라"라고 하였습니다. 예수님은 예수님으로 말미암아 핍박과 궁핍에 처한 자들을 반드시 도우십니다.

셋째, 예수님은 살아나신 분으로 나타내셨습니다. 현재의 고난 때문에 죽을 것 같고 소망이 없는 것 같으나 부활하신 예수님을 바라보면 소망과 용기가 살아납니다. 예수님께서 부활하셔서 본을 보여주시고 하나님의 백성을 예수님이 부활하신 것처럼 반드시 살려주십니다. 죽을 것 같은 순간에도 죽었다가 살아나신 예수님을 바라보면 큰 위로가 됩니다.

넷째, 서머나 교회는 실상 부요한 자라고 위로하셨습니다. 사람의 관점과 하나님의 관점은 이렇게 다릅니다. 세상의 눈으로 보면 가난하고 궁핍하지만, 하나님의 눈으로 보면 서머나 교회야말로 부유한 교회입니다. 영적으로 누리는 풍성함의 축복이야 말로 그 어떤 부유함보다 더 큽니다.

중동지방의 교회나 제3세계의 억압받는 교회는 가난과 핍박 때문에 고통 가운데 있지만, 이들이 모여 드리는 예배는 뜨겁습니다. 여러 시간을 예배드려도 은혜가 충만하여 밤새워 예배드리기도 하며, 성경공부도 며칠씩 먹고 자며 합니다. 참으로 은혜가 풍성한 교회들입니다.

교회사적으로 보면 이런 교회를 하나님께서 외면하신 적이 없습니다. 넘치는 은혜와 축복이 임합니다.

(2) 서머나 교회가 받은 예고

예수님께서는 10절에 서머나 교회에게 경고 대신 예고를 하십니다. “너는 장차 받을 고난을 두려워하지 말라. 볼지어다 마귀가 장차 너희 가운데서 몇 사람을 옥에 던져 시험을 받게 하리니 너희가 십 일 동안 환난을 받으리라. 네가 죽도록 충성하라 그리하면 내가 생명의 관을 네게 주리라.” 이 예고는 지금의 고난보다 더 큰 고난이 온다는 것입니다. 에베소 교회는 책망을 받았지만, 예수님을 사랑하는 서머나 교회에는 더 큰 핍박이 올 것을 예고하셨습니다. 예수님을 사랑하기 때문에 이미 환난과 궁핍아래 있는 교회에게 더 큰 환난과 박해를 받는다고 하시는 주님의 마음은 어떠할까?

하나님이 백성을 환난과 박해 속에 두실 때에는 반드시 이유가 있습니다. 뿐만 아니라 미리 가르치시며 준비하게도 하십니다. 왜 하나님이 백성을 핍박 가운데 두실까? 이것이 계시록의 복음적 요소입니다.

예수님은 예수님의 제자들이 예수님으로 말미암아 받는 핍박을 선지자의 핍박에 비하셨습니다.마5:12 선지자들은 그런 핍박 속에서도 죄 가운데 거하던 하나님의 백성에게 하나님의 메시지를 전했던 자들입니다. 예수님의 교회가 핍박을 받으면서도 이 땅에 존재해야 하는 이유는 핍박 가운데서도 세상에게 전해야 할 메시지가 있기 때문입니다. 바로 예수님을 증거하는 것입니다. 이 일로 환난과 궁핍과 순교의 길도 가게 하십니다.

예수님께서는 산상보훈의 팔복을 핍박으로 결론 맺으시면서 곧 제자들에게 세상의 빛과 소금이 되라고 말씀하셨습니다. 생명의 빛과 소금의 역할은 화려한 것이 아닙니다. 자신은 죽고 희생하며 핍박의 길을 가는 것입니다. 이런 길은 끝내 하나님께 영광을 돌리게 합니다. 어떻게? 예수님이 다시 오시면 그 모든 열매를 모으고 하나님께서 영광을 받으십니다.

생명의 열매를 맺는 길은 험합니다. 그러기에 예수님도 십자가에서 죽으신 것입니다. 핍박이 오고 고난이 와도 예수님 사랑 때문에 이겨낼 수 있습니다.

서머나 교회에 계시록의 편지가 전해지고 약 반세기가 지난 다음에 이 교회의 핍박은 절정에 달하였으며, 그때 순교한 주교가 폴리캅입니다. 그는 박해를 피해 서머나 근처에 피신하던 중 순교하기 3일 전에 자신의 베개가 불타는 꿈을 꾸고서

"나는 산채로 불에 탈것이다."라고 했다고 합니다. 3일 후 순교의 현장에서 예수님을 저주하고 시저에게 경배하면 살려주겠다는 권고에 그는 이렇게 대답하였습니다.

"지난 86년 동안 내가 그 분예수님을 섬겼으며 그 분은 한 번도 나를 해롭게 하신 적이 없는데 내가 어떻게 나의 왕이요 구주이신 그분을 저주하겠는가!"1)

폴리캅의 순교를 통해서 많은 사람이 예수님을 믿게 되었습니다. 이런 교회들을 통하여 생명의 복음이 전파됩니다.

3. 서머나 교회가 받은 약속과 요한계시록의 주제

서머나 교회에 예수님은 10절에서 "네가 죽도록 충성하라. 그리하면 내가 생명의 관을 네게 주리라"라고 격려하십니다 예수님의 재림을 믿는 자는 오늘 이 땅에서의 평안함보다 내일 받을 예수님께서 주

시는 생명의 면류관을 더 좋아합니다.

그리고 11절에 “이기는 자는 둘째 사망의 해를 받지 아니하리라” 라고 약속하셨습니다. 첫째 사망은 육의 사망이며, 둘째 사망은 영벌에 들어가는 사망입니다. 서머나 교회는 이 둘째 사망을 받지 않는다고 약속하십니다. 이 땅에서 죽기까지 예수님을 사랑하여 믿음을 지키는 자가 받을 것은 생명의 면류관이며, 영생의 축복입니다.

서머나 교회에 주신 약속은 요한계시록 전체의 메시지이기도 합니다. 생명의 면류관은 예수님께서 다시 오시면 충성된 종들이 받을 영광입니다. 새 하늘과 새 땅이 그들에게 주어질 것입니다 새 예루살렘이 이들을 위하여 예비 되어 있습니다. 우리도 그들 중에 속해야 합니다.

4. 서머나 교회는 어떤 교회를 대표합니까?

서머나 교회는 예수님을 향한 사랑과 믿음을 지키려다가 환난과 박해로 궁핍한 환경에 처한 교회를 대표합니다. 신앙을 지키려면 생명을 걸어야 하는 환경에 처한 교회를 말합니다. 1세기 당시 초대교회가 그랬고, 일제강점기의 한국교회가 그 길을 걸었으며, 교회사에서 많은 교회가 그랬습니다.

지금은 신앙의 자유가 없는 나라에 있는 교회가 그러하며, 이슬람 국가와 북한에서 신앙을 지키는 자들이 이런 교회에 해당합니다. 그들은 환난과 핍박과 궁핍으로 고통 가운데 있지만, 하나님의 눈에는 오히려 부유한 자들입니다. 하나님의 엄청난 축복이 그들을 기다립니다.

이들은 예수님이 오시면 제일 가까이 서게 하실 것입니다. 에베소 교회의 이기는 자들에게 생명나무의 실과를 주실 뿐만 아니라 영광스러운 생명의 면류관을 씌워 주시며 예수님 가까이 두실 것입니다.

아르미니안주의를 주장하던 웨슬리John Wesley와 칼빈주의를 주장하던 휫필드George Whitfield가 신학적 의견차이로 서로를 멀리할 때의 일화입니다. 휫필드를 따르는 제자가 휫필드에게 물었습니다. "천국에 가면 우리가 웨슬리를 볼 수 있을까요?" 휫필드는 주저하지 않고 대답했습니다. "천국에 가면 우리는 웨슬리를 만날 수 없을 것일세." 제자가 내답합니다. "그러면 그렇지요. 그런 신학을 가지고 천국에 갈 수는 없겠지요." 그 말을 듣고 휫필드가 말했습니다. "자네는 내 말을 이해하지 못하였네. 천국에 가면 웨슬리는 하나님 곁에 있을 것이고 우리는 멀리 떨어져 있어서 그를 만날 수 없을 것이네." 놀라운 영적 거인들의 일화입니다.

믿음을 지키려면 목숨을 걸어야 하는 고난 가운데 있는 교회들이여! 이기라 승리하라! 주께서 도우시리라. 사용하시리라. 영광스러운 하나님의 계획을 성취하게 하시리라.

성공한 목사 성공한 목회

한국 교인들과 목회자들은 교회에 대한 관념을 바꾸어야 한다. 이름난 목사가 되고, 설교 잘하기로 알려지는 목사가 되어서 대형교회로 성장시키는 목사가 성공한 목사라는 개념을 버려야 할 때이다.
성공한 목사는 예수님 중심되어 예수님 위해 살다가 예수님 위해 죽는 목사다.
성공한 목회는 진정한 예수님의 사람들을 길러내는 목회, 진정한 예수님의 사람들을 길러내는 예수님의 사람들을 길러내는 목회, 진정한 예수님의 사람들을 길러내는 사람들을 길러내는 예수님의 사람들을 길러내는 목회다.

소그룹 공부를 위한 질문

1. 서머나 교회의 성격과 환경은 어떠합니까?

2. 서머나 교회가 받은 위로와 경고가 무엇입니까?

3. 서머나 교회가 받은 약속은 무엇이며, 요한계시록의 주제와 어떤 연관이 있습니까?

4. 서머나 교회는 어떤 교회를 대표합니까? 서머나 교회의 편지에서 현대 교회가 깨달아야 하는 교훈은 무엇입니까?

8강
속지 말라 요한계시록 2장 12-17절

교회에서 가르치는 자는 예수님을 가르쳐야 하고,
교회에서 일하는 자는 예수님의 사람을 길러내는 일을 해야 합니다.
– 이병균 –

스펄전의 한 학생이 설교하려고 강단에 당당하고 자신만만한 자세로 올라갔습니다. 그러나 그 학생은 올라갈 때와는 달리 설교 도중에 헤매다가 풀이 죽어서 내려왔습니다. 스펄전이 그 학생에게 다음과 같이 말해주었다고 합니다.

"자네가 내려올 때의 자세로 강단에 올라갔다면, 내려올 때는 자네가 올라갈 때의 자세로 내려왔을 것이네."

우리는 자신만 믿고 자신에게 속고 살아서는 안 됩니다. 철저하게 예수님만 의지해야 합니다.

1. 버가모 교회의 성격과 처한 환경

버가모 교회에 예수님은 "좌우에 날선 검을 가진 이"로 나타내셨습니다. 버가모 교회에는 예수님의 진리의 말씀이 바로 서야 하는 교회입니다. 버가모 교회에는 발람의 교훈이 돌아다녀서 우상숭배 문제와 니골라당의 교훈을 따르는 이단 문제가 있었습니다.

버가모 교회에도 외적 박해가 있었으며, 그 박해를 잘 견디며 이겨내고 있었습니다. 13절에 예수님이 하신 말씀입니다. "네가 어디에 사는지를 내가 아노니 거기는 사탄의 권좌가 있는 데라 네가 내 이름을 굳게 잡아서 내 충성된 증인 안디바가 너희 가운데 곧 사탄이 사는 곳에서 죽임을 당할 때에도 나를 믿는 믿음을 저버리지 아니하였도다." 사탄의 권좌가 있는 데에 있다는 것은 이방신을 섬기는 활동이 강하다는 것이며, 이 때문에 안디바라는 증인이 순교하기까지 했습니다. 버가모 교회는 순교하기까지 예수님을 믿는 믿음을 지키는 교회였습니다. 그러나 이 교회의 문제는 외부의 박해가 아니었습니다. 버가모 교회의 문제는 외부가 아니라 내부에 있었습니다. 교회 내부에 이단과 불건전한 집단이 자리를 잡고 하나님의 말씀을 혼란스럽게 했던 것입니다.

버가모는 당시에 알렉산드리아 다음으로 큰 도서관에는 20만 부의 손으로 쓴 책을 소장하였다고 합니다. 문화의 중심지였을 뿐만 아니라 황제 숭배와 이방신 숭배의 중심지였습니다.

이런 도시에서 있었던 버가모 교회는 사탄의 권좌가 있는 곳이라고 하였습니다. 그만큼 사탄의 도전과 방해와 유혹이 큰 도시였습니다. 이런 도시에서 신앙을 지키려면 순교적 삶과 함께 말씀에 든든히 서야만 했습니다. 이 교회에 예수님은 자신을 좌우에 날선 검과 같은 말씀의 권위를 가지신 분으로 나타내셨습니다. 사탄의 유혹과 방해, 그리고 이단의 잘못된 가르침과 꼬임을 이겨낼 길은 좌우에 날선 검과 같은 예수님의 말씀에 의지하는 것입니다.

2. 버가모 교회가 받은 책망과 경고

버가모 교회는 순교까지 할 정도로 믿음을 지킨 것에 대한 칭찬을 받은 교회입니나. 그러나 이런 열정이 있었음에도, 책망 받을 것이 있었습니다. 8절에 "네게 발람의 교훈을 지키는 자들이 있도다"라고 경고하십니다. 민22:2-24:25 베드로후서 2장 15-16절에서 베드로도 발람의 교훈을 경계하였습니다. 발람의 교훈 때문에 교회 안에 우상숭배와 행음의 문제가 발생하였습니다. 또한 15절에 니골라당의 가르침이 내부에 돌아다녔습니다. 이 발람의 교훈과 니골라당의 가르침은 무엇이 문제인가? 이들은 그리스도인도 이방인의 잔치에 참여할 수 있다고 가르쳤고, 이로 말미암아 교회 안에 부도덕과 우상숭배 문화가 혼합되어 섞이게 됩니다. 이것이 발람의 교훈이었습니다. 니골라당은 극단적인 자유주의를 주장한 자들입니다.

오늘 교회도 이 문제가 심각합니나. 세상의 정치와 철학과 사상의 흐름과 문화가 교회로 들어와서 복음을 흐리게 하고 사람들을 혼란스럽게 하며, 이단이나 경건치 못한 가르침이나 미신이나 이런 것을 전하는 자들에게 쉽게 유혹받습니다. 물질이나 현실적 축복에 관심을 기울이고 영적인 길은 외면합니다. 신학이 무너져 내리고, 영적 지도자들이 자신도 모르는 사이에 사이비 사상에 물들어 가며, 성도를 엉뚱한 길로 인도하는 일들이 일어납니다. 진리와 거짓이 적당하게 타협하며 편안한 길을 가르치고 따릅니다.

예수님은 이런 교회에게 말씀에 바로 서서 이단의 유혹과 거짓 가르침에 넘어가지 않도록 경고하십니다. 16절입니다. "그러므로 회개하라 그리하지 아니하면 내가 네게 속히 가서 내 입의 검으로 그들과 싸우리라." 회개하지 않으면 예수님께서 직접 속히 임하셔서 그 입에서 나오는 검, 곧 진리의 말씀으로 싸우시겠다고 하십니다. 무슨 말인가? 이단의 교훈을 따르고 회개하지 않으면, 곧 예수님의 대적자가 된다는 말이며 예수님께서 용납하시지 않는다는 뜻입니다. 무서운 경고입니다.

이단이여! 회개하라. 이단에 빠진 성도여! 속히 돌아서라! 오직 진리이신 예수님만 믿고 따를지라. 예수님께서 직접 싸우시면 대적할 자 없으니 곧 다시 오실 예수님은 만왕의 왕이시며 알파와 오메가이신 주권자이시다. 오직 예수님의 말씀에 바로 서라!

3. 버가모 교회가 받은 약속과 요한계시록의 주제

계시록 2장 17절입니다. "이기는 그에게는 내가 감추었던 만나를 주고 또 흰 돌을 줄 터인데 그 돌 위에 새 이름을 기록한 것이 있나니 받는 자 밖에는 그 이름을 알 사람이 없느니라"

이기는 자는 곧 예수님의 말씀을 믿고 의지하여 믿음을 지킬 뿐만 아니라 이단과 사탄의 유혹에 넘어가지 않는 자를 말합니다. 이렇게 믿음을 지킨 자에게 두 가지를 약속하셨습니다.

첫째 약속은 감추었던 만나를 주신다는 것입니다. 만나는 이스라엘 백성이 광야에서 살아가는 양식이었습니다. 숨겨진 만나는 무엇인가? 이단의 가르침과 사탄의 유혹을 이기는 자에게 예수님께서는 숨겨진 만나, 즉 다른 이들이 깨달을 수 없는 영적 축복과 진리의 말씀을 주신다는 것입니다. 오직 진리의 말씀을 통하여 이길 수 있으니 더 큰 영적 전쟁에서 이길 수 있는 감추어진 만나를 얻는 것입니다. 만나는 생명의 떡이신 예수님을 상징합니다. 이기는 자에게는 예수님과의 깊은 말씀의 교제가 있습니다.

둘째 약속은 흰 돌을 주신다는 것입니다. 그 돌에는 받는 자 이외에는 알 수 없는 이름이 기록된다고 했습니다. 이름을 돌에 새기는 것은 영원한 이름을 의미합니다. 흰 돌은 성결과 함께 영원을 뜻합니다. 그 돌에 새겨진 이름이 무엇인지 알 수 없으나 진리이신 예수님만을 믿고, 사탄과 이단의 가르침에 넘어가지 않으며, 믿음을 지키는 자에게 다른 사람이 알 수 없는 영원한 축복을 주신다는 약속입니다.

이 두 약속은 남다른 영적 축복을 의미하며 무엇보다도 말씀이신 예수님과의 깊은 교제와 말씀의 능력을 주시겠다는 것입니다. 또한 하늘의 영원한 비밀스러운 축복을 주시겠다는 것입니다. 영원한 비밀스러운 축복은 언제 받는가? 예수님 다시 오시면 받습니다.

4. 버가모 교회가 대표하는 교회와 현대 교회

버가모 교회는 하나님의 말씀을 세상과 이단의 가르침에 혼합시켜 놓고 따르는 교회입니다. 즉 이단 문제로 내부가 혼란스러운 교회를 대표합니다. 사탄은 세상의 달콤한 유혹의 말과 이단의 잘못된 가르침을 통하여 허망한 거짓 가르침으로 교회와 지도자를 유혹합니다. 오늘날은 세상 풍조가 교회에 침투해서 교회를 더 괴롭게 하는 시대입니다. 이런 도전에서 제외 될 교회는 없습니다. 교묘한 사탄의 장난에 속아서 날이 갈수록 교회가 세속화되고 있습니다. 세상이 갈수록 복잡해지고 사상과 철학도 어지러워지는 시대입니다. 따라서 교회와 지도자는 말씀에 깨어 있어야 합니다. 오직 하나님의 말씀에 교회의 기초를 든든히 세워야 합니다.

교회 내의 이단

교회 안의 있는 이단들에 대하여 경계를 하지 않으면 안 되는 시대다. 번영신학이 그 중의 하나이다. 조엘 오스틴(Joel Osteen)의 설교를 들으면 마음이 끌린다. 편안하게 들을 수 있게 설교한다. 설교의 내용들은 모든 사람들이 공감할 수 있는 주제들을 다룬다. 공격적인 설교는 들을 수 없다. 항상 긍정적이다. 예수님의 이름이 사용된다.

그러나 복음 비슷한 것은 들을 수 있으나 복음은 들리지 않는다. 원하는 것을 마음으로 바라면 언젠가는 소유할 수 있다고 한다. 그러면 마음에 원하는 것을 평생 소유하지 못하고 죽는 교인들은 무엇이라도 잘못된 것인가?

이런 인본주의 신학이 교회 내의 큰 이단 중의 하나다. 교회를 비판하면서 본질을 제시하지 않는 것도 이단의 앞잡이 노릇하는 것이다. 교회의 본질도 설교의 본질도 철저하게 예수님 중심이어야 한다.

어느 교회는 담임목사가 세미나를 가면 두려워한다고 합니다. 왜냐하면, 세미나에 참석하고 돌아오면 세미나에서 배운 대로 한다며 교회를 뒤섞어 놓는 바람에 교인들은 이번에는 또 어떻게 교회를 바꿀까하는 염려 때문이라고 합니다.

교회는 유행을 따르는 것이 아닙니다. 다른 교회가 한다고 유행처럼 이것도 하자 저것도 하자며 생각 없이 따라하면 안 됩니다. 오직 교회는 진리만 따라야 합니다. 진리이신 예수님만 중심에 두고 예수님의 말씀에 따라 믿음을 지키며 진리에 서야 합니다. 예수님의 말씀을 해석하고 가르치는 일에서도 거짓 가르침이 섞이지 않도록 주의를 기울여야 합니다. 성경공부에 정성을 기울이되 예수님의 바른 가르침을 가르치고, 배우고, 지켜야 합니다. 그러면 예수님께서 도우실 것입니다.

이단이 회개하지 않고, 돌아오지 않을 때 우리는 어떻게 해야 하는가? 예수님께 맡깁시다. 속히 오셔서 말씀의 검으로 그들을 대적할 것입니다. 우리는 저들의 거짓 가르침을 예수님의 진리의 말씀으로 밝히기만 하면 됩니다.

현대 교회여!

버가모 교회의 모습은 오늘 우리의 모습이 아닌가!

사탄의 유혹과 이단의 거짓 가르침을 경계하라!

오직 예수님의 진리의 말씀에 깊이 뿌리내리자.

소그룹 공부를 위한 질문

1. 버가모 교회의 성격과 처한 환경은 어떠합니까?

2. 버가모 교회가 받은 책망과 경고는 무엇입니까?

3. 버가모 교회가 받은 약속은 무엇이며, 요한계시록의 주제와 어떤 연관이 있습니까?

4. 버가모 교회는 어떤 교회를 대표합니까? 버가모 교회의 편지에서 현대 교회가 깨달아야 하는 교훈은 무엇입니까?

9강
새벽별이 되라 요한계시록 2장 18-29절

목회자는 끊임없이 예수님을 설교하며
열정으로 예수님의 사람들을 길러내야 합니다.
- 이병균 -

하워드John Howard 박사는 락포드Rockford College 대학 총장이었습니다. 그는 학생들에게 카드를 나누어 주면서 카드를 거울이나 잘 보이는 곳에 붙여두고 매일 생각해 보라고 하였습니다. 그 카드에는 이런 글이 적혀 있었습니다.

"진리는 침묵 때문에 경멸당한다."

예수님의 사람들이 예수님에 대하여 침묵하는 것은 예수님을 경멸하는 일입니다.

1. 두아디라 교회의 성격

두아디라 교회를 향하시는 예수님의 모습을 18절에 설명합니다. "그 눈이 불꽃같고 그 발이 빛난 주석과 같은 하나님의 아들"로 표현하였습니다. 이 교회의 내부를 예수님께서 불꽃같은 눈동자로 살펴보신다는 뜻입니다. 예수님이 기뻐하지 않는 자들이 있다는 것입니다. 그 발이 빛난 주석과 같은 하나님의 아들이라는 표현은 이들에게 주실 강한 경고를 예견하게 합니다.

2. 두아디라 교회의 칭찬과 경고

두아디라 교회는 19절에 "내가 네 사업과 사랑과 믿음과 섬김과 인내를 아노니 네 나중 행위가 처음 것보다 많도다"라고 다섯 가지 덕목으로 칭찬을 받았습니다. 사업과 사랑과 믿음과 섬김과 인내입니다. 하나하나가 소중한 덕목입니다. 더하여서 나중 행위가 처음 것보다 많았습니다. 활동이 왕성하고 날마다 많이 모이며 성장하는 것 같은 교회입니다. 그러나 내부에 퍼지는 문제를 지적하십니다.

첫째 문제는 20절에 거짓 선지자의 가르침을 용납하고 따르는 것입니다. 용납하다는 단어는 의도적으로 허용하였다는 의미가 있습니다. 교회가 권장하고 장려했을 것 같은 어감의 단어입니다. 자칭 신령하다는 거짓 여선지자 이세벨을 용납함으로 그의 가르침에 빠져서 우상숭배와 행음의 죄악이 교회에 퍼졌습니다. 두아디라 교회의 문제도 버가모 교회처럼 내부의 문제이지만, 그 내용이 조금 다릅니다. 버가모 교회에서는 이단과 사탄의 가르침에 넘어가는 것이 문제였습니다. 그러나 두아디라 교회에서는 교회 내에서 자칭 선지자라는 여인이 문제가 되었습니다. 거짓 선지자를 따르는 것입니다. 이 문제는 교훈보다 더 위험합니다. 맹종이 될 수 있기 때문입니다. 예수님보다 사람을 더 따르는 죄는 무서운 결과를 초래합니다. 이 여인은 스스로 선지자라 하며, 그리고 하나님께 직통계시를 받는다며 교인들을 유혹하고 꾀어 예수님의 양들을 죄의 길로 유혹합니다.

> **직통계시의 문제**
>
> 직통계시자는 하나님으로부터 또는 성령으로부터 직접계시를 받는다는 사람들을 말한다. 직통계시를 받는다는 이들의 말을 들으면 대단히 신비스럽다. 그러나 직통계시가 진짜인지 가짜인지를 어떻게 구분하는가? 답은 간단하다. 성경의 증거와 동일해야 한다. 직통계시를 받는다면서 성경의 증거와 다르다면 그것이 옳은 계시가 아니다. 직통계시가 성경과 다르다면 당연히 배격되어야 한다. 직통계시의 문제는 성경의 권위를 벗어나는 데에 있다. 직통계시자들은 자신들을 은연중에 성경의 권위보다 위에 두게 된다. 그래서 사람들로 하여금 성경보다 자신들을 더 신뢰하도록 유도한다. 이것이 직통계시자들의 문제다. 직통계시자들보다 더 큰 문제는 직통계시자들을 성경의 가르침보다 더 믿고 따르는 사람들에게 있다. 그런 이들이 있기 때문에 직통계시자들이 힘을 쓴다.

둘째 문제는 21절에 하나님께서 이세벨에게 회개의 기회를 주셨는데도 회개하지 않는 것입니다. 예수님은 사람의 뜻과 마음을 살피는 분입니다. 회개치 않는 마음과 죄악의 뜻을 사람에게는 숨길 수 있어도 예수님 앞에서는 숨길 수 없습니다.

22-23절에 이세벨과 그를 따르는 자들이 회개치 않으면 예수님의 심판을 받게 될 것이라 경고합니다. 이세벨을 침상에 던질 것이라는 것은 그가 즐기던 터가 심판의 장소가 될 것이라는 뜻입니다. 그와 더불어 행음하는 자도 회개하지 않으면 그를 큰 환난 가운데 던지고 그의 자녀들을 죽인다고 경고하십니다.

얼핏 읽어보면 예수님께서 대단히 화가 나신 것처럼 들리지만, 사실은 이들에게 회개의 기회를 주신 것입니다. 은혜의 부르심입니다.

거짓된 가르침을 따르는 자여!
늦기 전에 회개하고 속히 예수님께로 돌아 설지라!
주의 심판이 임박합니다.

3. 두아디라 교회가 받은 약속

24절에 남은 자들을 격려하십니다. "두아디라에 남아있어 이 교훈을 받지 아니하고 소위 사탄의 깊은 것을 알지 못하는 너희에게 말하노니 다른 짐으로 너희에게 지울 것은 없노라." 이세벨의 교훈을 따르지 않고 믿음을 지켜 사탄의 가르침을 멀리한 남은 자들에게 권면과 축복을 주셨습니다. 25절에 "다만 너희에게 있는 것을 내가 다시 올 때까지 굳게 잡으라"라고 권면하십니다. 36절에 "이기는 자와 끝까지 예수님의 일을 지키는 자에게는 만국을 다스리는 권세"를 주신다고 약속하셨습니다. 예수님의 일은 한 영혼을 찾아서 예수님의 사람으로 길러내어 하나님의 자녀 되게 하는 것입니다.요14:12 27절에 그들의 권세는 마치 철장을 가지고 질그릇을 깨뜨리는 것과 같다고 하셨습니다. 이 권세는 어떤 권세인가? 바로 예수님이 하나님에게 받으신 권세입니다. 이들에게는 예수님의 권세를 주신다는 약속입니다. 이 얼마나 영광스러운 약속인가? 예수님의 다스림에 동참케 하십니다.

계시록의 주제와 두아디라 교회의 메시지는 밀접한 연관이 있습니다. 교회를 미혹하는 자들은 예수님의 심판에서 벗어날 수 없습니다. 한편, 예수님을 믿고 믿음을 지켜 미혹되지 않는 자들은 반드시 예수님의 권세를 받는 축복을 얻습니다.

오늘 교회는 우선 신비하고 인간을 즐겁게 하는 거짓 가르침을 택할 것인지 아니면 남은 자의 반열에 들어가서 예수님만을 따를 것인지 택해야 합니다. 오실 예수님을 심판주로 맞을 것인지 권세를 부어주시는 구세주로 맞을 것인지는 4장 이후의 계시를 보면 너무나 자명합니다.

따라서 두아디라 교회에 주신 경고와 약속은 4장 이후 계시의 설명이라고 할 수 있습니다.

4. 두아디라 교회가 대표하는 교회

이 교회는 하나님의 계시를 직접 받는다는 사람들이 활동하는 교회를 대표합니다. 이들은 진리를 왜곡하고 자신들의 가르침으로 사람들을 미혹하며 세상과 타협하게 하고 죄와 타협케 하여 심판의 자리에 이르게 합니다.

두아디라 교회의 거짓 선지자가 여자 이세벨이었던 것처럼 오늘날 교회에도 신령한 은사를 받았다는 자들이 활개를 치며 말씀을 왜곡합니다.

이런 거짓 선지자에게 속으면 안 됩니다. 거짓 선지자에게 농락당하지 않으려면, 불꽃같은 눈동자로 지켜보시는 예수님을 바라보아야 합니다. 거짓된 자들의 유혹이 도전할 때면 주석 같은 발로 서 계시

예수님을 바라볼 것입니다. 죄의 길에 서 있으면 속히 회개하고 돌아설 것입니다.

내 주의 성령님이여!
칭찬 받은 자의 자리에 서도록 도와주소서.
사탄의 어떤 것도 따르지 않게 하소서!
남은 자에 속하도록 깨어있게 하소서.
그래서 예수님의 권세로 살으리이다.

소그룹 공부를 위한 질문

1. 두아디라 교회의 성격은 어떠합니까?

2. 두아디라 교회의 문제는 무엇이며 어떤 경고를 받았습니까?

3. 두아디라 교회는 어떤 약속을 받았으며, 요한계시록의 주제와 어떤 연관이 있습니까?

4. 두아디라 교회는 어떤 교회를 대표합니까? 두아디라 교회의 편지에서 현대 교회가 깨달아야 할 교훈은 무엇입니까?

10강
영으로 깨어있으라 요한계시록 3장 1–6절

나를 생각하는 모든 이의 가슴에 그리스도
– 패트릭(Patrick) –

어느 화가는 항상 맑은 색깔을 드러내는 보석들을 화판 옆에 두고 그림을 그렸습니다. 이유를 물으니 다음과 같이 설명을 하였습니다.

"그림을 그리다가 보면 나도 모르게 색감이 무디어집니다. 그때마다 저는 순수한 색깔을 비추는 보석들을 보면서 색감을 되살립니다. 마치 음악 연주가가 악기 음정을 조율하는 것과 같습니다."

마찬가지로 예수님의 사람들은 영감이 무디어지지 않도록 주의를 기울여야 합니다.

1. 사데 교회의 성격

계시록 3장 1절에 사데 교회에 예수님은 "일곱 영과 일곱 별을 가진 이"로 묘사하였습니다. 일곱 영은 성령님을 의미하며, 일곱 별은 교회의 지도자들을 의미합니다. 따라서 사데 교회는 성령의 문제와 지도자의 문제가 있는 교회였다는 것을 알려줍니다. 성령님이 없는 교회는 겉으로는 화려하고 살아있는 것 같을지라도 내면으로는 죽은 교회입니다. 성령님이 소멸되는 책임은 교회 지도자에게 있습니다.

겉모양만 살아있는 교회와 책임을 다하지 못하는 교회 지도자는 사데 교회의 메시지를 들어야 합니다. 예수님은 일곱 영과 일곱 별을 가지신 분입니다. 교회와 지도자는 예수님 손안에 있어야 합니다. 그래야 산 교회가 되며 산 지도자가 됩니다. 사데 교회의 메시지는 오늘 우리에게 주시는 메시지로 삼아야 합니다.

2. 사데 교회가 받은 책망과 경고

1절에 주님은 "네가 살았다 하는 이름은 가졌으나 죽은 자로다"라고 책망하셨습니다. 예수님 밖의 사람은 육체는 살아 숨 쉬지만, 그 영은 죽은 자입니다. 영이 죽은 자는 죽은 자입니다. 교회라는 울타리 안에서 봉사도 하고 예배도 드리며 신앙인의 모습은 갖췄지만, 성령 안에 순종하지 않은 교인이나 교회는 죽은 교인이요 죽은 교회입니다. 사데 교회는 자신들의 방법대로 안일하게 신앙생활하며 성령의 인도하심을 외면했던 교회입니다. 아무리 성경공부를 많이 하고 활동을 많이 하여 번듯한 모습을 갖춘 교회라도 영적으로 죽으면 죽은 교회가 되고 맙니다. 다시 말하면 겉으로는 왕성하게 살아있는 것 같으나 실상은 죽어가는 교회입니다. 하나님이 영이신 성령님이 없는 교회입니다. 영적으로 깨어있지 못하여 죽어가는 교회입니다. 육신의 일에 빠져서 영이 죽어가는 교인들이 모인 교회, 세상 안일과 평안을 위해 살면서 영의 일에 게으른 교회, 세상일에 옷을 더럽히면서도 씻지 못하고 그냥 입고 지내는 교회가 사데 교회입니다.

영적으로 게으른 교회를 향한 예수님의 경고는 무엇인가? 2절에 "너는 일깨어 그 남은 바 죽게 된 것을 굳건하게 하라 내 하나님 앞에서 네 행위의 온전한 것을 찾지 못하였노니"라고 책망하십니다. 그 남은 것은 마지막 생명을 의미합니다. 예수님을 믿는 믿음입니다. 3절에 예수님은 경고하십니다. "그러므로 네가 어떻게 받았으며 어떻게 들었는지 생각하고 지켜 회개하라 만일 일깨지 아니하면 내가 도둑 같이 이르리니 어느 때에 네게 이를는지 네가 알지 못하리라." 영적으로 게으름을 부리고 육신의 평안한 길을 따르며 예수님을 멀리하다 보면 예수님이 도적같이 임할 때를 당한다고 경고하십니다. 그 때에 부끄러운 일을 크게 당할 것입니다. 예수님이 임하시는 것은 꼭 말세에 일어날 사건으로만 보지 말아야 합니다. 믿음의 자녀가 고집스럽게 멸망의 길을 가려고 할 때 예수님께서 극단의 조치를 취하실 때도 있습니다. 그런 일을 당하기 전에 돌이키는 자가 지혜로운 자입니다.

예수님의 복음을 어떻게 듣고, 하나님의 자녀 되는 권세를 어떻게 받는가? 말씀과 성령으로 받습니다. 어떻게 듣는가? 육신의 귀가 아니라 영적인 귀로 들어 깨닫고 믿게 되었습니다. 영적으로 깨어나야 합니다. 영적으로 살아있는 교회가 되어야 합니다.

3. 사데 교회가 받은 칭찬과 약속

예수님은 3절에 사데 교회는 "그 옷을 더럽히지 아니한 몇 명이 네게 있어 흰 옷을 입고 나와 함께 다니리니"라고 칭찬하셨습니다. 세상 유혹과 육신의 일에 빠지지 않고, 곧 자신의 옷을 더럽히지 않고 정절을 지키며 예수님 편에 남는 자를 예수님은 기뻐하십니다.

영의 옷은 어떻게 더럽혀지는가? 육의 것을 사랑함으로 더럽혀지며, 영적 게으름으로 오염물이 끼어듭니다. 예수님을 사랑하기 때문에 영의 일을 중히 여기고, 세상과 육신의 일로 타협하지 않으며, 죄에 때 묻히지 않고, 영을 소중히 지킨 자들을 예수님은 반드시 알아주시고 축복해 주십니다. 그들에게는 영원한 축복의 옷, 흰옷을 입고 예수님과 다니는 축복을 약속하셨습니다. 매혹적인 세상의 부름도 거절하고 예수님을 떠나지 않으며, 예수님과 함께 세상에서 살아가는 남은 자들과 예수님은 친구처럼 함께 다니신다고 약속하셨습니다. 깊은 영적 교제를 말합니다. 예수님과의 이런 교제는 어떤 축복보다 귀한 축복입니다.

계시록은 성도들이 세상과 사탄의 유혹에 때 묻지 않도록 자신의 성결을 지킬 것을 권고하는 메시지를 담고 있습니다. 5절은 영적 숨이 멎어가는 사데 교회에게 주시는 소망의 메시지입니다. "이기는 자는 이와 같이 흰 옷을 입을 것이요 내가 그 이름을 생명책에서 결코 지우지 아니하고 그 이름을 내 아버지 앞과 그의 천사들 앞에서 시인하리라." 아멘

4. 사데 교회가 대표하는 교회

사데 교회는 겉으로는 모양을 잘 갖춘 것 같아 보이지만, 내면을 들여다보면 영적으로 게으르거나 육신의 일에 빠져서 영적으로 죽어가는 교회를 대표합니다. 오늘날 많은 교회가 눈에 보이는 일에 관심을 두며 실적을 나타내고 자랑하는 등 자신의 이름을 드러내는 일에 열심이지만, 영적인 면에서는 게으른 교회가 적지 않습니다. 시체를 연상하게 하는 것과 같은 소리를 내는, 그리고 복음의 기초가 변질되고 영적으로 죽어있는 교회들입니다. 신앙의 본질은 사라지고 사람의 소리와 가르침을 마치 예수님의 음성처럼 들리게 합니다.

사데 교회 같은 교회가 깨달아야 할 것이 무엇인가? 복음의 본질을 회복해야 합니다. 예수님께서 복음을 어떻게 받았으며 어떻게 들었는지를 생각하고 지켜야 합니다. 그 복음은 예수님께서 피 흘리심으로 받은 복음이며 제자들과 제자들의 제자들이 목숨 걸고 전하여 온 복음입니다. 하나님의 말씀에 복음의 기초를 쌓아야 합니다. 그 복음을 회복하도록 현대 교회는 회개해야 합니다. 오직

> **성령사역의 본질**
>
> 성령사역의 본질은 구약시대와 신약시대와 조금도 다르지 않다. 구약시대에는 오실 메시아를 증거하셨고, 신약시대에는 오신 메시아를 세상에 증거하셨으며, 예수님께서 영광중에 다시 오실 때까지 예수님을 증거하는 성령님의 사역은 계속 될 것이다.
> 신유집회나 은사집회를 하면서 많은 사람들을 모은다고 해도 예수님이 증거되지 않는다면 성령사역이 아니다. 성령집회를 하면서 방언을 가르치고 은사를 전수하고 안수기도를 하며 예언을 해도 예수님을 높이고 증거하는 대신에 은사자들이 높임을 받는다면 성령사역이라고 하지 말아야한다.
> 암으로 죽어가는 이들에게 성령이 낫게 하신다고 예언하였다가 그대로 되지 않으면 성령님은 모독을 당하신다. 성령님의 이름을 사용하는 자들에 의해서 성령님은 모독 받으신다.
> 성령사역의 본질은 예수님을 예수님으로 증거하는 것이다. 성령역사의 기적도 마찬가지다. 예수님을 예수님으로 증거하는 것이 성령역사의 핵심이다. 이것보다 더 중요한 성령사역은 없다.

십자가와 부활의 예수님께로 날마다 돌아가는 회개를 통해 영적으로 깨어있어야 합니다.

오늘날 교회가 회복해야 할 가장 긴급한 영성은 예수님과의 깊은 사귐입니다. 예수님과 깊은 사귐이 있으면 세상의 것들로 때 묻지 않은 영을 가꾸게 됩니다. 예수님과 깊은 사귐으로 말미암아 영적으로 산 교회가 되어야 합니다. 영적인 일에 열심을 내고 살아있는 교회가 되도록 예수님 중심 된 신앙의 본질로 돌아가야 합니다. 특히 교회의 지도자들은 예수님과 동행하며 영적인 깊은 교제를 통해서 교회를 살려내야 합니다. 세상의 많은 교회처럼 생각 없이 따라다니며 그들의 소리에 귀를 기울이면 교회는 죽습니다. 오직 예수님의 영의 소리에 귀를 기울이며 따라야 합니다.

내 주 예수님이여!
말씀으로 영으로 내 안에 살아 주소서.
내 마음에 살아주소서.
내 생각 속에 살아주소서.
내 말 속에 살아주소서.
내 행함 중에 살아주소서.

소그룹 공부를 위한 질문

1. 사데 교회의 성격은 어떠합니까?

2. 사데 교회가 받은 책망과 경고는 무엇입니까?

3. 사데 교회가 받은 칭찬과 약속은 무엇이며 요한계시록의 주제와 어떤 관계가 있습니까?

4. 사데 교회는 어떤 교회를 대표합니까? 사데 교회의 편지에서 현대 교회가 깨달아야 하는 교훈은 무엇입니까?

11강

힘을 내어라 요한계시록 3장 7-13절

내게 말하는 모든 이의 입 안에 그리스도

- 패트릭(Patrick) -

에론 비Aaron Burr는 미국의 제3대 부통령이었습니다. 그의 손녀딸이 부흥집회에서 예수님을 믿게 되었고, 할아버지도 예수님을 믿으면 좋겠다고 졸랐습니다. 손녀딸의 간청에 에론 버는 다음과 같이 대답했습니다.

얘야, 나도 젊었을 때 부흥집회에서 은혜를 받고 예수님을 믿으려고 했다. 그러나 나는 밖으로 나와 버렸다. 그리고 하나님에게 이렇게 말했다. '하나님, 당신이 저를 귀찮게 하지 않으면 저도 당신을 귀찮게 하지 않을 겁니다.' 얘야 그 후로 하나님은 나를 귀찮게 하지 않았다. 이제 와서 하나님을 귀찮게 하기에는 너무 늦었다.1)

그러나 그는 몰랐습니다. 하나님은 그가 하나님을 귀찮게 하기 원하셨다는 것을. 우리는 하나님께서 성가시도록 힘을 내서 하나님을 찾아야 합니다. 그리고 교회는 하나님 밖에 있는 자들을 성가시게 할지라도 예수님을 전해야 합니다.

1. 빌라델비아 교회의 성격

빌라델비아 교회에는 예수님을 "거룩하고 진실하사 다윗의 열쇠를 가지신 이 곧 열면 닫을 사람이 없고 닫으면 열 사람이 없는 그"로 표현하였습니다. 다윗의 열쇠는 메시아로 말미암아 임하는 다윗의 왕국, 즉 메시아 왕국의 출입을 결정하는 열쇠입니다. 곧 하나님나라의 문을 열고 닫는 권세를 예수님이 지니셨습니다. 예수님이 한번 그 문을 열면 닫을 자가 없고, 예수님이 그 문을 닫으면 열 자가 없습니다. 예수님의 절대적 권위를 말합니다.

하나님나라에 들어가는 문의 열쇠는 예수님이 가지고 계십니다. 예수님이 열어주셔야 들어갈 수 있습니다. 예수님만이 천국 문을 열고 닫으십니다.

이 예수님과 빌라델비아 교회의 성격과는 어떤 연관이 있는가? 빌라델비아 교회는 문의 역할을 했습니다. 8절에 "볼지어다 내가 네 앞에 열린 문을 두었으되 능히 닫을 사람이 없으리라 내가 네 행위를 아노니 네가 작은 능력을 가지고서도 내 말을 지키며 내 이름을 배반하지 아니하였도다"라고 예수님께서 매우 기뻐하신 교회입니다. 예수님께서는 그 교회에 열린 문을 두셨습니다. 다시 말하면 복음의 문을 빌라델비아 교회를 통해 열어 두신 것입니다. 그리고 9절에 보면 예수님은 빌라델비아 교회에 예수님의 교회를 핍박하던 유대인들도 그 교회를 통해 구원받는 사명을 주셨습니다.

이 교회는 어떤 성격의 교회인가? 복음의 문으로서의 사명을 실천하는 교회입니다. 전도와 선교의 사명을 잘 감당하는 교회입니다. 적은 수와 힘을 가진 교회이지만, 사명을 잘 감당하는 교회입니다.

2. 빌라델비아 교회가 받은 칭찬

빌라델비아 교회가 받은 칭찬은 적은 능력으로도 예수님의 말씀을 지키고 배반하지 않았다는 것입니다. 인내함으로 예수님의 말씀을 지킨 교회입니다. 예수님의 말씀을 끝까지 인내하며 지킨다는 것은 예수님께 끝까지 남는 자들이라는 뜻입니다.

예수님께서 이 교회에 열린 문을 두셨습니다. 아무도 닫을 수 없는 문을 두셨는데, 이 교회는 그 문을 통한 선교의 사명을 적은 능력으로도 인내하며 지켰습니다. 이런 교회가 참으로 예수님이 기뻐하시는 교회입니다.

예수님은 모든 교회에 하나님나라의 문을 두기 원하십니다. 그런 사명은 교회는 비록 크지 않을지라도 예수님을 사랑하여 어려운 상황과 환경에서도 예수님의 말씀을 지키고 배반하지 않은 교회에 맡기십니다.

오늘날 많은 교회가 선교와 전도에 힘쓰지만, 오직 예수님을 사랑하기 때문에 이 사명을 감당하는 교회되어야 합니다. 다른 어떤 동기도 예수님이 칭찬을 받을 수 없습니다. 선교의 동기는 바로 예수님 사랑입니다.

3. 빌라델비아 교회가 받은 위로와 약속

빌라델비아 교회가 받은 위로와 약속은 많습니다. 9-12절입니다. "보라 사탄의 회당 곧 자칭 유대인이라 하나 그렇지 아니하고 거짓말 하는 자들 중에서 몇을 네게 주어 그들로 와서 네 발 앞에 절하게 하고 내가 너를 사랑하는 줄을 알게 하리라 네가 나의 인내의 말씀을 지켰은즉 내가 또한 너를 지켜 시험의 때를 면하게 하리니 이는 장차 온 세상에 임하여 땅에 거하는 자들을 시험할 때라 내가 속히 오리니 네가 가진 것을 굳게 잡아 아무도 네 면류관을 빼앗지 못하게 하라 이기는 자는 내 하나님 성전에 기둥이 되게 하리니 그가 결코 다시 나가지 아니하리라 내가 하나님의 이름과 하나님의 성 곧 하늘에서 내 하나님께로부터 내려오는 새 예루살렘의 이름과 나의 새 이름을 그이 위에 기록하리라."

첫째, 이 교회를 통하여 유대인을 회개시키고 돌아오게 하는 사명을 주셨습니다. 둘째, 예수님은 이 교회를 지켜서 시험의 때를 면하게 해 주신다고 약속하셨습니다. 셋째, 이들의 상급인 면류관을 뺏을 자가 없게 하신다고 약속하셨습니다. 넷째, 하나님 성전의 기둥 되게 하신다고 약속하셨습니다. 다섯째, 이들 이름위에 새 예루살렘과 새 이름을 기록하신다고 약속하셨습니다.

놀라운 약속들입니다. 빌라델비아 교회는 책망 받을 일이 없는 교회였습니다. 이런 교회를 통해 새 예루살렘 성이 도래하는 구원역사가 이어져 가며 또한 이루어집니다. 예수님의 말씀을 지키고 전파하며, 예수님의 이름을 배반하지 않고 선교하는 교회를 사용하셔서 새 예루살렘의 기둥 삼으십니다. 하나님나라의 기둥 되는 교회가 됩시다. 오늘의 빌라델비아 교회가 됩시다. 예수님을 지극히 사랑하기 때문에 예수님이 가장 원하시는 일에 생명을 거는 교회가 됩시다.

4. 빌라델비아 교회가 대표하는 교회

빌라델비아 교회는 진정으로 예수님을 사랑하는 교회이며, 예수님께서 맡겨주신 말씀과 사명을 충성스럽게 감당하고, 어려움 중에도 인내하며 최선을 다하는 교회입니다. 특별히 열린 문의 사명을 잘 감당하는 교회입니다. 큰 교회가 아닙니다. 적은 능력을 가진 작은 교회입니다. 예수님께서 기뻐하시는 복음의 증인이 되는 사명을 잘 감당하는 교회는 크기와 상관없습니다. 오늘도 곳곳에 이렇게 예수님이 기뻐하시는 교회가 존재합니다.

현대 교회가 깨달아야 할 것이 무엇인가? 사람의 뜻을 앞세우는 교회가 되면 칭찬받지 못합니다. 예수님을 진실하고 뜨겁게 사랑하며, 예수님의 뜻에 따라 맡겨주신 사명을 신실하게 최선을 다해 감당하는 교회가 되어야 합니다. 모든 교회에 열린 문의 사명을 주셨습니다.

한국교회에 필요한 부흥

한국교회는 수의 부흥보다 더 긴급한 부흥이 필요하다. 그것은 십자가의 예수님 앞으로 되돌아가는 것이다. 근래에 많은 목회자들에 의해서 한국교회가 십자가 없는 예수를 따르게 만들었다. 그러다보니 한국교회 내에서 예수님은 주님이 아니라 종으로 취급한다.
자녀들이 잘되게 하는 예수,
병 고쳐주는 예수,
사업 잘되게 하는 예수,
장로 권사되게 하는 예수,
목회 성공하게 하는 예수.
이런 것들이 전부라면 이들이 믿는 예수는 다 가짜 예수들이다. 진짜 예수님은 십자가의 예수님이시다. 진짜 예수님은 죽음의 위력을 이기신 예수님이시다. 한국 교회에 필요한 부흥은 예수님의 십자가 앞으로 돌아가서 십자가의 예수님께로 엎드리는 부흥이다. 이 부흥에 목사들이 앞장 서야 한다.

이 사명을 잘 감당하는 교회가 칭찬받습니다. 예수님께서 기뻐하신다는 뜻입니다. 오늘 이런 교회를 어디서 찾을 수 있을까?

내 주의 성령님!

귀 있어 성령님의 말씀에 귀 기울이게 하소서.

성령님의 인도에 순종하는 교회를 많이 보게 하소서.

교회가 예수님께 돌아오는 새 부흥을 일으키소서.

우리가 그 교회 되게 하소서.

소그룹 공부를 위한 질문

1. 빌라델비아 교회의 성격은 어떠합니까?

2. 빌라델비아 교회가 받은 칭찬과 격려는 무엇입니까?

3. 빌라델비아 교회가 받은 약속은 무엇이며, 요한계시록의 주제와 어떤 관계가 있습니까?

4. 빌라델비아 교회는 어떤 교회를 대표합니까? 라오디게아 교회의 편지에서 현대 교회가 깨달아야 하는 교훈은 무엇입니까?

12강
문을 열어라 요한계시록 3장 14-22절

나를 보는 모든 이의 눈 안에 그리스도
- 패트릭(Patrick) -

어느 토요일에 목사님이 심방을 나섰습니다. 한 집에 들렀더니 분명히 집안에 사람이 있었습니다. 여러 차례 문을 두드려도 대답이 없습니다. 할 수 없이 쪽지에 요한계시록 3장 20절을 적어 문에 걸어두고 돌아섰습니다. "볼지어다 내가 문밖에 서서 두드리노니 누구든지 내 음성을 듣고 문을 열면 내가 그에게로 들어가 그로 더불어 먹고 그는 나로 더불어 먹으리라"

다음 날 예배 중 헌금 시간에 쪽지 하나가 헌금함에 올라왔습니다. 목사님이 심방 가서 남겨놓았던 쪽지였습니다. 목사님이 적은 성경구절 아래 다른 성경구절이 적혀있었습니다. 창세기 3장 10절이었습니다. "이르되 내가 동산에서 하나님의 소리를 듣고 내가 벗었으므로 두려워하여 숨었나이다."

라오디게아 교회는 겉보기에는 건강한 교회지만, 들추어내면 부끄러움이 많은 교회였습니다. 우리도 부끄러운 일이 많은 자라 두려워서 하나님에게서 숨고 도망 다녀야했던 자들이었습니다. 다만 예수님의 이름으로 회개하고 마음의 문을 열어 주님의 은혜를 구하였더니 죄용서와 하나님의 자녀 삼아 주시는 은혜를 입고 예배드리는 자 된 것을 감사드립니다.

1. 라오디게아 교회의 성격

이 교회에 예수님은 "아멘이시요 충성되고 참된 증인이시요 하나님의 창조의 근본이신 이"라고 하였습니다. 아멘은 순종을 의미합니다. 예수님의 교회는 예수님의 말씀에 순종하며 충성해야 하고 오로지 예수님의 증인이 되어야 합니다. 그런데 라오디게아 교회는 예수님의 이름은 가졌지만, 그런 내용과는 거리가 먼 교회였습니다. 교회가 믿을 것은 창조의 근본이신 예수님뿐인데 라오디게아 교회는 예수님 아닌 것을 예수님보다 더 믿었던 교회였습니다.

라오디게아 교회는 부유한 도성의 부유한 교회라고 할 수 있습니다. 이 도시는 소아시아의 은행이라고 부를 정도로 재력이 컸던 도시였습니다. 유명한 의과대학이 있었고, 유명한 안약을 생산하는 도시였습니다. 그러나 이 도시의 물은 인근에서 냉천수와 히에라볼리에서 온천수가 흘러 들어와 라오디게아에 도착하면 식어져서 미지근하며 마시면 토할 것 같이 질이 좋지 않았습니다. 라오디게아 교회는 이와 같았습니다. 가진 것은 많고 삶은 안락했으나 미지근하여 도대체 쓸모가 없는 교회였습니다.

2. 라오디게아 교회가 받은 경고와 교훈

15-16절은 이 교회를 향한 예수님의 책망과 경고입니다. "내가 네 행위를 아노니 네가 차지도 아니하고 뜨겁지도 아니하도다 네가 차든지 뜨겁든지 하기를 원하노라 네가 이같이 미지근하여 뜨겁지도 아니하고 차지도 아니하니 내 입에서 너를 토하여 버리리라." 라오디게아 교회가 받은 책망은 차지도 덥지도 않고 미지근하여 쓸모없는 교회가 되었다는 것입니다. "네가 차든지 뜨겁든지 하기를 원하노라"라고 하신 것은 믿으려면 제대로 믿고, 아니면 돌아서라는 뜻이 아닙니다. 뜨거운 물은 뜨거운 대로 따뜻하게 하는 쓸모가 있고, 찬물은 시원하게 하는 쓸모가 있습니다. 라오디게아 교회는 이도저도 아니라서 존재의 가치를 상실한 교회였습니다. 예수님이 토해 버리고 싶어 하시는 교회입니다. 무엇이 이렇게 만들었는가?

예수님은 17절에 "네가 말하기를 나는 부자라 부요하여 부족한 것이 없다 하나 네 곤고한 것과 가련한 것과 눈 먼 것과 벌거벗은 것을 알지 못하도다"라고 깨우치십니다. 물질의 부유함과 육신의 만족함으로 영적으로 가난한 것을 알지 못하는 것이 문제입니다. 이런 교회는 영적인 것을 아무리 외치고 권해도 미지근하게 반응합니다. 기도하자 해도 미지근하며, 예배도 미지근하고, 선교도 미지근합니다. 경제적 부와 사회 문명을 누리며 부족함이 없다고 만족하면서 본질을 잃어버린 교회의 모습입니다. 현실의 안락에 빠져서 아무 일도 못하는 교회입니다. 무엇을 하자고 하면 금방 할 것 같으면서도 미지근하여 결국은 그 자리에 머무릅니다.

예수님께서는 이런 교회를 보고 토하여 내치겠다고 경고 하셨습니다. 주님이 얼마나 답답하셨으면 이렇게까지 경고하셨을까! 예수님께서 토해 내시면 갈 데가 없습니다. 이런 교회 되면 절대로 안 됩니다.

이들에게 어떤 교훈을 주셨는가? 세상 금이 아닌 예수님의 금을 사서 부요하라고 권하십니다. 즉 예수님에게 영적 보물을 사서 영적으로 부유하라는 것입니다. 세상의 화려한 옷이 아닌 예수님에게 흰 옷을 사 입으라고 권하십니다. 육신의 안약이 아닌 예수님에게서 영의 눈을 뜨게 하는 약을 사라고 하십니다. 육신의 부유함을 따라 살지 말고, 예수님에게 영적 부유함을 얻어 누리라고 권면하십니다.

경고를 주시는 것은 예수님께서 여전히 이 교회를 향한 소망을 버리지 않으셨다는 것을 의미합니다. 힘이 있을 때 돌아서야 합니다. 기회 있을 때 회개해야 합니다. 불러주실 때 영적으로 깨끗한 옷으로 갈아입어야 합니다. 영적인 부에 얼마나 관심이 있는가? 세상의 부를 누리는 데는 지극한 관심을 보이면서 영적 부를 구하는 데는 게으름 부리면 미지근한 신앙생활을 할 수 밖에 없습니다. 영적 부를 누리며 영적으로 축복받는 일에 관심을 기울여야 합니다. 예수님께서는 사랑하는 자를 책망하여 징계하며 '열심을 내라 회개하라' 라고 부르십니다. 영적 부유함은 오직 예수님의 은혜로만 가능합니다.

3. 라오디게아 교회가 받은 약속

예수님은 20절에서 이 교회를 향한 간곡한 음성을 들려주십니다. "볼지어다 내가 문밖에 서서 두드리노니 누구든지 내 음성을 듣고 문을 열면 내가 그에게로 들어가 그로 더불어 먹고 그는 나로 더불어 먹으리라" 우리가 찾기도 전에 예수님은 먼저 문밖에 서서 두드리고 계십니다. 예수님은 우리와 깊은 사랑의 교제를 나누기 원하십니다. 우리가 영적 풍요함을 누리기 원하시는 주님이십니다. 열심을 내어 영적 부를 소망하여 예수님을 맞이하는 교회가 되어야합니다.

21절에 예수님이 약속하십니다. "이기는 그에게는 내가 내 보좌에 함께 앉게 하여 주기를 내가 이기고 아버지 보좌에 함께 앉은 것과 같이 하리라"라고 약속하셨습니다. 영적으로 게으른 교회에게 주시는 약속치고는 관대합니다. 이것은 주님이 몸 된 교회를 축복하기 원하시는 그 간절한 심정을 알게 합니다.

주님은 당신의 몸 된 교회를 가까이 두고 축복하고 싶어 하십니다. 이런 주님의 간절한 사랑을 알면 육신의 안일에 주저앉아 있을 수 없습니다. 주님과 깊은 영적 교제를 나누어서 영적으로 부유한 교회가 되어야 합니다. 주님은 그런 교제를 위해 벌써부터 우리의 문을 두드리고 계십니다. 열기만 하면 언제든지 들어오십니다. 라오디게아 교회 같아서는 예수님의 복음으로 세상에 도전할 수 없습니다. 종말이 다가올수록 세상의 유혹은 교묘해지고 악한 사탄의 공격은 격렬해질 것인데 라오디게아-증후군에 걸린 교회로는 잃어버린 영혼을 살려내는 일을 할 수 없습니다.

4. 라오디게아 교회가 대표하는 교회

라오디게아 교회는 현대 문명의 이기와 경제적 부를 누리며 영적으로는 게으른 교회를 대표합니다. 많은 현대 교회가 이 병에 빠져 있습니다. 라오디게아-증후군입니다. 육신의 부와 만족함으로 영적 안일에 빠진 교회입니다. 현대 교회의 현대병입니다. 그러나 더 위험한 병은 그런 병에 빠진 자신들의 모습을 보지 못한다는 것입니다.

이런 교회가 깨달아야 할 교훈이 무엇인가? 영적 가난을 체험하고 깨달아야 합니다. 영적 가난은 어디서 시작하는가? 기도가 적어서도 아니며, 예배를 드리지 못함도 아니며, 성도의 교제나 성경공부가 없어서가 아닙니다. 다만 예수님과의 먹고 마시는 교제가 없어서 영적으로 가난하게 됩니다. 예수님이 없음을 인식함으로 심령의 가난함을 체감해야 합니다. 이 가난함을 체감하지 못하면 그 가난함을 체감하게 해 달라고 기도해야 합니다. 예수님의 옷자락이라도 붙잡아야 산다는 심정으로 매달려야 합니다.

현대 교회는 문밖에 서서 우리의 문이 열리기를 기다리시며 깊은 교제를 원하시는 주님과 영적 교제를 회복해야 합니다. 교회 성장 세미나 같은 것들의 방법론적 접근에 마음을 쓰기 전에 근본적 기초를 다시 쌓아야 합니다. 예수님과의 깊은 교제가 있는 교회는 영적으

한국교회의 부와 가난

한국교회는 물질의 부는 누리지만 영적으로는 점점 더 가난해지고 있다. 우리나라 초기 교회사에는 목회자들은 가난하였다. 먹을 것이 없어서 사모와 자녀들과 함께 밥상에 물그릇 떠놓고 먹을 것 주셔서 감사하다고 기도하고 물을 밥 대신 하기를 밥먹듯 하던 때에 믿음의 어머니들이 차거운 겨울 마루바닥에 무릎 꿇고 엎드려서
"주여 내 자식 주의 종 삼아주소서."
라고 울부짖던 어머니들의 눈물이 한국교회를 부흥하게 하는 물줄기였다.
오늘 한국교회는 부자가 되어서 목회자들이 대우받는 시대가 되었다. 교인들도 가정과 부와 건강이 우상이 되어가는 듯하여 심히 염려가 된다. 가정과 부와 건강이 문제가 아니라 이런 것들이 예수님보다 더 중요하게 여기는 것이 문제다. 가정과 부와 건강도 예수님을 위한 것으로 예수님의 것이 되게 하여야 한다.

로 부유한 교회입니다.

우리의 예수님이여! 우리의 마음에 좌정하소서. 우리 대화의 주인 되소서. 우리의 마음이 주님께서 드실 만 하게 하소서. 우리의 생각이 주님께서 마실 만 하게 하소서. 우리의 모든 것이 주님께서 기뻐하실 만 하게 하소서.

정리하면 일곱 교회가 받은 편지들에는 현대교회가 받을 메시지가 있습니다. 모든 교회는 장점이 있고 단점이 있습니다. 칭찬 받을 일도 있고 책망 받을 일도 있습니다. 일곱 교회의 모습과 이 교회들에게 주신 메시지를 돌아보며 우리는 배워야 할 것이 있습니다. 그것은 교회의 본질을 잃어서는 안 된다는 것입니다.

그러면 교회의 본질은 무엇인가? 교회의 본질은 "예수님은 그리스도시오 예수님은 나의 주님이라는 고백으로 예수님의 것이 되어 예수님을 위해 살고, 예수님께 생명을 드린 사람들"이라고 했습니다.[1] 철저하게 예수님에게서 교회의 본질을 찾아야 합니다. 다시 오실 만왕의 주이신 예수님과 바른 관계를 맺어야 합니다. 예수님을 사랑하고 예수님만을 믿는 교회, 예수님 중심인 교회, 예수님과 깊은 영적 교제를 하는 교회가 되어야 합니다.

교회는 항상 세상에서 박해와 핍박을 받아왔습니다. 그럴수록 다시 오실 예수님만 바라보는 교회 되어야 합니다.

소그룹 공부를 위한 질문

1. 라오디게아 교회의 성격은 어떠합니까?

2. 라오디게아 교회가 받은 경고와 교훈은 무엇입니까?

3. 라오디게아 교회가 받은 약속은 무엇이며, 요한계시록의 주제와 어떤 관계가 있습니까?

4. 라오디게아 교회는 어떤 교회를 대표합니까? 라오디게아 교회의 편지에서 현대 교회가 깨달아야 하는 교훈은 무엇입니까?

5. 정리: 일곱 교회와 오늘날 교회(우리교회)는 어떤 관계가 있습니까? 일곱 교회에 보내는 편지는 "나"와 "우리교회"에게 어떤 메시지를 전합니까?

제2부 '예수님과 예수님의 일곱 교회' 에필로그

이단문제와 한국교회

사이비 종교들과 이단들이 득세하는 데는 이유가 있다. 사이비가 득세하는 것은 사회가 불안정하여 소망이 보이지 않을 때이며 이단이 득세하는 것은 교회가 타락하고 목회자들이 타락할 때 그 틈을 타고 이단들이 독버섯처럼 자리 잡고 득세한다.

한국교회에서 이단들은 일어났다가 문제가 생기면 없어지는 것이 아니라 숨죽이고 있다가 틈만 나면 가지를 치며 득세를 한다.

이단들의 특징을 정리하면:

첫째 리더의 독특한 카리스마다. 어느 형제의 친척이 특정한 이단에 빠져있다며 도움을 청해 왔다. 그 이단의 리더가 가까운 데서 집회를 한다기에 한 형제와 참석해본 적이 있다. 저희 둘의 자세에서 그들의 눈에는 이단아로 보였는지 입장할 때부터 환영의 눈길보다는 감시의 눈초리가 주위에 도사리고 있다는 것을 느꼈다. 자리를 잡고 앉으니 양복을 입은 건장한 남성들이 주위에 앉았다. 그 집회의 리더가 등단할 때 청중은 우레와 같은 박수로 환영하였다. 리더는 구수한 사투리로 설교 하면서 성경말씀을 전하는 것보다 온갖 이야기들로 청중을 사로잡았고 은연중에 자신을 드러내었다. 그에게서 풍겨 나오는 카리스마는 대단하였다. 두 시간에 가까운 그의 설교가 지루하게 느껴지지 않았다.

이런 이단에 빠지면 리더의 강렬하고 독특한 카리스마에 중독이 된다. 그렇게 되면 리더에 대한 맹목적인 추종심이 일어나게 되고 그의 논리가 문제성이 있어도 문제 삼을 마음이 일어나지 않는다. 대체로 이단의 리더는 강렬하고 매력적이며 독특한 카리스마로 추종자들을 복종하게 만든다.

둘째 교묘한 성경해석이다. 이단들은 해석이 어려운 부분들을 자신들의 교리에 절묘하게 짜 맞추어서 성경의 본질적 의미를 모르는 이들을 경탄하게 하는 경향이 있다. 그렇게 하여서 자신들의 성경해석이 뛰어나다는 깊은 인상을 심어준다. 이 때문에 평소에 궁금했던 성경구절에 대한 의미를 깨달았다는 느낌을 심어주면서 기성교회 교인들을 유혹한다. 그러나 이들의 해석을 자세히 풀어보면 성경해석의 기본이 되는 문맥상의 의미에서 오류가 있다는 것을 알게 된다. 예를 들면 '가계에 흐르는 저주를 끊어라' 라는 책에서 가계에 흐르는 저주에 대한 증명으로 예레미야서 31장 29절 이하에 나오는 '아버지가 신 포도를 먹었으므로 아들들의 이가 시다' 라는 표현을 사용한다. 그러나 문맥으로 살펴보면 하나님께서 그들 사이에서 이 속담을 더 이상 사용하지 못하게 하시겠다는 전혀 반대적 의미로 사용하였다. 예레미야 31장 30절에서 하나님께서는 "신 포도를 먹는 자마다 그 이가 신 것 같이 누구나 자기의 죄악으로 말미암아 죽으리라." 라고 하신 뜻과는 상반되는 해석이다. 이들은 어떻게 이런 교리를 통하게 하는가? 그 수법은 간단하다. 몇 가지 설득력이 있는 예들을 사용하여 증명한다. 단편적인 예를 근거로 하여 전체적인 법칙을 정하는 도구로 사용하는 논리의 오류를 저지른 것이다.

셋째 기성교회에 대한 통쾌한 비판이다. 이단들은 기성교회의 문제점들을 날카롭고 현실적으로 비판한다. 기성교회의 문제점들과 세속적 모습에 경멸을 느끼는 자들에게는 매우 통쾌할 정도로 공감을 불러낸다. 그 통렬한 비판은 은연중에 자신들은 그런 교회들과는 다르다는 분위기를 자아내며 자신들의 교리를 옳은 것처럼 느끼게 만든다. 교회가 세속화 되어 갈수록 이런 수법이 통하는 법이다.

넷째는 사랑으로 포장한 포섭이다. 이단들은 엄청난 사랑의 모습을 보이며 사람들을 포섭한다. 이들의 수법과 노력은 경탄할 정도다. 한 사람을 포섭대상으로 삼으면 그 사람에 대하여 철저하게 조사를 하고 감동을 받지 않을 수 없는 방법으로 사랑을 위장하여 접근한다. 포섭되면 자신들의 교리공부로 세뇌작업에 들어가고 세뇌 당하기 시작하면 위협과 협박성 교리로 추종자들을 정신적으로 물리적으로 격리시킨다. 그렇게 자신들을 맹목적으로 따르게 만든다. 빠져나오려는 기미를 보이면 폭력행사나 위협적 수단도 사용한다.

다섯째 이중교리로 위장한다. 겉보기 교리는 비슷한데 속으로 들어갈수록 다른 교리를 가르친다. 이중교리를 접하는 단계에 이르려면 상당한 충성심을 보여야 한다. 이 단계에 이르면 이미 깊이 관련이 되어서 지도층에 들어간 경우이며 이들에게 그 단계에 이른 것은 위대한 업적을 성취한 것처럼 자부심을 가지게 만들면서 집단을 위해 일생을 바치게 만든다.

여섯째 교리의 진화다. 자신들의 교리가 이단이라고 세상에 알려지면 이들은 교묘하게 교리를 전환 또는 수정하면서 그럴듯한 논리로 합리화시킨다.

이단은 추종자들에게 무서운 정신적 독성을 심어주어서 이단에서 빼내오는 일도 쉽지 않지만 이단에서 빠져나온 후에 겪는 영적 공황증세는 무서울 정도로 사람을 망쳐놓는다. 제 나름대로 경험한 3년 법칙이 있다. 이단에 3년간 소속한 자를 이단에서 빼내는 데 3년 걸리고 빠져나온 후에 치유하는 데 3년 걸린다. 그만큼 이단의 독은 무섭다.

이단이 득세할 때 교회는 더욱 본질에 바로서야 한다. 교회의 본실은 철저하게 예수님 중심이어야 한다.

3

천국보좌와 일곱인

요한계시록 4-7장

13강
열린 하늘 문 요한계시록 4장

나를 듣는 모든 이의 귀 안에 그리스도
- 패트릭(Patrick) -

"그들이 이 말을 듣고 마음에 찔려 그를 향하여 이를 갈거늘 스데반이 성령 충만하여 하늘을 우러러 주목하여 하나님의 영광과 및 예수께서 하나님 우편에 서신 것을 보고 말하되 보라 하늘이 열리고 **인자예수그리스도가 하나님 우편에 서신 것을 보노라** 한대 그들이 큰 소리를 지르며 귀를 막고 일제히 그에게 달려들어 성 밖으로 내치고 돌로 칠새 증인들이 옷을 벗어 사울이라 하는 청년의 발 앞에 두니라 그들이 돌로 스데반을 치니 스데반이 부르짖어 이르되 주 예수여 내 영혼을 받으시옵소서 하고 무릎을 꿇고 크게 불러 이르되 주여 이 죄를 그들에게 돌리지 마옵소서 이 말을 하고 자니라." 사도행전 7장 54-60절, 진한글자는 추가했음.

1. 천국 보좌

계시록은 네 개의 환상으로 구성되어있습니다. 첫 번째 환상은 일곱 교회에 보내는 편지 환상으로 1-3장까지입니다. 지상에서 존재하는 교회의 대표들입니다.

두 번째 환상은 4-5장에 나오는 천국 보좌 환상입니다. 4-5장은 중요한 내용을 담고 있습니다. 지상과 천국을 연관시켜 주는 역할을 할 뿐만 아니라 천국 보좌를 봄으로 세상 역사를 바로 보게 됩니다.

요한은 열린 하늘 문을 통하여 천국 보좌 환상을 보았습니다.4:1 그 환상의 중심인물은 보좌에 앉으신 하나님입니다. 하나님이 "이리로 올라오라 이 후에 마땅히 일어날 일들을 내가 네게 보이리라"라고 하십니다. 하나님이 인간에게 하나님의 마음을 보여주시는 것입니다. 요한에게 지상 교회의 모습을 보여주신 후에 천국 환상을 보여 주셨습니다. 그 의미는 무엇일까?

첫째, 교회의 위상을 알려주는 것입니다. 지상 교회가 비록 세상 권세에 핍박당하며 무능하게 서 있는 것 같지만, 하나님이 다 아시며 하나님의 섭리 아래 있다는 것을 알려주시는 것입니다. 하나님의 교회는 하나님이 어떤 분이신지 보고, 하나님의 권세가 어떤지를 알아서 오직 하나님만 바라 보며 세상 권세를 두려워하지 말 것을 보여 주시는 것입니다.

둘째, 요한을 통해서 마땅히 될 일을 보여 주시는 것은 교회로 하여금 세상의 모든 역사는 하나님의 주권아래 있다는 것을 보여주시는 것입니다. 장차 일어날 모든 일의 근원지는 어디인가? 로마 황제인가? 세상 권력자인가? 아닙니다. 하늘 보좌입니다. 지상 권세 자들이 역사를 좌지우지하는 것 같으나 실상은 천국보좌에서 나옵니다.

셋째, 미래를 준비하게 하시는 것입니다. 이런 환상을 보여주시는 것은 교회로 하여금 이후에 일어나는 일에 대하여 영적으로 준비하도록 하는 것입니다. 하나님께서 세상과 교회역사를 주관하시는 분이시면 교회를 이 땅에 두신 이유가 있을 것입니다. 그렇다면, 그런 사명을 충성스럽게 감당하도록 준비해야 합니다.

2. 천국 보좌에 앉으신 분

천국 보좌에 앉으신 분은 어떤 분이신가? 요한은 세 가지 보석으로 천국 보좌에 앉으신 분의 영광을 표현합니다. "앉으신 이의 모양이 벽옥과 홍보석 같고 또 무지개가 있어 보좌에 둘렸는데 그 모양이 녹보석 같더라." 3절

첫째, 벽옥Jasper입니다. 벽옥은 맑은 청색으로 하나님의 순전함과 영광의 아름다움을 상징합니다.

둘째, 홍보석Sardius입니다. 홍보석은 그 붉기가 핏빛 같습니다. 그래서 홍보석은 천국 보좌에서 나오는 심판을 상징한다고 합니다. 그러나 전체 문맥으로 보아서 홍보석은 붉은 색의 아름다움으로 하나님 영광의 아름다움을 상징합니다.

셋째, 녹보석emerald입니다. 녹보석은 부드러운 녹색으로서 하나님의 인자하심을 상징합니다.

결국, 이 세 가지의 보석으로 천국 보좌의 영광을 묘사한 것입니다. 요한이 본 천국보좌는 말로 설명할 수 없는 영광과 은혜의 광경이

었으며, 그래서 영광의 광경, 즉 하나님의 성품을 지상에서 가장 아름다운 보석들을 사용하여 상징적으로 표현했습니다.

출애굽기 28장 17절 이하에 보면 제사장은 12지파를 상징하는 12개의 보석으로 장식하였습니다. 처음 돌첫 지파로 르우벤 지파를 상징이 홍보석이고, 마지막 돌마지막 지파로 베냐민 지파를 상징이 벽옥이었습니다. 그래서 이 세 가지 보석은 이스라엘을 상징한다고 보기도 합니다.

그러나 요한은 천국보좌의 아름다움과 은혜의 광경을 보석들로 묘사한 것입니다. 천국보좌에서 비치는 빛은 이렇게 은혜와 영광이며 하나님의 인자하심으로 가득 차 있습니다.

특별히 무지개가 보좌를 둘러싸는 것은 노아 사건을 기억하게 합니다. 창세기 9장 11-13절입니다. "내가 너희와 언약을 세우리니 다시는 모든 생물을 홍수로 멸하지 아니할 것이라 땅을 멸할 홍수가 다시 있지 아니하리라 하나님이 이르시되 내가 나와 너희와 및 너희와 함께 하는 모든 생물 사이에 대대로 영원히 세우는 언약의 증거는 이것이니라 내가 내 무지개를 구름 속에 두었나니 이것이 나와 세상 사이의 언약의 증거니라." 무지개는 노아에게 하신 약속을 기억하고 지키신다는 것을 상징합니다. 하나님은 하신 말씀을 반드시 지키시고 성취하시는 신실하신 분입니다. 하나님의 약속을 굳게 믿고 따르면 약속을 이루어주시는 승리의 날이 틀림없이 오게 됩니다.

지상에서 주님의 사명에 따라 살며 주님을 사랑하는 성도는 세상에서 볼 수 없는 천국 보좌의 영광과 은혜를 사모하여 그 곳을 향해 가는 순례자입니다. 이 땅에서 볼 수 없는 영광의 보좌! 그 영광의 자리에 이르기를 성도는 사모합니다.

요한계시록 21장 11절, 18-21절까지 새 예루살렘 성을 아름다운 보석으로 묘사합니다. 그 아름다움을 말로 묘사할 수 없어 각종 빛나는 보석으로 묘사하는 것입니다. 아! 그 아름다움이여! 주님 오시는 그날에 우리의 눈으로 보게 되리라!

계시록에 나오는 상징은 하나님에 관한 것을 인간의 언어로 표현하는 도구입니다. 인간 언어로 하나님에 관한 것을 표현하는 그 순간 의미의 감소가 일어납니다. 그러나 여전히 의미 있는 의미MeanigFUL Meaning를 전달할 수 있습니다. 그러므로 상징 표현을 문자 그대로 본다면 본래의 의미를 왜곡하기 쉽습니다. 역해석Reverse Mapping을 할 때 의미를 변절하는 오류를 범하게 됩니다. 예를 들면 영어에서 한국어로 번역된 것을 다시 영어로 번역할 때 원문의 표현을 재현하기 어려울 뿐 아니라 의미의 왜곡이 일어날 수 있습니다. 성경의 상징적 표현을 역으로 추론하여 결론적이거나 원론적 내용을 찾으려고 할 때 본래의 의미를 왜곡하는 오류를 범하기 쉽습니다. 천국에는 벽옥, 홍보석, 녹보석이 많다는 식의 해석을 할 수도 있습니다. 이 보석들은 하나님 보좌의 영광을 단지 인간의 언어로 표현된 것으로 하나님에 대해서 얼마간 알려주는 것으로 이해하는 것이 옳습니다.

3. 천국 보좌 주위의 존재들

(1) 24장로와 그 보좌

천국 보좌 주위에 24보좌가 있고, 그 보좌에는 흰 옷을 입고 금 면류관을 쓴 24장로가 있습니다.4:4 이들은 누구인가? 구약의 이스라엘 열두 지파의 대표와 신약의 12사도를 합한 것으로 보기도 하고, 참 이스라엘인 교회의 대표라고 해석하기도 합니다. 그러나 이들은 천상의 대표일 것입니다. 천상에는 하늘의 천사와 천상의 존재가 있습니다.시89:7; 왕상22:19 이들은 하나님에게 통치권을 분담 받은 자들입니다. 면류관은 통치자들이 쓰는 것입니다. 24장로가 쓴 금 면류관은 그들이 천상에서 통치자 역할을 하는 존재임을 말해 줍니다.

(2) 하나님의 일곱 영

4장 5절에 나오는 하나님의 일곱 영은 온전한 하나님의 영으로 성령님이십니다. 일곱 영은 모든 성도 안에 내재하시기도 하며, 성부와 성자와 함께 교제하시고, 모든 영적 교제를 하십니다.

(3) 네 생물:

이들의 모습은 사자 같고, 송아지 같고, 얼굴이 사람 같고, 날아가는 독수리 같습니다. 이 네 생물은 어떤 존재인가?겔10:14; 사6:1-3 참조 2세기의 이레네우스Irenaeus는 이들이 복음서를 상징한다고 보았습니다. 사자는 요한복음, 송아지는 누가복음, 사람은 마태복음, 독수리는 마가복음이라고 했습니다. 그러나 빅토리우스Victorius는 사자는 마태복음, 송아지는 누가복음, 사람은 마가복음, 독수리는 요한복음으로 순서를 바꾸었습니다.

그러나 이들 네 생물도 천상의 존재로 보는 것이 옳습니다. 천상의 존재에게도 역할에 따라 등급이 있습니다. 그중에 이들은 천국보좌에서 중요한 역할을 감당합니다. 숫자 '4'는 세상을 의미한다고 했습니다. 이들 네 생물은 하나님의 음성을 직접 듣고 지상에서 일어나는 일들을 주관합니다.

(4) 24장로와 네 생물의 역할

계시록 4장에 나오는 24장로와 네 생물의 일상 역할은 대단히 중요합니다. 네 생물은 밤낮 쉬지 않고 "거룩하다 거룩하다 거룩하다 주 하나님 곧 전능하신 이여 전에도 계셨고 이제도 계시고 장차 오실 이시라"8절라며 하나님을 찬양하고 하나님께 영광과 존귀와 감사를 돌립니다.9절 특히 이들이 하나님을 찬양할 때에 "거룩 거룩 거룩"을 세 번 반복하는 것은 이사야서에도 나옵니다. 이 세번의 거룩함을 원형, 비교급, 최상급이라고 보는 견해에는 무리가 있습니다. 하나님의 거룩함은 어떤것에도 비교할 수 없습니다. 비교는 비교하는 대상에 따라서 위상이 달라지기 때문입니다. 원문도 비교하는 표현이 아닙니다. 거룩을 세 번 반복하는 것은 오히려 삼위일체의 하나님께 거룩함을 찬양하는 것으로 봅니다

24장로는 하나님을 경배하며 그 하나님 앞에 자신들의 면류관을 던지고, 오직 하나님 위

천사들은 괴상하게 생겼네?

계시록 5장에 나오는 천사들은 눈도 앞 뒤로 있고 날개 앞뒤로 눈들로 가득하고 우리와는 전혀 다른 모습이다. 어느 분이 물었다. "목사님, 계시록에 나오는 천사들은 이상하게 생겼네요? 괴물처럼." 그래서 되물었다. "누구의 관점에서 이상한데요?"
천사들의 관점에서 보면 우리가 이상하게 보이지 않을까? 눈도 앞쪽으로 두개만 붙어있어서 뒤를 보려면 몸을 돌려야 하고 날개도 없어서 날지도 못하고 두 발로 땅만 밟고 다니고 . . .
천사들이 괴상하게 생긴 것이 아니라 우리가 괴상하게 생기지 않았을까! 다만 하나님께서 인간인 우리를 사랑하시기 때문에 천사들도 우리를 이상한 괴물로 여기지 않고 하나님의 자녀로 귀하게 대하는 것이다.

에는 참 권세자가 없음을 고백하며 경배합니다. "우리 주 하나님이여 영광과 존귀와 권능을 받으시는 것이 합당하오니 주께서 만물을 지으신지라 만물이 주의 뜻대로 있었고 또 지으심을 받았나이다."11절 놀랍고도 엄청난 스케일의 찬양입니다. 우리의 예배 스케일은 이와 같아야 합니다.

천상의 존재들뿐만 아니라 지상의 교회도 하나님을 찬양하며 경배하는 것을 중요하게 여겨야 합니다. 계시록을 제대로 공부하면 바른 예배를 드리게 됩니다. 오늘 우리는 누구를 위한 예배를 누구에게 드리는가?

현대 그리스도인은 자신을 위해 예배드리며, 자신의 만족을 채우고 자신들이 은혜 받으려고 예배드리는 경향이 적지 않습니다. 그러나 계시록을 통해서 배우는 예배는 이와는 전혀 다릅니다. 오직 천국 보좌에 앉으신 하나님께 예배드리는 것입니다. 우리는 누구를 위한 예배를 드리는가? 예배의 본질을 회복해야 합니다.

천국 보좌 환상에서 배울 또 다른 교훈은 천국 보좌의 위엄과 영광을 지상의 권세자가 누리는 영광과 비교할 수 없습니다. 로마 황제의 영광이 아무리 크다 해도 천국보좌의 영광에 비할 수 없습니다. 또한 세상 권력자의 권세가 아무리 강하다 해도 천국 보좌에 앉으신 분에 비할 수 없습니다. 오늘 우리는 누구를 위하여 누구에게 예배드리는가? 우리를 위하여 찬양하며 예배드리는가? 세상 물질의 권세에 아부하며 사는가? 우리가 예배드리며 섬길 분은 오직 한 분밖에 없다는 것을 요한의 환상을 통하여 기억하자. 우릴 위해 하나님께서 하늘 문을 열어 주셨다. 하나님께 예배드림이 삶이 되게 하자.

14강
어린 양에게 찬양을! 요한계시록 5장

아무리 설교하며 다녀도 우리 삶이 설교가 되지 않으면 아무 소용없다.
– 프란시스(Francis of Assisi) –

한 아이가 주일학교에서 선생님에게 우리가 예수님을 마음에 초청하면 예수님이 우리 안으로 들어오신다고 배웠습니다. 집에 와서 곰곰이 생각하더니 아빠에게 심각한 표정으로 물었습니다.

"아빠 예수님은 크시고 나는 작잖아?"

"그렇지. 그런데?"

"예수님이 우리 안에 들어오시면 예수님은 크고 나는 작으니 예수님이 내 안에서 막 삐져나오겠네?"

그렇습니다. 예수님은 우리의 구석구석을 채우시는 선한 목자이십니다. 우리 죄를 지시고 우리 대신 죽으신 어린 양 예수님을 전심으로 찬양하는 것이 마땅하며 또한 기쁨입니다.

1 요한의 통곡

하나님 보좌가 계시록 4장의 중심이면 5장의 중심은 어린양입니다. 이제부터 본격적인 어린양의 심판이 시작됩니다. 보좌에 앉으신 이의 오른손에 일곱 인으로 봉한 두루마리가 있는데 그 인을 뗄 자가 없습니다.

이 두루마리에는 하나님나라의 계획과 장래일이 기록되어 있습니다. 하나님나라가 임하지 않으면 인간의 문제를 해결할 길이 없습니다. 인간에게는 소망도 없습니다. 믿는 자의 구할 것은 하나님나라가 임하는 것입니다. 주기도문에서도 "아버지의 나라가 오게 하시며, 아버지의 뜻이 하늘에서와 같이 땅에서도 이루어지게 하소서"라고 기도합니다. 이 기도는 우리가 쉽게 생각할 기도가 아닙니다.

하나님은 아담에게 피조물을 다스리라고 하셨습니다. 그러나 아담은 사탄에게 속아서 죄로 말미암아 그 소유권과 시민권을 잃어버렸습니다. 아담은 더 이상 이 세상을 하나님이 나에게 주신 것이라고 주장하지 못하게 되었습니다. 아담 이후의 어느 인간도 잃어버린 상속권을 회복할 수 없었습니다.

첫 사람 아담이 잃어버린 소유권을 누가 회복시켜 줄 것인가? 누가 우리의 잃어버린 그러나 되찾아야 할 상속권을 회복시켜 줄 것인가?

요한은 3절에서 그 두루마리를 펴기에 합당한 자가 보이지 않아서 크게 울었습니다. 하나님의 뜻이 이루어지고 하나님나라가 임해야 하는데, 그 인을 뗄 자가 없으니 답답하여 통곡합니다. 오늘 세상의 것에는 소망을 둘 데가 없습니다. 하나님나라가 임해야 합니다. 하나님의 인을 떼고 두루마리를 펼쳐야 합니다. 그 인을 뗄 자가 없으니 얼마나 답답한가!

오늘 우리가 통곡해야 할 세 가지 이유가 있습니다. 첫째는, 통곡하지 않는 우리를 보고 통곡해야 합니다. 둘째는, 우리의 작은 이유로 찔끔거리는 이기적인 눈물 때문에 통곡해야 합니다. 하나님나라가 임하도록 울어야 합니다. 그러나 더 큰 이유가 있습니다. 우리가 울어야 할 셋째 이유는, 잃어버린 상속권의 완전한 회복을 위해 울어야 합니다.

하나님의 뜻이 이루어지기를 간구하는 자를 하나님께서 위로하십니다. 5절에 24장로 중 하나가 울지 말라고 위로합니다. 그 인을 뗄 자가 있다는 것입니다. 죄악의 세상에 하나님나라가 임하게 하시는 분이 계십니다. 요한계시록 5장 5절은 "유대 지파의 사자 다윗의 뿌리가 이겼으니 그 두루마리와 그 일곱 인을 떼시리라"라고 힘 있는 천사가 선포합니다. 이 힘 있는 천사는 나중에 다시 등장합니다.계 10:1, 18:21 유대 지파의 사자는 7절에 "어린 양"으로 표현됩니다.

2. 복음서의 어린 양과 계시록의 어린 양

6절에 "보좌와 네 생물과 장로들 사이에 한 어린 양이 서 있는데 일찍이 죽임을 당한 것 같더라 그에게 일곱 뿔과 일곱 눈이 있으니 이 눈들은 온 땅에 보내심을 받은 하나님의 일곱 영이더라." 어린 양은 누구인가? 바로 그리스도 예수님입니다. 예수님은 이 땅에 오실 때에는 어린 양으로 오셨습니다. 어린 양의 정체는 무엇인가? 침례세례 요한은 예수님을 “보라 세상 죄를 지고 가는 하나님의 어린 양이로다” 요1:29라고 선포했습니다. 구약에서 어린 양은 이스라엘의 죄를 대신하여 죽었습니다. 신약에서 ‘하나님의 어린양’ 은 모든 죄인의 죄를 대신하여 죽으신 분입니다. 히브리서 9장 12절에 “염소와 송아지의 피로 하지 아니하고 오직 자기의 피로 영원한 속죄를 이루사 단번에 성소에 들어가셨느니라”라고 하였습니다. 28절에는 “이와 같이 그리스도도 많은 사람의 죄를 담당하시려고 단번에 드리신 바 되셨고 구원에 이르게 하기 위하여 죄와 상관 없이 자기를 바라는 자들에게 두 번째 나타나시리라”라고 하였습니다.

모리아 산에서 하나님은 아브라함의 독생자 이삭을 대신하여 산양을 예비해 주셨지만, 갈보리 산에서 하나님은 자신의 아들 예수님을 위해서는 아무것도 예비하시지 않고 십자가에서 어린 양 재물이 되게 하셨습니다.

우리가 잃어버린 하나님의 상속권을 예수님이 죽음으로 되찾아주셨습니다. ‘우리가 잃어버린 우리들’ 을 어린 양 예수님이 찾아주셨습니다. 우리가 잃어버린 천국 시민권을 어린 양 예수님이 회복시켜 주셨습니다.

죄인 된 나는 이 예수님의 속죄 피로 말미암아 생명을 얻었습니다. 십자가에서 죽으시고 부활하셔서 하나님 우편에 계신 예수님은 이제 만군의 왕으로서 세상 모든 역사를 주관하십니다. 바로 그 분 한 분만이 하나님 손에 있는 책의 인을 떼시며, 책을 펴실 수 있습니다. 그분이 인을 떼셔야 모든 말씀과 약속이 성취되며, 하나님나라가 임합니다. 그 인을 떼셔야 우리의 원수가 완전히 멸망할 것입니다.

7절에 드디어 예수님이 책을 취하셨습니다. 예수님께서 하시는 일로 말미암아 세상의 성도는 소망을 가집니다. 이 놀라운 일이 시작될 것이니 어찌 이를 아는 자들이 주님을 찬양하지 않을 수 있습니까! 세상의 모든 일은 예수님 손에 달려있습니다.

복음서의 예수님은 십자가의 길을 가는 고난의 메시아였으나 계시록의 예수님은 인을 떼시며 역사의 책을 펴시는 권세를 가지셨습니다. 하나님의 권세를 가지시고 절대 주권을 행하시는 분이 우리 예수님이십니다. 이 권세로 오늘도 세계 역사를 움직이십니다. 지금 세상의 역사를 힘 있는 인간들이 움직이는 것처럼 보이지만, 사실은 예수님이 주관하십니다. 이 분이 복음서의 예수님 이시며 계시록의 예수님이십니다.

3. 어린 양을 찬양하라!

예수님께서 책을 취하시니 세 존재가 찬양합니다. 어린 양이 주관하시는 역사의 시작을 노래합니다.

첫째, 24장로와 생물들이 찬양합니다.5:9-10 그들은 하나님 앞에 엎드리고 손에는 금 대접을 들었는데, 그 금 대접 안에는 향이 담겨 있습니다. 이 향은 성도의 기도들입니다.5:8 성도의 기도가 얼마나 소중하면 하늘의 존재들이 금 대접에 담아 하나님께 드릴까!

'성도의 기도들'에서 '성도'도 복수이며 '기도들'도 복수입니다. 모든 성도의 모든 기도가 총집결했다는 뜻입니다. 그러므로 성도는 낙심하지 말고 어린양의 구원역사가 이루어지기까지 기도드릴 것입니다.

9-10절에서 "그들이 새 노래를 불러 이르되 두루마리를 가지시고 그 인봉을 떼기에 합당하시도다 일찍이 죽임을 당하사 각 족속과 방언과 백성과 나라 가운데에서 사람들을 피로 사서 하나님께 드리시고 그들로 우리 하나님 앞에서 나라와 제사장들을 삼으셨으니 그들이 땅에서 왕 노릇 하리로다 하더라"라며 새 노래로 어린 양을 찬양합니다.

찬양의 내용은 첫째, 예수님은 인봉 떼기에 합당하시다는 것입니다. 그 이유는 자신의 죽음으로 모든 민족 가운데에서 사람들을 피로 사서 하나님께 드리시고 그들로 하여금 하나님 앞에서 나라와 제사장 삼으셨기 때문입니다. 둘째, 저희가 땅에서 왕 노릇할 것이기 때문입니다. 참으로 소중한 노래입니다. 이것을 새 노래라고 하였습니다. 예수님의 사람들은 땅에, 즉 세상에 사는 동안 왕노릇하며 살게 되어 있습니다. 요한일서 5장 18절입니다. "하나님께로부터 난 자는 다 범죄하지 아니하는 줄을 우리가 아노라 하나님께로부터 나신 자가 그를 지키시매 악한 자가 그를 만지지도 못하느니라." 이 구절에서 '하나님께로부터 난 자'는 예수님의 사람들이며, '하나님께로부터 나신 자'는 예수님이시고, '악한 자'는 근본적으로 악의 괴수인 사탄이며, 또한 악한 영과 죄의 세력을 포함합니다. 예수님은 사탄과 악한 영과 악한 세력이 예수님의 사람들을 손도 대지 못하도록 해 주십니다. 그래서 예수님의 사람들은 사탄과 악한 영 위에 왕 노릇하는 자들이 된 것입니다. 아멘!

세상에 많은 노래가 있지만, 가장 소중한 노래는 예수님 노래입니다. 예수님을 찬양하며 예수님의 사랑을 노래하는 것입니다. 우리를 자신의 피로 사시고 나라와 제사장 삼으신 예수님을 뺀 노래는 다 죽음의 노래일 뿐입니다. 당신은 어떤 노래를 부르며 사십니까?

둘째, 만만이요 천천인 천사가 찬양합니다.11-12절 12절입니다. "죽임을 당하신 어린 양은 능력과 부와 지혜와 힘과 존귀와 영광과 찬송을 받으시기에 합당하도다." 십자가의 길 다음에는 오직 영광입니다. 다르게 표현한다면 이런 영광을 받으시는 분이 십자가에서 죽임 당하셨습니다. 이 얼마나 놀라운 은혜입니까! 오직 예수님을 찬양할 뿐입니다.

셋째, 만물이 찬양합니다. 13절입니다. "하늘 위에와 땅 위에와 땅 아래와 바다 위에와 또 그 가운데 모든 피조물이 이르되 보좌에 앉으신 이와 어린 양에게 찬송과 존귀와 영광과 권능을 세세토록 돌릴지어다." 만물이 성부와 성자 예수님을 찬양합니다. 이들은 하나님과 예수님을 동등하게 찬양합니다.

아이언사이드Ironside는 "천국에서 노래하고 싶으면, 바로 여기서부터 시작하여야 한다"며 "'당신은 예수님은 죽임 당하셨고 그의 피로 나를 구속하여 주셨습니다' 라고 말할 수 있는가?"라고 물었습니다.[1]

우리도 어린 양을 찬양하여야 합니다. 우리의 찬양은 절대로 우리의 기분을 맞추는 찬양이 되어서는 안 됩니다. 그것은 노래일 뿐, 찬양이 아닙니다. 시편에는 송축이라는 단어가 자주 나옵니다.-시16:7, 26:12, 34:1, 41:13, 63:4, 66:8, 68:26, 96:2, 100:4, 103:1,2,20,21,22, 104:1,35, 115:18, 134:1,2, 135:20,

145:1,2,10,21)-시편 103편 1-2절입니다. "내 영혼아 여호와를 송축하라 내 속에 있는 것들아 다 그의 거룩한 이름을 송축하라 내 영혼아 여호와를 송축하며 그의 모든 은택을 잊지 말지어다." 시편 145편 1-2절입니다. "왕이신 나의 하나님이여 내가 주를 높이고 영원히 주의 이름을 송축하리이다 내가 날마다 주를 송축하며 영원히 주의 이름을 송축하리이다." 송축이라는 히브리어는 베라크로 '무릎 꿇다, 축복하다' 라는 뜻으로 무릎을 꿇고 나를 낮추어 전심으로 찬양하여 높여드리며 축복한다는 의미입니다.

> **참 예배 바른 찬양**
>
> 현대 교인들이 예배를 드릴 때 무엇에 관심을 가질까? 80% 이상은 설교일 것이다. 예배드리며 설교의 은혜를 받으면 좋은 예배이며, 설교에 은혜를 받았다는 느낌이 들지 않으면 실패한 예배처럼 여기는 경향이 늘어나는 것 같아서 아쉽다.
>
> 물론 설교는 예배의 중요한 요소를 차지한다. 그러나 설교자체도 예배의 한 부분이므로 설교도 주님께 드리는 예배가 되어야 한다.
>
> 설교자는 교인들에게 은혜를 끼쳐야 한다는 부담을 안고 강단에 선다. 교인들은 설교자가 자신들이 듣기 원하는 설교를 들려주기를 원한다. 이 기대에 어긋나면 실패한 예배로 느낀다.
>
> 찬양도 사람을 위한 찬양들로 변질되어 가고 있다. 찬양은 하나님을 높이고 하나님을 기쁘시게 하고 하나님을 경배하는 찬양이어야 한다.
>
> 예배도 예수님 중심, 설교도 예수님 중심, 찬양도 예수님 중심이 될 때 참 예배, 바른 찬양이 드려지고 들려질 것이다.

신약성경에 송축은 율로기아로 주로 히브리어 베라카를 번역한 단어이며, 축복의 행위롬15:29; 고전10:16; 히12:7와 하나님과 그리스도에 대한 찬송에 사용되었습니다.약3:10; 계5:12,13

찬양은 전적으로 예수님의 은혜를 기억하고, 그분의 이름을 높임으로 하나님을 축복하는 것입니다. 우리는 우리의 찬양의 이유가 되시는 예수님을 찬양하며 살다가 우리의 찬양이 천국에까지 이어지게 해야 합니다.

이제 어린 양이 인을 뗄 준비가 되었습니다. 어린 양의 새로운 역사가 이 땅에서 시작되는 것입니다. 주의 백성에게 축복이 임하리라! 주를 찬양하는 자들이 이로 말미암아 소망을 가지는 것이니 주의 나라가 속히 임하소서! 아버지의 뜻이 땅에서 이루어지게 하소서! 이것이 하나님 백성의 기도입니다.

소그룹 공부를 위한 질문

1. 요한이 4장에 본 천국 보좌에는 어떤 분이 앉아 계십니까? 그 보좌 주위에 어떤 존재가 있으며, 그 하는 일은 무엇입니까?

2. 요한이 5장에서 무엇 때문에 크게 울었습니까? 그는 어떤 위로를 받았습니까?

3. 어린 양은 누구를 가리킵니까? 복음서의 어린 양과 어떻게 비교됩니까? 그를 찬양하는 자들은 누구이며 찬양의 내용은 무엇입니까?

4. 요한계시록 5장 8절 이후에 나오는 기도에 대해서 생각해 보십시오. 성도의 기도를 어떻게 다룹니까? 성도의 기도가 어떤 역할을 합니까? 당신이 드린 기도가 하나님에게 드려진다는 것을 믿는다면 어떻게 기도하겠습니까?

15강
일곱 인의 심판 계시록 6장

나는 어둠을 저주하기보다 차라리 한 개의 촛불을 켜겠다.
- 켈리(James Kelley) -

1902년 5월 8일 토요일 오후 8시경에 한 마을의 3만 명이 일순간에 사망하는 사건이 있었습니다. 카리브해에 있는 펠리 산Mount Pelee의 화산 폭발로 수백만 톤의 용암이 분출하여 산 아래 기슭에 위치한 피에르St. Pierre라는 마을을 덮친 것입니다. 그러나 이 재앙은 자연재해와 인재의 결과였습니다. 이 화산은 사건 발생 일주일 전부터 분출을 예견할 만한 활동을 보였으나 관계당국은 산자락에 위치한 이 마을에 아무 경고도 하지 않았습니다.1)

요한계시록은 다가오는 재앙들을 분명하게 알려줍니다. 이 재앙들을 벗어나는 길이 무엇인가? 그 길은 오직 예수님께 두 손 들고 나오는 것입니다.

이제부터 세 개의 일곱 시리즈 재앙을 공부하게 됩니다. 이 세 시리즈는 심판보다 재앙으로 보는 것이 더 적절합니다. 계시록을 복음적으로 보는 이유는 이들 시리즈는 심판의 성격보다 경고의 성격이 더 강하기 때문입니다.

세 개의 일곱 시리즈의 분위가 어둡고 섬뜩하며 내용도 이해하기 어렵기 때문에 요한계시록을 쉽고 친근하게 읽지 못합니다. 그러나 그 의미를 잘 깨닫고 나면 요한계시록이 우리에게 얼마나 소중한지 깨닫게 될 것입니다.

세 개의 일곱 시리즈를 이해하려면 몇 가지를 알 필요가 있습니다. 첫째, 세 개의 일곱 시리즈는 다 천국 보좌와 연결됩니다. 다시 말하면 심판은 하나님께 달려 있다는 것입니다. 둘째, 심판시리즈는 점진적 성격을 지녔습니다. 즉, 조용하다가 갑자기 하나님의 심판이 임하는 것이 아니라 점진적이며 계속적으로 확대됩니다. 하나님의 심판은 이미 진행되었고 그 강도도 점점 강해집니다. 셋째, 마지막으로 갈수록 심판의 강도와 속도가 빠릅니다. 구조적으로 세 개의 일곱 시리즈 심판들은 마지막 일곱대접 재앙외에 모두 처음 4개의 심판은 지상의 일들과 긴밀하게 연관되어 한 묶음으로 계시되며, 다음의 3개는 독립적이면서 대부분 영적 세계의 일을 보여 줍니다. 이것을 4+3 구조라고 합니다. 3개의 독립적 구조에서 여섯 번째와 일곱 번째 사이에 삽입장면이 나오는데, 이것은 긴박감과 중요성을 더해줍니다. 그러나 마지막 일곱 대접 시리즈에는 삽입장면과 4+3구조 없이 재앙으로 이어집니다. 이 모든 것이 심판의 강도를 더해줍니다.

일곱 시리즈

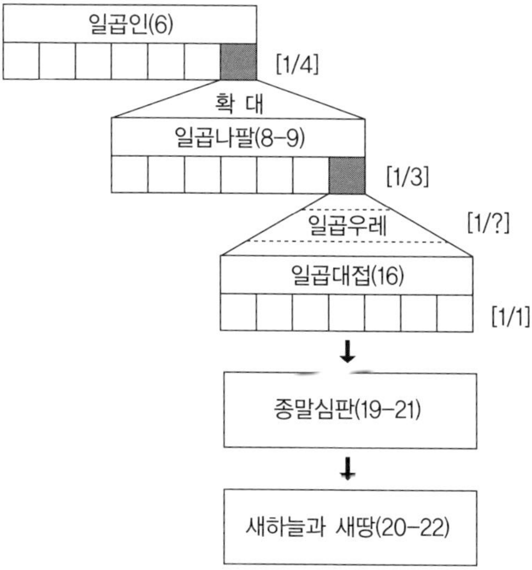

그림4 일곱 시리즈의 연관관계

1. 일곱 인을 떼시는 분6:1-2

이제 어린 양이 일곱 인을 떼시기 시작합니다. 그 분이 역사를 주관하시는 분임을 말해 줍니다. 세상 주권에 대한 관점을 계시록에서 찾습니다. 세상 역사를 눈에 보이는 사람들이 움직이는 것 같고, 그들에 의해서 결정되는 것 같이 보이지만, 실상은 보이지 않는 예수님께서 주관하십니다. 우리 구주 예수님은 그런 분입니다.

세상이 험난할수록 예수님을 바라보십시다. 그 분이 세상의 역사를 주관하십니다. 그러면 왜 세상이 자기 백성들을 핍박하도록 버려두시는가? 왜 세상에서 악한 자들이 득세를 하며 선한 사람들을 괴롭히도록 버려두시는가? 왜 예수님을 위하여 충성하는 자들이 세상에서 고통과 핍박을 받아야 하는가? 그 답을 이제부터 요한에게 보여주신 계시를 통하여 찾습니다.

2. 네 인의 재앙과 현재 세계현상6:3-8

(1) 첫째 인6:1-2 : 흰말을 탄 정복자

네 생물 중에 하나가 우레 소리같이 큰 소리로 오라 하니 흰 말과 그 말을 탄 활 가진 자가 등장합니다. 그는 면류관을 받고 나가서 이기고 또 이기려고 합니다.

이 흰말을 탄자의 정체에 관한 해석은 다양합니다. 어떤 이는 예수 그리스도라고 하고, 어떤 이는 예수를 흉내 내는 적그리스도라고 합니다. 또 어떤 이는 복음의 정복력으로 해석합니다.

이 흰말을 탄 자의 정체는 해석의 황금률인 문맥에서 그 답을 찾을 수 있습니다. 이후의 다른 세 가지 인에도 말과 말 탄 자가 나오는 것을 볼 때, 이 흰말 탄자도 그들 중의 하나라고 보는 것이 옳습니다. 이 자를 예수님으로 보지 않는 또 다른 이유는 계시록이 예수님을 활 가진 자로 표현하지 않기 때문입니다. 말 탄 예수님이 등장하실 때 예수님의 무기는 말씀입니다.

그렇다면, 이 자의 정체는 무엇인가? 활을 가졌다는 것은 전쟁을 의미합니다. 이 자는 전쟁의 승리자입니다. 그가 이기고 또 이긴다는 것은 무력으로 평화를 성취하는 자들을 의미합니다. 세계 역사를 보면 무력으로 나라와 세상을 평정하는 자들이 등장합니다. 흰 말 탄자가 등장하는 것은 역사에 힘과 권력이 세상을 정복하고 무력에 의한 통치로 일시적 화평이 있을 것을 보여주는 것입니다. 그러나 이것도 재앙의 하나일 뿐입니다. 무력으로 공포를 주는 지도력 때문에 억압되고 강요된 화평일 뿐입니다. 이 첫째 인에서 보여주는 메시지는 현재의 정복자도 예수님의 허락 아래 권세를 잡았을 뿐이라는 것을 보여줍니다. 폭력적 힘 때문에 누리는 평화는 결코 영원할 수 없습니다.

이 땅은 예수님이 다스리셔야만 참 복된 곳이 됩니다. 사람이 사람을 다스리는 순간 불행이 시작됩니다. 이스라엘 백성이 이방나라처럼 왕을 세우고 사람의 다스림을 받기 원하는 것은, 보이지 않는 하나님의 다스림보다 눈에 보이는 사람의 다스림을 받기 원하였던 것입니다.삼상8:5-6 이들의 요구에 대해 하나님께서 사무엘에게 하신 말씀이 7절에 나옵니다. "백성이 네게 한 말을 다 들으라 이는 그들이 너를 버림이 아니요 나를 버려 자기들의 왕이 되지 못하게 함이니라." 이것이 이스라엘의 문제였습니다. 하나님보다 눈에 보이는 사람을 더 크게 보고 의지하려는 마음이 진정한 평화를 잃어버리게 합니다.

진정한 평화는 하나님에게서 옵니다. 하나님께서는 결코 칼이나 활과 같이 무력으로 다스리시지 않습니다. 오직 "사랑"과 "인자"와 "공의"로 다스리십니다. 하나님이 다스리는 나라에서만이 진정한 평화가 있습니다. 미가서 5장 2절입니다. "베들레헴 에브라다야 너는 유다 족속 중에 작을지라도 이스라엘을 다스릴 자가 네게서 내게로 나올 것이라 그의 근본은 상고에, 영원에 있느니라"

예수님은 자기 백성을 다스리시려고 오셨습니다. 우리는 예수님께서 십자가 보혈로서 사신 주의 친 백성이 되었습니다. 우리가 바라는 것은 주께서 우리를 다스리시는 것입니다. 이것이 우리의 기도 제목입니다.

하나님이여! 우리를 다스리소서. 예수님은 우리의 주권자시니 우리를 다스려 주시옵소서. 우리는 주의 것이오니 주님만 다스리시기 원하나이다. 아멘!

(2) 둘째 인6:3-4 : 붉은 말을 탄 파괴자

둘째 인을 떼실 때 둘째 생물이 오라고 합니다. 이 생물들의 역할은 이렇게 하나님을 보좌하여 세상에 일어나는 일들을 관리합니다. 이때 등장하는 말은 붉으며 그 말을 탄자는 화평을 제하고 서로 죽이게 합니다.

첫째, "허락을 받아": 붉은 말을 탄 파괴자도 "허락을 받아" 행할 뿐입니다. 세상 역사에 전쟁이 없던 때는 거의 없습니다. 지금도 크고 작은 전쟁의 소식을 듣습니다. 미국과 소련, 그리고 중국 같은 강대국 간에 전쟁이 없다고 세상에 평화가 온 것은 아닙니다. 왜 세상은 끊임없이 전쟁 같은 서로 죽이는 불행을 초래하는가? 계시록은 하나님께서 허락하셨다고 합니다. 하나님을 배제하고 인간 스스로 참 평화를 성취할 수 없다는 것을 깨닫게 하여서 하나님을 버린 인간에게 돌아오라고 부르시는 하나님의 긴급호출입니다.

둘째, "화평을 제하여 버리며": 전쟁은 인간이 쌓아 놓은 화평에는 화평이 없다는 것을 보여줍니다. 창세기 11장에 보면 인간들은 바벨탑을 쌓으며, 스스로 평화를 만들어 누리려고 합니다. 하나님께서는 그대로 두시지 않습니다. 하나님을 떠난 길은 어디를 가든 죽음에 이를 뿐이기 때문입니다. 이때 하나님께서 인간들을 흩으시며 언어도 다르게 하셔서 인간이 쌓는 평화를 제하셨고, 그 평화는 소용없음을 가르치십니다.

호세아에서 보면 하나님을 떠나 다른 것에서 자신들의 필요를 채우려는 이스라엘의 영적 간음을 남편을 떠나서 다른 남자에게서 자신의 필요를 찾는 고멜에 비유하였습니다. 호세아서 2장 5절에 "그들의 어머니는 음행하였고 그들을 임신했던 자는 부끄러운 일을 행하였나니 이는 그가 이르기를 나는 나를 사랑하는 자들을 따르리니 그들이 내 떡과 내 물과 내 양털과 내 삼과 내 기름과 내 술들을 내게 준다 하였음이라"라고 자신의 선택을 정당화 합니다. 그때 하나님은 어떻게 하시는가? 6-7절에 그 답이 있습니다. "그러므로 내가 가시로 그 길을 막으며 담을 쌓아 그로 그 길을 찾지 못하게 하리니 그가 그 사랑하는 자를 따라갈지라도 미치지 못하며 그들을 찾을지라도 만나지 못할 것이라 그제야 그가 이르기를 내가 본 남편에게로 돌아가리니 그 때의 내 형편이 지금보다 나았음이라 하리라."

전쟁을 겪으면 인간은 자신이 약한 존재임을 확인합니다. 하나님께서 전쟁의 아픔을 통하여 인간들을 부르실 때는 그만큼 세대가 악하기 때문입니다.

셋째, "서로 죽이게 하고": 어떤 때에 이런 일이 일어나는가? 화평이 없을 때입니다. 서로 죽이는 것은 서로의 화평을 확보하려는 것입니다. 자신의 유익을 위한 전쟁입니다. 자신을 지키고, 자신의 이념을 지키며, 자신의 화평을 지키려고 대적하거나 방해하는 자를 죽입니다. 즉 전쟁은 화평 없는 세상이 화평을 갈망하는 외침입니다.

넷째, "또 큰 칼을 가졌더라": 큰 칼은 전쟁의 규모를 의미합니다. 전쟁을 통해 문제를 해결하면 또 다른 전쟁이 일어납니다. 전쟁은 갈수록 규모가 커지며 살상 무기도 무게를 더해갑니다. 그 결과는 갈수록 처참합니다.

우리는 남한과 북한을 걱정합니다. 남과 북 사이에 전쟁이 다시 일어나서는 안 됩니다. 북의 죄악과 남의 죄악이 아직 하나님 보시기에 전쟁이라는 처절한 방법을 사용하지 않으셔도 될 만한가? 아닙니다. 극에 달해갑니다. 6.25전쟁은 얼마나 처절한 결과를 가져왔습니까? 우리는 오직 하나님께서 주시는 평화를 구해야 합니다.

(3) 셋째 인6:5-6 : 검은 말과 기근

셋째 말은 검고 그 탄자는 손에 저울을 가졌습니다. 검은 말은 죽음을 상징합니다. 6절에 네 생물 사이에서 음성이 들립니다. "한 데나리온에 밀 한 되요 한 데나리온에 보리 석 되로다 또 감람유와 포도주는 해치지 말라"라는 소리가 들렸습니다. 무슨 뜻인가?

한 데나리온은 건강한 자의 하루 품삯에 해당합니다. 한 데나리온에 밀 한 되라는 것은 무슨 뜻인가? 여기서 쓰인 되라는 단위는 코이닉스로 적은 양입니다. 밀 한 되는 건강한 자의 하루치 분량입니다. 건강한 사람이 하루 열심히 일해서 번 돈이 겨우 자신의 하루치 양식

밖에 되지 못한다는 뜻입니다. 보리 같은 것을 사면 가족들이 겨우 하루 입에 풀칠한다는 의미입니다. 경제의 몰락을 말합니다.

셋째 인을 떼며 임하는 것은 이런 기근과 경제적 고통입니다. 지독한 경제난입니다. 오늘 사회는 경제가 모든 것을 지배합니다. 정치인도 경제정책의 결과에 따라 판단할 정도입니다. 사람들의 사고방식도 돈에 매어있습니다. 그러나 인간이 아무리 경제왕국을 건설해도 하나님께서 한번 손을 드시면 거기에는 아무 힘이 없습니다.

"감람유와 포도주는 해치지 말라"라고 하셨습니다. 무슨 뜻인가? 감람유와 포도주는 부유한 자가 즐기는 것입니다. 겨우 입에 풀칠하는 자는 감람유를 즐기지 못하며 포도주를 즐길 수 없습니다. 이런 것을 해치지 말라는 의미는 빈익빈부익부의 경제 불균형을 의미합니다. 이런 경제 불균형은 어디서 오는가? 인간의 욕심입니다. 경제가 아무리 발전한다고 해도 굶주리는 자가 있습니다. 경제발전이 인간문제를 해결하지 못합니다. 또 다른 가능성은 세계의 한쪽에서는 먹고사는 것이 큰 문제이지만, 하나님을 경배하는 곳에서는 감람유와 포도주를 마시는 등 경제적 부를 누리는 것을 의미할 수 있습니다. 하나님을 믿고 섬기는 백성에게는 축복을 베풀어 주시는 것을 보여주시는 증거입니다.

믿는 자는 결코 돈을 믿고 돈 따라 살지 말아야 합니다. 하나님께서 필요를 채워 주시기 때문입니다 마6:33 돈에 인생을 걸어서도 안 되며, 돈 때문에 믿음을 배반해서도 안 됩니다. 부한 자의 부함을 부러워하지 말며, 가난한 자신을 원망하지도 말아야 합니다. 돈이 인생을 좌우하지 않습니다. 오직 예수님만이 참 생명의 길인 것을 철저하게 믿어야 합니다. 돈은 많은 것을 가져다줍니다. 그러나 정말 필요한 것은 살 수 없습니다. 행복, 사랑, 기쁨, 그리고 생명은 돈으로 살 수 없습니다. 오직 주님께서 주셔야만 합니다.

(4) 넷째 인6:7-8 : 청황색 말과 사망

넷째 생물의 음성이 들리며 청황색 말이 등장합니다. 청황색은 색깔부터 음산합니다. 그 말을 탄 자의 이름은 사망이라고 하였고, 음부가 그 뒤를 바짝 따릅니다. 그는 검과 흉년과 사망과 땅의 짐승으로 땅의 사분의 일을 해칩니다. 그가 가는 곳마다 어두운 그림자가 드리워지며 그가 지나가면 죽음이 깔립니다. 검劍은 작은 전쟁, 즉 내란을 뜻하며 흉년과 사망은 기근과 함께 전염병과 같은 것들의 재앙을 의미합니다. 인간이 악해지면 짐승도 악해집니다. 환경의 변화가 짐승들조차 불안하게 하며 자신들이 생존하려고 사람들을 해칩니다.

한 때 유럽을 휩쓸었던 흑사병의 무서움을 인류는 경험했습니다. 현대의 에이즈AIDS의 무서움을 세상이 다 압니다. 아프리카는 이 병 때문에 못쓰게 되어갑니다. 암도 마찬가지입니다. 현대 의술의 이기를 누리면서도 현대인은 암으로 죽어갑니다. 아무리 발버둥 쳐도 죽음의 깊이가 깊어만 집니다. 잘 먹으면 잘 살 줄 알았는데 잘 먹다 보니 전에 몰랐던 병들이 괴롭힙니다. 노인병이 성인병으로 성인병이 현대병으로 둔갑합니다.

네 개의 인의 환난을 어떻게 정리할 수 있을까? 인간이 쌓은 화평은 무너집니다. 인간 스스로 화평을 파괴하기 때문입니다. 그 이후에 따르는 것이 무서운 전쟁입니다. 전쟁이 일어나면 뒤 좇는 것이 경제난입니다. 그러면 온갖 크고 작은 전쟁과 내란이 일어나며, 흉년과 죽음의 질병과 전염병과 환경의 반란으로 날이 갈수록 인간은 죽음의 악취를 더 진하게 맡게 될 것입니다.

네 말의 넷은 땅을 의미합니다. 네 생물은 하나님의 말씀 따라서 세상 역사를 관리하는 존재입니다. 땅에서 발생하는 갖가지 재앙들도 하나님의 주권아래 있습니다. 땅에서 발생하는 이 네 가지의 재앙의 원인은 어디에 있는가? 참 평화가 없는데 있습니다. 참 평화가 없다는 것은 무엇을 의미하는가? 저들에게 하나님이 없기 때문입니다. 참 평화는 어떻게 가질 수 있나? 참 평화는 하나님과 화목한 관계를 맺을 때만 가질 수 있습니다. 세상은 이 참 평화를 줄 수 없습니다. 평화를 지킬 능력도 없고, 만들 권세도 없기 때문입니다. 오직 하나님만이 주실 수 있습니다. 그 길은 어디서 찾는가? 바로 어린양이신 예수님께로 나아갈 때에 비로소 찾게 됩니다. 생명수 되시며 참 떡이 되신 예수님만이 인간의 문제를 해결하실 수 있습니다.

3. 다섯째 인과 교회역사의 관계6:9-11

앞의 네 개의 인봉이 떼어지면서 땅에서 일어나는 어둠의 일들을 보여주셨습니다. 그러나 다섯째 인부터는 분위기와 장소가 전혀 다릅니다. 다섯째 인은 그 장소가 땅이 아니라 천국입니다. 지상에서 일어나는 일들이 천국과 무관하지 않다는 것을 의미합니다. 다섯째 인은 순교자들의 기도를 보여줍니다.

"다섯째 인을 떼실 때에 내가 보니 하나님의 말씀과 그들이 가진 증거로 말미암아 죽임을 당한 영혼들이 제단 아래에 있어 큰 소리로 불러 이르되 거룩하고 참되신 대주재여 땅에 거하는 자들을 심판하여 우리 피를 갚아 주지 아니하시기를 어느 때까지 하시려 하나이까 하니" 계6:9-10

천국에서는 순교 당한 자들이 하나님께서 땅을 다스려 달라고 간구합니다. 무엇을 보여주는가? 요한 당시에 이미 순교 역사가 시작되었습니다. 예수님과 하나님의 말씀을 믿는 자가 행복하게 축복 가운데 살아야 하는데 도리어 순교의 죽음을 당합니다. 이렇게 보면 예수님을 믿는 것은 온통 손해만 보는 길처럼 보입니다. 그러나 이 땅에서는 그렇게 처절한 증인의 길을 가지만, 천국에 이르면 영광을 누리게 됩니다. 하나님께서 순교자들을 외면하시지 않으신다는 것과 천국에서 적은 자들이 아님을 보여줍니다.

한국은 순교의 역사를 가진 민족입니다. 선교사뿐만 아니라 주기철 목사, 손양원 목사, 최권능 목사, 김예진 목사등과 같이 기라성 같은 믿음의 선배들이 순교의 길을 걸었습니다. 살아있는 순교자라 불렸던 고 안이숙 사모님은 순교의 길을 걷지 못함을 그렇게 아쉬워하여 스스로를 실패한 순교자라고 불렀습니다. 그렇게 죽으면 억울하지 않는가? 아닙니다. 하늘에서 이들은 독특한 위치에 있게 됩니다. 하나님께서는 이들에게 흰 두루마기를 입히십니다. 그리고 쉬게 하십니다. 주님에게 직접 위로 받는 자들이 됩니다. 순교의 위기에 처한 성도들에게 새 힘과 용기를 주는 비전입니다.

저들은 천국에서 무엇을 중보하는가? 세상에서 하나님의 백성을 괴롭히는 권세 잡은 자를 그대로 두지 말라고 중보합니다. 이들의 기도에 하나님께서는 어떻게 응답하시는가?

"각각 그들에게 흰 두루마기를 주시며 이르시되 아직 잠시 동안 쉬되 그들의 동무 종들과 형제들도 자기처럼 죽임을 당하여 그 수가 차기까지 하라 하시더라" 계6:11 라고 하셨습니다.

이것은 무슨 뜻인가? 여기서 우리는 하나님께서는 왜 성도들을 이 땅에 살도록 두시며 순교의 길까지 걷게 하시는가에 대한 답을 찾습니다. 이들을 통하여 전파되어야 할 내용이 있기 때문입니다. 예수님의 복음입니다. 예수님을 증거 해야 합니다. 모든 성도를 다 천국으로 데려가 버리시면 세상은 복음을 들을 수 없게 됩니다. 사랑하는 자녀들을 세상에 머물게 하시어 세상 사람들이 겪는 희로애락을 같이 겪게 하시며, 어떤 성도에게는 순교의 길을 가게 두시는 이유도 복음전파를 위함입니다.

계시록은 제5복음서라고 했습니다. 하나님께서 세상에 재앙을 부으심도 저들을 부르는 하나님의 사랑의 메시지이며, 하나님의 자녀들을 순교하게 하시는 것도 핍박하는 자들에게도 예수님을 증거하라는 하나님의 사랑의 부르심입니다. 계시록은 하나님의 사랑의 마지막 외침이며, 재앙은 하나님이 택하신 마지막 방법입니다.

하나님께서는 죄인들을 다루는 길 중에 가장 어려운 길을 택하셨습니다. 그것은 사랑의 길입니다. 왜 하나님은 이렇게 계시록에서 계시하는 복잡한 과정을 거치시는가? 전능하신 하나님께서 단번에 끝장 내 버리실 수도 있으실 텐데. 그것은 한 영혼이라도 포기하지 않으시는 하나님의 끈질긴 사랑 때문입니다.

이스라엘이 출애굽 할 때도 왜 하나님은 열 가지 재앙을 내리시며 모세로 하여금 바로 앞을 왕래하게 하며 그렇게 복잡한 과정을 거치게 하셨는가? 그 답을 계시록에서 찾습니다. 애굽 백성에게조차 이스라엘의 하나님은 참 하나님이심을 알리어서 구원에 이르게 하시려는 사랑의 부르심입니다. 이것 때문에 예수님은 십자가에 죽기까지 하셨습니다. 왜 그렇게 복잡한 길을 걸으셔야 했는가? 하나님의 죄인 사랑하심이 얼마나 깊은지를 보여주십니다. 죽기까지 죄인들에게 생명의 길을 열어 놓고 그렇게까지 하나님의 사랑을 알리기 원하십니다.

예수님의 제자의 길과 교회의 역사의 의미를 계시록에서 찾습니다. 교회가 이 땅에 존재하는 이유와 교회의 사명과 교회의 모습을 계시록적 관점에서 본다면 오늘 우리는 많이 회개하고 열심히 전도해야 합니다.

그런 순교의 길을 가는 성도와 교회에 계시록은 무엇을 말하는가? 현실에서 권세 잡은 자들을 보고 낙심치 말고, 현실 뒤에 계신 하나님을 바라보며(느헤미야의 안목) 굳세게 증인의 길을 갈 것을 권면합니다.

4. 여섯째 인과 현대역사6:12-17

(1) 우주적 대변화

여섯째 인은 우주적 대 변화를 보여줍니다. 이때 임하는 재앙으로 우주의 대 변화가 일어날 것을 보여줍니다. 6장 12-14절입니다.마

27:51 참조

"내가 보니 여섯째 인을 떼실 때에 큰 지진이 나며 해가 검은 털로 짠 상복 같이 검어지고 달은 온통 피 같이 되며 하늘의 별들이 무화과 나무가 대풍에 흔들려 설익은 열매가 떨어지는 것 같이 땅에 떨어지며 하늘은 두루마리가 말리는 것 같이 떠나가고 각 산과 섬이 제 자리에서 옮겨지매"

과학적으로 이것이 가능한가? 라고 질문 할 수 있습니다. 우주의 거리를 광년으로 표현합니다. 이떤 별은 지구에서 백만광년의 거리에 있다고 합니다. 그 의미는 우리가 보고 있는 별빛은 백만년전의 빛입니다. 이미 우주 끝에서 부터 별들이 떨어지고 있다고 해도 우리는 알지 못합니다.사람들은 지금 세상이 언제까지나 계속될 것이라고 생각하며, 내일은 항상 온다고 믿습니다. 그러나 언젠가는 이런 때가 올 것입니다. 우주의 끝에서는 이런 재앙이 이미 시작되었는지도 알 수 없습니다. 하나님께서 명하시면 하늘과 땅도 이렇게 소용없는 존재가 되고 맙니다. 우주의 법칙이 언제까지나 계속되고 인류가 이 땅에 영원히 살 수 있다고

과학도 신앙이다

종말이 가까울수록 인간은 과학에 의존할 것이다. 그러나 과학도 신앙이다. 왜나하면 모든 과학은 한 가지 대 전제에 바탕을 두고있기 때문이며 이 대 전제를 누구도 증명하지 못한다.
무엇을 전제로 하고 과학적으로 도출해내고 결론을 내린 것을 원리나 법칙으로 삼고 실제로 적용하려면 모든 전제가 옳다는 것을 증명해야 한다.
모든 과학은 하나의 대 전제에 근거한다. 그 대 전제는 매우 단순한 것이다. "모든 우주의 법칙은 불변한다"는 것이다. 이 전제가 사실이 아니라면 모든 과학적 결론은 믿을 수 없게 된다.
한번 하나님께서 우주를 흔들어 버리시면 과학은 힘을 잃어 버린다. 어제의 법칙과 오늘의 법칙이 달라진다면 내일의 법칙을 믿을 수 없다. 그러나 이 대 전제는 어떤 인간도 증명하지 못한다. 증명되지 않은 전제를 바탕으로 결론내린 것을 따르는 것은 신앙이다. 그래서 과학은 신앙이다. 과학은 모든 것을 판단하는 절대적 기준이 되지 못한다.

믿습니까? 인간은 이 지구상에서 영원히 발 디디고 살 것이라고 생각하며 살아가지만, 하늘과 땅에 발붙일 수 없게 되는 날이 반드시 온다는 것이 계시록의 메시지입니다. 근래에 와서는 지구의 위기라는 말을 많이 씁니다. 이때 하나님께 돌아와야 합니다.

(2) 세상 권세자15-17절

이런 재앙이 임하면 하나님께 돌아오는 자는 삽니다. 그러나 계시록은 세상 권세자, 즉 땅의 임금과 왕족과 장군과 부자들과 강한 자들과 모든 종과 자유인은 오히려 산과 바위에게 어린양의 진노에서 우리를 가려달라며 두려워합니다. 그러면서도 하나님께는 돌아오지 않습니다. 요한계시록 6장 15-17절입니다. "땅의 임금들과 왕족들과 장군들과 부자들과 강한 자들과 모든 종과 자유인이 굴과 산들의 바위 틈에 숨어 산들과 바위에게 말하되 우리 위에 떨어져 보좌에 앉으신 이의 얼굴에서와 그 어린 양의 진노에서 우리를 가리라 그들의 진노의 큰 날이 이르렀으니 누가 능히 서리요 하더라."

저들이 의지하는 것은 산과 바위 같은 것입니다. 무서운 일이 일어나면 자신의 과학과 기술을 의지하여 산과 바위 속에 굴을 파고 만든 은신처에서 자신들의 안전을 도모하지만, 여전히 그들의 생명은 하나님의 손안에 있습니다. 소망 없는 것에 소망을 걸고 사는 것입니다.

인간의 눈으로 보면 권세 잡은 자들은 강하고 순교자들은 연약하여 저들의 손에 죽는 것 같습니다. 그러나 하나님의 눈으로 보면 순교자는 천국의 중보자인 반면, 세상에서 권세 잡은 자는 불쌍하기 짝이 없는 소망 없는 자입니다.

따라서 믿는 자는 오늘 일어나는 현상만 보고 낙심치 말고 역사를 주관하시는 예수님만 바라보아야 합니다. 해와 달과 별과 산과 섬을 다스리시는 하나님께서 저들 권세 잡은 자들도 다스리십니다.

16절에 저들이 “보좌에 앉으신 이의 얼굴에서와 그 어린 양의 진노에서 우리를 가리라”라고 한 것은 이 재앙들이 하나님에게서 오며 어린 양 예수님의 진노라는 것을 알면서도 자신들의 힘으로 생명을 지키려고 하는 반항의 태도를 보여주는 장면입니다.

저들은 “그들의 진노의 큰 날이 이르렀으니 누가 능히 서리요”라고 외치지만, 죽는 길을 택할지언정 예수님께로 돌아오는 길을 거부한 유다처럼, 오만하게 예수님의 부름을 거부합니다. 이들도 회개하고 돌이켜 예수님을 믿기만 하면 진노의 큰 날을 피할 것인데, 믿음으로 생명의 길을 걷는 자들은 어린양이 다스리는 천국에 초대 받습니다. 순교자의 자리는 그곳입니다.

소그룹 공부를 위한 질문

1. 일곱 인은 누가 뗍니까? 그 분은 어떤 분이십니까?계6:1-2

2. 처음 네 개 인의 심판과 그 의미는 무엇입니까? 심판의 종류와 범위는 어느 정도입니까? 현재 세계에서 일어나는 일과 어떤 연관성이 있습니까?계6:3-8

3. 다섯째 인을 뗄 때의 분위기와 내용이 앞의 네 개 인과는 어떻게 다릅니까? 다섯째 인은 개인과 교회역사와는 어떤 관계가 있습니까?계6:9-11

4. 여섯째 인은 무엇을 보여줍니까? 지금 그런 현상들이 나타난다고 보십니까?계6:12-17

16강

십사만사천의 비밀 계시록 7장

선교하지 않는 교회는 예수님이 재림하실 때 외면당할 교회이다.
미이어즈(F. B. Meyers) –

필자의 미국 유학 시절, 석사과정을 마치고 박사과정을 밟던 때에 형편이 매우 어려웠습니다. 어느 날 학교 게시판에 유명한 회사에서 연구원을 뽑는 광고가 게시 된 것을 보았습니다. 마침 저희 과에 미국인 교수 한 분이 그 회사에 근무하며 학교 교수를 겸임하는 분이 있어서 추천서를 부탁하려고 사무실 문을 두드리고 찾아갔습니다. 그 분 과목을 한 번도 들은 적 없었지만, '같은 학교 교수니까 잘 써주겠지' 라는 한국식 생각으로 추천을 부탁했습니다. 그런데 그 교수가 안경을 내려 쓰더니 저를 빤히 쳐다보고 즉시 대답하였습니다.

"난 자네를 모르네."I don't know you

이 한 마디로 매정하게 거절당하고 비참하게 돌아서야 했습니다. 그때 제 기분은 창피하기도 하고 거절당하였다는 분한 마음에 미운 생각까지 들었습니다. 그러다가 천국에서 예수님이 저에게

"난 널 몰라."

라고 하시면 큰일이라는 생각을 했습니다. 십사만 사천의 수에 들어가는 감격과 기쁨은 정말 대단한 축복이요 은혜입니다.

1. 요한계시록 7장의 구조적 역할

7장은 여섯째 인과 일곱째 인 사이에 삽입된 막간에 해당합니다. 이 막간은 중요한 역할을 합니다. 이 후에 일어날 일에 대한 의미와 중요함의 무게를 더합니다. 천상에 있는 순교자들의 중보와 그들의 기도를 들으시고, 우주적 재앙을 내리시고, 이로 말미암아 세상 권세자들이 두려워하는 것을 보았습니다. 이제 일곱째 인을 떼시면 어떤 일이 일어날 것인가 긴장의 기운이 안개처럼 피어오르는 가운데 7장이 이어집니다. 7장은 이 후에 일어날 일과 밀접한 관계가 있습니다.

7장 1절은 큰 사건이 벌어지기 전의 고요함을 체감하게 합니다. "이 일 후에 내가 네 천사가 땅 네 모퉁이에 선 것을 보니 땅의 사방의 바람을 붙잡아 바람으로 하여금 땅에나 바다에나 각종 나무에 불지 못하게 하더라." 오늘 세상에 험악한 재앙이 아직 임하지 않은 이유는 하나님이 천사들을 동원하셔서 세상을 붙잡고 계시기 때문입니다. 한 천사가 하나님의 인을 가지고 다른 네 천사에게 7장 3절에 말합니다. "우리가 우리 하나님의 종들의 이마에 인치기까지 땅이나 바다나 나무들을 해하지 말라 하더라."

이것은 다음에 나오는 재앙의 무서움을 예고하며, 그 때가 되면 하나님의 백성을 보호하시는 하나님의 계획이 있음을 알게 합니다. 하나님의 인을 다 치기까지 땅과 바다와 나무를 해하지 못하게 합니다. 하나님은 실수가 없으십니다. 마지막 한 영혼까지 인을 치셔야 합니다. 세상이 악한데도 하나님께서 마지막 심판을 내리지 않으시는 이유를 여기서 찾습니다. 예수님께서 주신 비유 중에 가라지를 뽑다가 알곡을 뽑을까 하여 가라지를 마지막 추수 때까지 그냥 두게 하는 농부 비유가 있습니다.마13:24-30

오늘날 악한 자들이 편히 지내는 이유가 어디 있는가? 성도들을 기다리시며 잃은 자를 찾으시는 하나님의 은혜 때문입니다. 죄인들까지도 돌아오기를 기다리시는 것이 하나님의 심정입니다. 누가복음 15장에 집나간 둘째 아들이 돌아오기를 기다리는 착한 아버지의 심정입니다. 죄인이여! 하나님께 돌아가자.

이때는 스가랴 8장 23절에서 "이방 백성 열 명이 유다 사람 하나의 옷자락을 잡을 것이라 말하기를 하나님이 너희와 함께 하심을 들었나니 우리가 너희와 함께 가려 하노라"라는 역사가 일어나야 할 때입니다. 하나님께서 주신 기회를 놓쳐서는 안 됩니다. 이웃을 인 맞는 자리에 초대해야 합니다. 계시록을 통해서 예수님의 안타까운 음성이 우리 귀에 들려야 합니다. '불신자들은 결국 망하지만, 나는 살겠구나' 라는 마음으로 계시록을 읽어서는 계시록 안에서 들려오는 하나님의 통곡을 들을 수 없습니다. 하나님은 지금 이 순간에도 죄인들이 돌아오기를 기다리십니다. 계시록은 하나님의 심정으로 읽어야 합니다.

2. 계시록 7장은 환난에 처한 성도들을 위한 “장”

사람의 이마는 그 사람의 신분과 인격을 표현합니다. 이마에 인 맞는다는 것은 그 사람의 신분과 인격을 하나님께서 인정하신다는 말입니다. 신성종 목사는 인 맞는 의미를 네 가지로 설명하였습니다.[1] 첫째는 소유권을 뜻하며, 둘째는 보호를 뜻하고, 셋째, 인을 찍는다는 말은 구별된다는 의미이며, 넷째, 진짜임을 표현하는 것입니다. 과연 그러합니다. 하나님의 인을 맞는다는 것은 진정한 하나님의 백성임을 표시합니다. 언제 인이 필요한가? 세상이 복잡하고 가짜가 많을 때입니다.

이 인은 누가 맞을 수 있는가? 하나님의 종들이라고 했습니다. 하나님의 종은 누구를 말하는가? 하나님께 속한 자들입니다. 누가 하나님께 속한 자들인가? 어린양이신 예수 그리스도께 속한 자들입니다. 누가 예수님께 속한 자인가? 어린양을 믿고, 죄에서 구속함을 받고, 예수님을 따르는 자입니다.요1:12 참조 기억하십시오. 예수님께 나아오는 자를 결코 내어 쫓지 않으신다고 약속하셨습니다.

하나님께 인정 받고 인을 맞는 길은 이 길 밖에 없습니다. 예수님께 나오면 됩니다. 그 길밖에 없습니다.요14:6 참조

3. 십사만 사천 명의 정체

이들을 문자 그대로 이스라엘로 보는 견해가 있습니다. 각지파마다 만 이천 명씩 합하면 십사만 사천 명이 됩니다.계7:4-8 그러나 열두지파의 이름을 살펴보면 원래의 12지파와는 차이가 있다는 것을

알 수 있습니다. 원래 12지파에는 요셉과 레위가 빠지고 대신에 므낫세와 에브라임이 들어있습니다. 그러나 7장에는 므낫세는 들어있으나 에브라임이 빠지고 대신에 요셉이 들어갔습니다. 어떤 이유에서인지 단이 빠지고 레위가 들어갔습니다.

또한 요한이 계시록을 기록할 때에는 10지파가 이미 지상에 없었습니다. BC 722년에 앗수르에게 망한 북 왕국의 열 지파는 강제이주 정책과 이방인과의 강제 혼인으로 혈통을 잃어버렸고, 열 지파의 존재는 지상에서 사라졌습니다.

한편, 야고보는 그의 서신서 1장 1절에서 "흩어져 있는 열 두 지파에게 문안하노라"라면서 신약 이방인의 교회를 열두지파라고 불렀습니다. 갈라디아서 6장 16절에 바울은 이방인 교회를 이스라엘이라고 불렀습니다. "무릇 이 규례를 행하는 자에게와 하나님의 이스라엘에게 평강과 긍휼이 있을지어다."

그렇다면, 이들은 누구인가? 참 이스라엘입니다. 구약의 믿음의 사람들 입니다. 이들은 선택된 자들입니다. 십사만사천은 12×12×1000으로서 12(3×4=12)는 하나님의 백성을 의미합니다. 숫자 '3'은 천상과 관련 있고, 숫자 '4'는 지상과 관련 있습니다. 지상과 천상을 잇는다는 의미가 3×4=12

> **이단들의 십사만사천**
>
> 요한계시록을 강조하는 이단들이 흔히 써먹는 교리가 십사만사천이다. 십사만사천은 문자적으로 해석하면서 자신들만이 십사만사천에 들어간다는 것이다. 어리석은 논리이다. 그들의 주장에 따르면 그들 가운데는 이미 십사만사천의 자리를 차지한 자들이 있을 것이며 지금도 그 자리를 채워가고 있을 것이니 시간이 갈수록 남은 수는 점점 줄어드는 것은 당연하다. 그러면 현재 추종자들은 남은 수에 들어가기 위해 무서운 경쟁을 벌려야 한다는 사실이다. 이 점에서 이단들은 자신들의 교리를 변경해야 한다. 그리고 변경하고 있다. 저들의 교리는 사람이 만들고 사람을 엮는 수단이다. 헛된 거짓교리에 속지 말라.

가 됩니다. 즉 하나님의 백성은 지상에 살지만, 하나님나라와 연결된 사람이라는 의미를 가집니다. 이것에 다시 1,000을 곱한 것은 10×10×10으로 많은 숫자를 의미합니다. 이 1,000을 12×12곱을 한 것이 십사만 사천입니다. 이 숫자가 상징하는 것은 두 가지 의미가 있습니다. 첫째, 그 수가 많음을 상징합니다. 둘째, 완전한 수가 채워지는 것을 의미합니다. 11지파가 아니라 12지파가 꼭 채워져야 합니다. 13만 9천 9백 99가 아니라 꼭 144,000이어야 합니다. 그리고 1,000배의 수가 채워져야 합니다. 이들이 인 맞은 자들입니다.

그러면 9절에 나오는 각 나라와 족속과 백성과 방언에서 나오는 수를 셀 수 없는 무리는 누구인가? 이를 십사만 사천으로 보기도 합니다. 그러나 문맥을 살펴보면 이들은 다른 자들임을 알 수 있습니다. 그렇다면, 이들은 누구인가? 요한계시록 7장 9절이 답을 알려줍니다. " 이 일후에 내가 보니 각 나라와 족속과 백성과 방언에서 아무도 셀 수 없는 큰 무리가 나와 흰옷을 입고 손에 종려가지를 들고 보좌앞에 서서"라고 한것은 분명히 이들은 세상의 모든 나라에서 나온 성도들임을 알 수 있습니다. 예수님께서 오신 이후로 주님의 복음이 온 세계를 향하여 흐르기 시작했습니다. 그러므로 이들은 이스라엘 백성외에 온 세계에서 예수님을 믿는 성도들로서 여섯가지 환난을 지나면서 하나님을 믿는 자들입니다. 스가랴 8장 20-23절을 보면 그 날이 오면 유다인 한 사람을 붙들고 열국에서 열사람이 하나님께 가기 원한다며 찾는다고 합니다. "만군의 여호와가 이와 같이 말하노라 다시 여러 백성과 많은 성읍의 주민이 올 것이라 이 성읍 주민이 저 성읍에 가서 이르기를 우리가 속히 가서 만군의 여호와를 찾고 여호와께 은혜를 구하자 하면 나도 가겠노라 하겠으며 많은 백성과 강대한 나라들이 예루살렘으로 와서 만군의 여호와를 찾고 여호와께 은혜를 구하리라 만군의 여호와가 이와 같이 말하노라 그 날에는 말이 다른 이방 백성 열 명이 유다 사람 하나의 옷자락을 잡을 것이라 곧 잡고 말하기를 하나님이 너희와 함께 하심을 들었나니 우리가 너희와 함께 가려 하노라 하리라 하시니라."

이때 하나님의 인을 맞도록 택함 받은 참 이스라엘순교적 삶을 사는 증인들 한 사람당 열 명의 이방인불신자들이 하나님께 나와서 영광을 돌리게 될 예언의 성취입니다 오늘날도 참 증인들을 보고 믿음을 가지기 원하는 자들이 많습니다. 중국이 그러하며 러시아가 그렇습니다. 이슬람교 국가들이 열리기만 하면 수없는 사람이 예수님 앞으로 나올 것입니다. 기회 있을 때에 일어서야 합니다. 계시록을 읽으면서 추수할 것은 많되 일꾼이 적으니 일꾼 보내 줄 것을 기도하라고 부탁하신 예수님의 절박한 음성을 들어야 합니다.

선택 받은 것을 자랑하는가? 그렇다면, 하나님께서 택함 받지 않은 저들을 외면하시는가? 절대 아닙니다. 하나님이 아브라함을 택하신 것은 아브라함에게 일어날 이스라엘이라는 한 민족을 택하신 것입니다. 하나님이 이스라엘 민족을 택하신 것은 한 민족인 이스라엘을 통하여 세계 모든 민족을 부르시기 위함입니다. 오늘 교회와 나는 하나님께 택함 받은 것은 틀림없는 사실입니다. 우리는 택함 받지 않았으면 믿지 못할 자들입니다. 내가 택함 받았다는 표현을 쓸 때에는 두 가지 의미가 있습니다. 첫째는, 내가 구원받음은 철저하게 하나님의 은혜를 받았기 때문이라는 고백이며 둘째는, 내가 택함 받았다는 것은 곧 사명을 받았다는 말입니다. 나만 구원받게 하시려고 택하신 것이 아니라 나로 하여금 택함 받지 못한 자들에게 나아가서 예수님을 증거하라는 것입니다. 오늘 교회와 그리스도인은 택함 받았다는 것은 곧 이런 사명을 받았다는 사실임을 잊어서는 안 됩니다.

이들도 환난을 지나게 됩니다. 그러나 10절에 이들이 하나님의 보좌 앞에서 하나님께 영광을 돌리는 장면이 나옵니다. 베드로전서 2장 9-12절에보면 불신자들이 신자들의 삶을 통해 오시는 날에 하나님께 영광을 돌리게 하라고 권면하였습니다. 그때가 오는 것입니다. 이들을 보고 천상의 24장로와 네 생물도 하나님을 찬양합니다.11절

이들은 누구인가? 13절에 장로 중의 하나가 요한에게 "이 흰 옷 입은 자들이 누구며 또 어디서 왔느냐?"라고 물을 때에 요한은 모르겠다고 대답합니다. 그는 14-17절에 이들에 대하여 설명합니다. "나에게 이르되 이는 큰 환난에서 나오는 자들인데 어린 양의 피에 그 옷을 씻어 희게 하였느니라 그러므로 그들이 하나님의 보좌 앞에 있고 또 그의 성전에서 밤낮 하나님을 섬기매 보좌에 앉으신 이가 그들 위에 장막을 치시리니 그들이 다시는 주리지도 아니하며 목마르지도 아니하고 해나 아무 뜨거운 기운에 상하지도 아니하리니 이는 보좌 가운데에 계신 어린 양이 그들의 목자가 되사 생명수 샘으로 인도하시고 하나님께서 그들의 눈에서 모든 눈물을 씻어 주실 것임이라"

이들은 어린양의 피에 그 옷을 씻어 희게 한 자들입니다. 이들은 하나님나라에 들어갑니다. 16절은 이런 성도들에게 베푸시는 감격스러운 약속입니다. 주림도 없고, 목마름도 없으며, 상함도 없도록 어린 양이 목자 되어 책임지십니다. 그리고 생명수 샘으로 인도하시며

눈물을 씻어주실 것입니다. 시편 23편은 이렇게 완결됩니다. 시편 23편의 완결은 계시록에서 찾습니다.

아멘 하나님의 어린 양이여! 나의 목자시여!

내가 주만 따르리이다.

나의 목자 되셔서 나를 다스리소서!

당신은 누구를 따르는가? 오직 우리의 참 목자이신 예수님만 따르라.

그가 큰 은혜를 베푸시리라!

어린양의 피의 의미계1:5, 7:14, 22:14는 대단히 중요합니다. 마태복음 22장 1-4절에 혼인잔치에 자신의 옷을 입고는 들어가지 못합니다. 성결한 옷으로 갈아입어야 합니다. 그 옷을 이렇게 입을 수 있는가? 오직 어린양의 피로 깨끗이 씻은 옷이어야 합니다.

"그가 빛 가운데 계신 것 같이 우리도 빛 가운데 행하면 우리가 서로 사귐이 있고 그 아들 예수의 피가 우리를 모든 죄에서 깨끗하게 하실 것이요." 요일1:7

"그러므로 형제들아 우리가 예수의 피를 힘입어 성소에 들어갈 담력을 얻었나니 그 길은 우리를 위하여 휘장 가운데로 열어 놓으신 새로운 살 길이요 휘장은 곧 그의 육체니라 또 하나님의 집 다스리는 큰 제사장이 계시매 우리가 마음에 뿌림을 받아 악한 양심으로부터 벗어나고 몸은 맑은 물로 씻음을 받았으니 참 마음과 온전한 믿음으로 하나님께 나아가자." 히10:19-22

소그룹 공부를 위한 질문

1. 요한계시록 7장은 일곱 인과 어떤 구조적 역할을 합니까?

2. 요한계시록 7장에 나오는 144,000은 어떤 자입니까?

3. 일곱째 인을 뗄 때 어떤 일이 일어났습니까?

4. 성도의 기도가 왜 중요합니까?

제3부 '천국보좌와 일곱인' 에필로그

가짜 예수들

이단들 중에 요한계시록을 강조하면서 계시록에서 계시한 것들을 이단의 리더들을 지칭하는 것으로 교묘하게 해석함으로서 복음서의 예수님은 실패하였고 공개적으로 또는 암시적으로 이단의 리더가 재림 예수 또는 참 예수라고 주장하는 것을 보게 된다. 이들의 주장이 얼마나 허구인지를 몇 가지만 생각해보아도 분별할 수 있다.

요한계시록은 1장 1절에서 "예수 그리스도의 계시라" 라고 시작한다. 그렇다면 이단들은 예수님이 직접 자신을 실패한 그리스도로 계시하셨다고 주장하는 것과 동일하다. 그러면서 실패한 그리스도가 계시한 계시록을 근거로 자신을 그리스도라고 주장한다는 것은 웃기는 이야기이다. 실패한 자의 계시를 믿는다는 것도 가당치 않는 일이다.

이단들이 요한계시록을 교리의 핵심으로 삼는다면 요한계시록이 증거하는 예수님이 참 그리스도시라는 것에는 문제 삼을 수 없을 것이다. 요한계시록은 예수님을 어떤 분이라고 증거하는가? 요한계시록 1장 18절에서 예수님은 자신을 살아있는 자이시며 전에 죽었었다고 하신다. 참 예수님은 십자가의 죽음의 흔적을 가지셨다. 요한계시록 5장 6절에 보좌 오른 편에 서신 어린 양 예수님은 일찍이 죽임을 당한 것 같다고 한다. 그 뜻은 천상의 예수님은 십자가에서 받으신 상흔을 지니고 계신다는 뜻이다. 자신의 속죄의 죽음의 증거로 상흔을 지니고 계신다. 마지막 심판의 날에는 그 흔적들을 증거로 우리의 속죄 받음 것을 증명하실 것이다.

이 분만이 우리가 믿는 예수님이다. 이 분 외에는 그 누구도 우리의 주님일 수 없다. 가짜 예수들이여! 십자가에서 죽은 흔적을 가지고 있는가? 우리 죄를 속하는 죽음의 증거를 가지고 있는가?

4

일곱 나팔과 일곱 이적

요한계시록 8-14장

17강
일곱째 인과 일곱 나팔 계시록 8장

하나님! 나쁜 사람은 좋은 사람 되게 해 주시고,
좋은 사람은 훌륭한 사람 되게 해 주세요
– 한 어린이의 기도

기도는 지상에서 일어나는 하나님의 역사를 위하여 뺄 수 없습니다. 기도에 대한 명언들 입니다.

- 스펄전 : "기도하지 않고 성공했다면 성공한 그것 때문에 망한다."
- 바운즈 : "성자를 만드는 것은 기도이다."
- 루터 : "잘 기도한 자는 잘 배운 자요, 많이 기도한 자는 많이 운 자다."
- 그레이엄 : "기도는 아침의 열쇠요 저녁의 자물쇠다."
- 죠지 허비트 : "기도는 영혼의 피이다."
- 바운즈 : "우리의 기도는 지칠 줄 모르는 힘과 거부될 수 없는 인내와 꺾여지지 않는 용기로 강하게 구해야 한다."
- 칼뱅 : "어려운 환경에서 기도하고 싶은 마음마저 없다면 우리는

짐승만도 못하다."

- 앤드류 머레이 : "하나님의 자녀는 기도로 모든 것을 정복할 수 있다. 사탄이 교인들에게서 이 무기를 빼앗거나 그것의 사용을 제지하려고 최선을 다하는 것은 이상한 일이 아니다."
- 토플레디 : "무릎 꿇은 그리스도인은 발돋움 한 천문학자보다 더 멀리 본다."
- 무명 : "교회 역사는 기도의 역사이다."

그렇습니다. 구원역사는 기도의 역사입니다.

1. 일곱째 인과 성도의 기도8:1-6

일곱째 인을 떼실 때에 1절은 하늘이 반시 동안쯤 고요하더라고 합니다. 긴장감이 돌게 하는 적막입니다. 당신의 삶에서 하나님이 침묵하시는가? 이때는 정신을 바짝 차리고 긴장할 때입니다.

그런 후에 다시 일곱 천사가 일곱 나팔을 받았습니다. 이것은 일곱째 인을 현미경으로 자세히 들여다보는 것과 같습니다. 일곱 나팔은 일곱 번째 인을 확대하여 보여주는 내용입니다.

그런데 일곱 나팔을 불기 전에 중요한 일이 일어납니다. 그것은 다른 천사가 제단 곁에 서서 금향로를 가지고 많은 향을 받았습니다.3절 모든 성도의 기도와 합하여 하나님의 보좌 앞에 드리려는 것입니다. "향연이 성도의 기도와 함께 천사의 손으로부터 하나님 앞으로 올라가는지라."4절 이것은 일곱 나팔을 예비하는 것입니다. 성도의 기도가 이토록 중요합니다. 성도의 기도가 하나님 보좌 앞으로 향이 되어

드려집니다. 하나님께서 성도들의 기도를 들으신 후에 일곱 나팔이 불려질 준비가 되었습니다.

성도의 기도는 하나님의 역사를 이룹니다. 우리의 기도는 이토록 중요합니다. 내 개인의 필요를 위한 기도도 중요하지만, 우리는 눈을 크게 떠서 하나님의 구원 역사를 조명하는 기도를 드려야 합니다. 누가 이런 기도를 드리는가? 계시록의 메시지를 깨달은 성도입니다. 이렇게 드려진 성도들의 기도는 헛됨이 없습니다. 이런 기도는 반드시 땅에서 이루어집니다. 5절에 "천사가 향로를 가지고 제단의 불을 담아다가 땅에 쏟으매 우레와 음성과 번개와 지진이 나더라." 이것은 일곱 나팔의 신호탄입니다.

일곱 시리즈

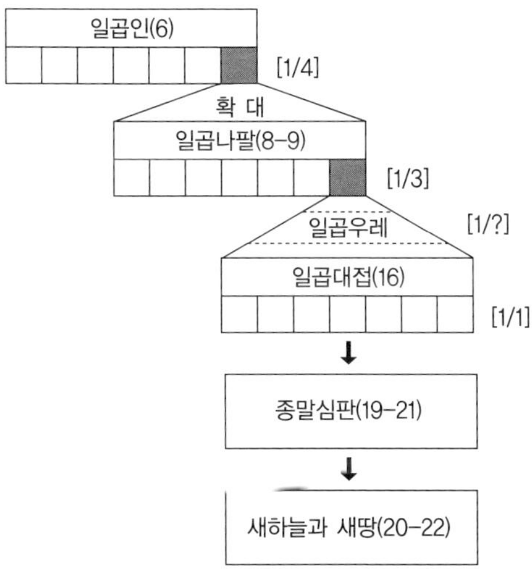

그림4 일곱 시리즈의 연관관계(반복 147P)

2. 일곱 나팔과 일곱 이적8:7-14장

(1) 일곱 나팔

일곱 나팔은 일곱 번째 인의 확대판이라고 했습니다. 그림4가 그것을 보여줍니다. 나팔은 승리의 선포이며 축제의 신호이지만, 경고와 전쟁의 신호도 의미합니다. 긴급신호를 보내는 데에 사용됩니다. 일곱 나팔을 가진 일곱 천사가 성도의 기도가 드려진 후에 향로에 제단의 불을 담아다가 땅에 쏟는 장면은 처절한 두려움을 느끼게 합니다. 이렇게 나팔 불기를 예비하는 장면에서 일곱 인 때문에 일어난 재앙보다 더 심해질 것을 생각하면 숨 막히는 긴장감을 느끼게 합니다.

첫째 나팔과 땅의 삼분지 일8:7: 첫째 천사가 나팔을 부니 피 섞인 우박과 불이 나서 땅의 삼분의 일을 태웁니다. 지상에 임한 저주와 재앙입니다. 피 섞인 우박과 불은 소돔과 고모라를 연상시킵니다. 소돔과 고모라를 위한 아브라함의 중보를 살펴보면 의미가 있습니다. 창세기 18장 16-32절에서 아브라함은 오십 명에서 시작하여 소돔성에 의인 열 명만50 → 45 → 40 → 30 → 20 → 10 있어도 성을 멸망치 않겠다는 사자1)의 말을 들었습니다. 단 한 명만 있어도 하나님께서는 은혜를 베푸시겠다는 말입니다. 예레미야 5장 1절에서도 하나님은 예루살렘 거리에서 의인 한 명이라도 찾으면 그 성읍을 용서하시겠다고 하셨습니다.

의인 한 명이 없다는 것이 지상의 재난입니다. 일곱 나팔은 그런 시대가 다가온다는 경고의 나팔이며 동시에 그것이 사실이라는 것을 보여주는 재앙입니다. 아무리 악한 집안이라도 하나님의 의인 한 사람으로 말미암아 재앙을 면하게 해주시는 하나님이십니다. 그 한 의인을 통하여 죄인을 부르시는 하나님의 심정이 일곱 나팔 재앙에서 보아야 할 메시지입니다. 저의 집안은 한 분 의인 어머니로 말미암아 구원의 은혜가 열렸습니다. 가문에서 그 한 명의 의인이 되십시오. 교회에서 그 한 명의 의인이 되십시오. 직장에서 그 한 명의 의인이 되십시오. 우리 교회는 한국에서 그 한 의로운 교회가 되기를 간절히 소망합니다. 땅이 얼마나 죄악 가운데 있었으면 하나님께서 이런 재앙을 내리시겠는가!

둘째 나팔과 바다의 삼분의 일8:8-9 : 둘째 나팔을 부니 불붙는 큰 산과 같은 것이 바다에 던져지고 그로 말미암아 바다의 삼분의 일이 죽음을 맞습니다. 배들이 삼분의 일이 깨졌나는 것은 이 재앙의 격렬함을 말해줍니다. 바다는 인류의 어머니라고도 불립니다. 인류의 젖줄인 바다의 삼분의 일을 못 씁니다. 바다의 오염입니다.

셋째 나팔과 강들의 삼분의 일8:10-11절 : 셋째 나팔을 부니 횃불같이 타는 큰 별이 하늘에서 떨어져 강들과 물 샘들의 삼분의 일을 못 쓰게 되고, 이 물을 마시는 많은 사람이 죽게 됩니다. 마실 물의 전쟁입니다. 앞으로 갈수록 식수의 전쟁은 심각해집니다.

넷째 나팔과 하늘의 삼분의 일8:12-13 : 넷째 나팔을 부니 해와 달과 별의 삼분의 일이 어두워지며 낮과 밤의 삼분의 일도 빛을 잃습니다. 해의 삼분의 일이 빛을 잃으면 지구는 싸늘한 행성으로 변합니다. 이 땅은 더는 인간이 살만한 곳이 아닙니다.

땅과 바다와 강과 하늘은 우주전체를 의미합니다. 이 우주의 삼분의 일을 못 쓰게 됩니다. 앞서 일곱 인의 재앙은 어떤가? 6장 8절에 보면 넷째 인이 떼어지고 땅의 일곱인 중에서 마지막 땅의 재앙의 범위는 사분의 일이었습니다. 그러나 나팔 재앙의 범위는 삼분의 일입니다. 삼분의 일이 전체의 삼분의 일인지 아니면 남은 사분의 삼의 삼분의 일인지 알 수 없지만, 재앙의 강도와 범위가 일곱 인보다 강하고 넓어졌습니다. 하나님의 경고의 강도가 높아져 가는 것입니다.

왜 그런가? 인간이 악하고 마음이 굳을수록 하나님의 부르시는 방법도 강렬해지기 때문입니다. 마태복음 23장에 보면 예수님께서 바리새인과 서기관을 향하여 7번이나 "화있을진저"라며 강렬하고 자극적인 메시지로 저들을 질책하셨습니다. 얼핏 읽으면 예수님께서 저들을 대단히 미워하신 것처럼 생각이 듭니다. 그러나 예수님이 어떤 분입니까? 사실은 돌처럼 굳은 저들의 마음을 그렇게 해서라도 녹이고 돌이키게 하시려는 예수님의 부르심입니다. 바리새인에게 마태복음 23장은 예수님의 부르심입니다.

일곱 나팔에서 재앙의 정도가 깊어지는 것을 통해 두 가지 사실을 이해할 수 있습니다. 첫째, 세상의 악이 그만큼 깊어졌다는 것입니다. 둘째, 그런 만큼 하나님께서 부르시는 음성도 높아진다는 것입니다. 오늘 나를 부르시는 하나님의 음성은 어느 정도 높으며, 한국 교회를 향하신 주의 음성은 어느 정도일까!

아, 나는 오직 예수님의 긍휼히 여기심을 간구할 따름입니다.

하나님이여! 하나님이여! 나를 긍휼히 여기소서. 한국 교회를 불쌍히 여기소서. 이 민족을 불쌍히 여기소서. 나의 주 예수님이여! 나를 도우소서! 나를 고치소서. 이 땅을 고치소서. 이 민족을 고치소서. 살려 주소서 나의 하나님이여!

3. 오늘날 세계에서 일어나는 일과 미래 현상

지상에 낙원은 없습니다. 갈수록 쓸모없는 땅으로 변합니다. 점차 망해갑니다. 이 재앙의 원인은 어디 있습니까? 하나님께서 그렇게 만드십니까? 아닙니다. 죄가 인간을 못 쓰게 만들고 죄 가운데 사는 인간들이 이 땅을 못 쓰게 만듭니다. 인간이 하나님을 떠나 스스로 낙원을 건설하려는 것이 인간의 교만입니다. 하나님을 외면하는 것이 모든 죄와 문제의 근본입니다. 하나님을 없다 하며 자신이 신이 된 인간이 문제입니다. 문제의 근본을 해결하지 않고 낙원은 건설되지 않습니다. 환경보존을 아무리 외쳐도 답은 없습니다. 오직 하나님께 돌아와야만 합니다. 그러나 세상은 하나님을 싫어합니다. 숲과 나무를 향하여는 밤 새워 '나무야 미안하다, 우리가 잘못했다' 라고 부르짖어도 숲과 나무를 주신 하나님께 용서를 구하지 않는 인간은 절망적입니다.

그런 죄인들이 어떻게 버젓이 잘 사는가? 그것은 하나님께서 버려두시기 때문입니다. 버려두시는 것은 방관이 아닙니다. 돌아오기를 기다리시는 하나님의 인내요 사랑입니다. 버려두시지 않으시면 어떻게 하셔야 하는가? 죄를 벌하시면 됩니다. 그러나 하나님께서 그렇게 즉결심판 하듯이 인간을 대하셨다면 인간의 역사는 벌써 끝났어야 합니다. 로마서 1장 24, 26, 28절에 하나님께서 인간들을 버려두셨다는 말을 세 번이나 반복합니다. 그것이 바로 하나님의 사랑입니다.

그러나 그렇게 기다리시는 데도 돌아오지 않으면 재앙을 내리시며 경고를 하십니다. 그것이 계시록에 나오는 재앙의 이유입니다. 시간이 흐를수록 재앙은 강도와 횟수를 더해갑니다. 엘니뇨 현상, 이상

기후, 산성비, 오존층 파괴, 수질 오염, 지구 온난화 등 이미 하늘에서 피 섞인 우박과 불이 떨어지고 있습니다. 노아 때에는 물 심판이었으나 네 개의 나팔 재앙은 불 심판입니다. 태우는 불은 강해지고, 생명의 불은 식어갑니다.

이런 상황에서 인생의 살길은 어디 있나? 이 모든 것을 주관하시는 하나님께로 돌아가야 합니다. 그곳 외에 안전지대는 없습니다. 미국도 한국도 중국도 아닙니다. 물 좋고 돈 많은 나라로 이민가도 소용없습니다. 잠시 일 뿐입니다. 오직 우리는 하나님께 돌아가야 합니다. 하나님은 땅도 인간도 고치시는 분이십니다. 역대하 7장 14절입니다. "내 이름으로 일컫는 내 백성이 그들의 악한 길에서 떠나 스스로 낮추고 기도하여 내 얼굴을 찾으면 내가 하늘에서 듣고 그들의 죄를 사하고 그들의 땅을 고칠지라." 그 길은 오직 어린 양, 일곱 인을 뗄 권세를 가시진 예수님입니다. 그분께 가기만 하면 누구도 절대 내쫓지 않고 받아주십니다. 고쳐주십니다. 새롭게 하십니다. 사탄은 파괴하는 힘은 있지만, 살리는 힘은 없습니다. 사탄은 파괴하지만, 예수님은 회개하고 예수님을 구하는 죄인을 죽음과 심판에서 살리시는 분입니다.

아멘! 생명의 어린양이여! 내가 주를 믿나이다. 나를 고쳐주소서.

신앙생활에 어려움과 핍박이 있는가? 조금도 굴하지 말라. 만물을 다스리시는 이는 하나님이십니다. 세상 역사를 주관하시는 이는 예수님이십니다. 놀라지 말라. 두려워 말라. 근심하지 말라. 오히려 예수님 오실 때가 가깝다는 것을 알고 더욱 힘써 예수님 맞이할 준비를 하라. 지금 내게 주신 것을 다 사용하여(내 몸까지) 세상에서 예수님을 증거하다가 주님 앞으로 가는 것입니다.

> **영적전쟁의 실상**
>
> 영적전쟁을 과장하므로 일어나는 오해들로 인한 영적피해가 적지 않는 듯 하다. 영적전쟁은 실존한다. 그러나 예수님의 세력과 사탄의 세력이 막상막하의 세력으로 부딪치는 듯이 제시하는 것은 성경적이지 않다. 처음부터 사탄은 예수님의 적수도 아니요 상대도 되지 못하는 존재이다. 사탄은 하나님의 허락하에 활동할 뿐이다. 종말이 오면 사탄은 하나님의 말씀 하나로 지옥에 떨어질 것이다. 다만 예수님께서 다시 오실 때까지 구원역사에 필요하시다고 여기시는 일에 하나님께서 쓰시는 존재에 불과하다. 영적전쟁을 강조하면서 사탄의 세력을 예수님의 맞수가 되는 세력으로 제시해서는 안 된다.

4. 화, 화, 화가 있으리로다

요한계시록 8장 13절에 나오는 독수리의 소리입니다. "내가 또 보고 들으니 공중에 날아가는 독수리가 큰 소리로 이르되 땅에 사는 자들에게 화, 화, 화가 있으리니 이는 세 천사들이 불어야 할 나팔 소리가 남아 있음이로다 하더라." 이것은 앞으로 불리게 될 남은 세 나팔 재앙을 뜻합니다. 왜 이들 세 재앙은 앞서 일어난 재앙과 다른가? 그것은 앞에 나온 재앙들은 지상에서 일어나는 육적 재앙이지만, 이후로는 영적 재앙이기 때문입니다. 이후로 나오는 계시록의 내용은 사탄과 교회의 영적 전쟁으로 가득 차 있습니다. 이제 우리는 계시록의 본격적인 장면에 들어서는 것입니다. 종말이 다가온다는 말입니다.

소그룹 공부를 위한 질문

1. 처음 네 개의 나팔이 어떤 심판을 가져옵니까?

2. 그 내용과 범위가 어느 정도입니까?계8:6-13

3. 오늘날 세계에서 일어나는 일과 앞으로의 현상을 연관시켜 보십시오.

18강
다섯째와 여섯째 나팔 요한계시록 9장

그리스도를 모든 것보다 귀하게 여기지 않는다면
그리스도를 조금도 귀하게 여기지 않는 것이다.
– 어거스틴(Augustine) –

판매사원으로 일하는 한 청년이 판매실적이 오르지 않아서 크게 실망하였습니다. 자기 과장에게 불평합니다. "말을 물 가로 끌고 갈 수는 있어도 물을 마시게 할 수 없다는 말이 맞는 것을 배웁니다." 그 말에 과장이 대답합니다. "이 사람아 잘 듣게. 당신이 할 일은 말이 물을 마시게 하는 것이 아니야. 당신이 할 일은 말이 목마르도록 만드는 일이야."

전도도 그렇습니다. 우리의 삶이 예수님으로 가득차서 사람들로 하여금 우리 주 예수님으로 목마름을 느끼도록 하는 것입니다. 특히 종말이 가까울수록 세상 사람들은 재앙과 고난과 고통과 염려와 근심과 같은 것에 시달립니다. 그런 세상을 향하여 우리의 삶으로 생명과 기쁨의 예수님이 참으로 구주이심을 알게 하여야 합니다. 그래서 그들로 하여금 예수님으로 목마르게 하는 것이 종말이 가까울수록 우리가 해야 할 일입니다.

1. 다섯째 나팔과 무저갱 황충9:1-12

(1) 처절한 영적 전쟁

이제부터 영적 장면을 보여줍니다. 지금까지는 하늘과 땅에서 일어나는 일들만 보았으나 이제부터는 영적 전쟁의 처절한 장면을 보여줍니다. 다섯 번째 천사가 나팔을 부니 한 천사가 무저갱을 엽니다. 거기서 연기와 함께 황충이 올라옵니다. 3절에 황충은 매우 음산합니다. 이들은 전갈의 권세를 받았다고 합니다. "황충들의 모양은 전쟁을 위하여 준비한 말들 같고 그 머리에 금 같은 관 비슷한 것을 썼으며 그 얼굴은 사람의 얼굴 같고 또 여자의 머리털 같은 머리털이 있고 그 이빨은 사자의 이빨 같으며 또 철 호심경 같은 호심경이 있고 그 날개들의 소리는 병거와 많은 말들이 전쟁터로 달려 들어가는 소리 같으며 또 전갈과 같은 꼬리와 쏘는 살이 있어 그 꼬리에는 다섯 달 동안 사람들을 해하는 권세가 있더라."계7-10절 이들의 정체는 무엇인가?

(2) 황충의 정체

4-6절입니다. "그들에게 이르시되 땅의 풀이나 푸른 것이나 각종 수목은 해하지 말고 오직 이마에 하나님의 인침을 받지 아니한 사람

들만 해하라 하시더라 그러나 그들을 죽이지는 못하게 하시고 다섯 달 동안 괴롭게만 하게 하시는데 그 괴롭게 함은 전갈이 사람을 쏠 때에 괴롭게 함과 같더라 그 날에는 사람들이 죽기를 구하여도 죽지 못하고 죽고 싶으나 죽음이 그들을 피하리로다." 이들은 이마에 하나님의 인을 맞지 않은 사람들만 괴롭게 하는 권세를 받았습니다.

도대체 이들의 정체는 무엇인가? 이들의 정체는 그들의 두목을 보아서 압니다. 11절입니다. "그들에게 왕이 있으니 무저갱의 사자라 히브리어로는 그 이름이 아바돈이요 헬라어로는 그 이름이 아볼루온이더라." 저들의 임금은 무저갱의 사자라고 합니다. 히브리어로는 아볼론, 헬라어로는 아볼루온이라 했습니다. 둘 다 파괴자 멸망시키는 자라는 뜻입니다. 따라서 황충은 사탄의 졸개입니다. 악한 영, 즉 귀신입니다. 이들의 하는 일은 죽음의 사역입니다. 생명을 파괴하고 죽음을 가져다줍니다. 누구에게 이런 일이 일어나는가? 인 맞지 않은 자들에게 일어납니다. 인 맞은 자들은 어떻게 되는가? 이들이 손대지 못합니다. 요한계시록 5장 9절에 성도들의 새 노래를 기억합니다. 예수님께서 피로 사셔서 하나님나라와 제사장으로 삼으신 하나님의 백성, 어린양의 사람들을 저들이 손대지 못하도록 하나님께서 보호하십니다. 요한일서 5장 18절입니다. "하나님께로부터 난 자는 다 범죄하지 아니하는 줄을 우리가 아노라 하나님께로부터 나신 자가 그를 지키시매 악한 자가 그를 만지지도 못하느니라." 하나님께로 난 자는 죄를 범할 때도 있지만, 계속적으로 죄를 짓는 죄인의 삶을 살지 못합니다. 하나님께로 난 자는 예수님에게 속한 예수님의 사람들이고, 하나님에게서 나신 자는 성육신하신 성자 예수님이시며, 악한 자는 사탄입니다. 예수님은 예수님의 사람들을 사탄이 만지지도 못하도록 지켜주십니다.

그러나 인 맞지 않을 자들에게 황충은 큰 화입니다. 이것이 그들에게 첫 번째 화입니다. 하나님의 사역자들이 하는 일은 생명의 사역이지만, 사탄의 졸개들이 하는 일은 죽음의 사역입니다. 사탄의 권세에 잡혀 사는 자들은 죽음의 길을 갑니다.

마귀들이 하는 일은 무엇인가? 금 면류관 같은 것을 썼다는 것은 저들은 인 맞지 않은 자들 위에 군림하여 다스리는 권세를 가진 자들임을 말합니다. 저들에게 속한 자들은 저들의 종이 됩니다.

얼굴은 사람 같다고 했습니다. 양의 탈을 쓰고 착한 사람처럼 가장하고 인간에게 접근합니다. 자신들의 신분을 감추고 사람처럼 변장하고 유혹합니다. 여자 머리털 같은 머리털이 있다는 것은 매력적이라는 뜻입니다. 세상의 놀음은 매력적입니다. 음란과 쾌락의 길은 매력적이지만, 그 뒤에는 멸망의 사탄이 도사리고 있습니다. 이것이 주는 고통은 사자의 이빨과 같습니다. 한번 여기에 물리면 헤어나기 힘듭니다. 코뿔소 같은 짐승도 사자의 이빨은 당하지 못합니다. 사탄과 그의 졸개들은 끈질기게 인생을 물어뜯습니다. 흉갑이 있다는 것은 저들의 힘이 강하며, 전갈과 같이 쏘는 것이 있다는 것은 저들에게 걸리면 죽음의 길로 들어간다는 것입니다.

이발소에서 토크 쇼에 나오는 한 주부의 얘기를 본적이 있습니다. 남편이 춤에 빠진 지가 10년이 된 지금 가정을 팽개치고 나가 버렸다고 합니다. 지금 그 남편은 춤에 빠져 달콤하게 사는 듯 보이지만, 나중에 가면 멸망의 쓴 길을 간다는 것을 알게 될 것입니다.

이것이 마귀의 졸개들인 귀신들이 불신자들을 대하는 모습입니다. 저들은 마귀가 자기편인 줄 알지만, 마귀의 궁극적 목표는 따르는 자들을 자신과 함께 멸망당하게 하는 것입니다. 그런 줄 알면서도 마귀를 따르는 것이 저들에게 미치는 첫째 화입니다.

마귀에게 매여 마귀의 종 된 자들이여!

그 길에서 속히 떠나라. 죄악의 길에 깊이 빠져 있다 보면 죽음의 길을 감을 깨닫는 날이 올 것이니 그날이 오기 전에 예수님께로 나아오라!

2. 여섯 번째 나팔과 마병대

여섯 번째 나팔이 불려 질 때에 유브라데 강에 결박된 네 천사를 놓아주게 합니다. 이 네 천사는 사람의 삼분의 일을 죽이기로 예비 된 자들입니다.9:15 그들을 따르는 마병대의 수가 이만 만이니 만이 이만이면 2억입니다. 엄청난 숫자입니다.

말들의 모습은 불빛과 자주빛과 유황빛 흉갑이 있습니다. 현대 전자기의 불빛과 철로 만들어진 현대식 무기의 냄새가 납니다. 말들의 머리의 입에서 불과 연기와 유황이 나옵니다.

계시록의 재앙과 현대무기

인간이 만드는 살상무기들은 날이 갈수록 가공해진다. 무기가 앞으로도 발사되고 뒤로도 발사한다. 컴퓨터 기술은 벙커에 앉아서도 무인폭격기를 조종한다. 계시록의 재앙들과 현대무기들은 무관하지 않다. 하나님께서 인간이 개발한 무기를 도구로 쓰시기도 하신다. 현대무기가 발달할수록 하나님께서 인간을 경고하시는 재앙의 도구가 되어간다. 인간은 알지 못하는 일을 계획하시는 하나님께서 바벨탑에서 인간을 언어로 흩어버리시듯이 인간이 인간을 살상하려고 개발하는 무기들을 인간 스스로 망하게 하는 도구로 허락하시기도 하신다. 어리석은 인간들이 현대무기를 만들면서 잘 난 줄 착각하지만 스스로 패망의 도구를 만들고 있다.

이 불과 연기와 유황으로 사람의 삼분의 일이 죽습니다. 또 꼬리도 머리가 있어서 이것으로 사람들을 해합니다.

현대전의 무기는 컴퓨터가 머리입니다. 컴퓨터는 머리에도 달려있고 꼬리에도 달려있습니다. 무기의 종류도 다양합니다. 공대공, 지대공, 육대륙 미사일에다가 원자탄, 중성자탄의 가공할 힘은 우리의 상상을 초월합니다. 이런 무기로 말미암아 발생하는 전쟁은 비참합니다. 이것이 불신자들이 겪는 두 번째 화입니다.

그러나 두 번째 화에서도 9장 20-21절은 요한계시록의 복음서적 성격을 보여줍니다. "이 재앙에 죽지 않고 남은 사람들은 손으로 행한 일을 회개하지 아니하고 오히려 여러 귀신과 또는 보거나 듣거나 다니거나 하지 못하는 금, 은, 동과 목석의 우상에게 절하고 또 그 살인과 복술과 음행과 도둑질을 회개하지 아니하더라." 특히 21절에 회개하지 아니하더라고 한 것은 하나님께서 그들이 회개하기를 간절히 원하신다는 것을 뜻합니다. 이런 회개를 바라시는 것이 재앙의 목적이기도 합니다.

소그룹 공부를 위한 질문

1. 다섯 번째 나팔을 불 때 어떤 일이 일어났습니까?

2. 무저갱에서 올라오는 황충은 무엇을 상징하며 그들의 임금의 정체 11장는 무엇일까요?계9:1-12

3. 여섯 번째 나팔을 불 때 어떤 일이 일어났습니까? 마병대의 수가 얼마이며 그들의 모습과 하는 일은 무엇입니까?

4. 요한계시록 9장 20-21절은 무엇을 의미합니까?

19강
예언의 쓴 맛 계시록 10장

내 하나님, 내 삶을 다 쓰십시오. 당신 것이기 때문입니다.
- 짐 엘리엇(Jim Elliot) -

구세군의 창시자 부츠William Booth는 20세기 기독교의 위험 요소를 다음과 같이 정리하였습니다.

1. 성령 뺀 종교Religion without the Holy Spirit
2. 그리스도 뺀 기독교Christianity without Christ
3. 회심 뺀 용서Forgiveness without regeneration
4. 하나님 뺀 도덕Morality without God
5. 지옥 뺀 천국Heaven without hell

교회의 머리되시는 예수님을 성경의 진리대로 전하는 일은 쉽지 않으며, 요한계시록에 예언된 재앙들을 그대로 전하는 일은 쓴 약을 먹는 것과 같습니다.

일곱 번째 나팔은 세 번째 화입니다. 일곱 번째 나팔이 불리기 전에 10장 1절-11장 14절이 삽입되었습니다. 이것은 세 번째 화인 일곱 번째 나팔을 예비하는 장면입니다. 하나님의 섭리와 지혜는 우리의 상상을 초월합니다. 그러나 우리를 향한 하나님의 사랑은 그보다 더 깊습니다.

이 사랑의 음성을 듣고 어린양의 품에 안긴 자여! 복 있는 자로다! 이 모든 것을 예비하시는 하나님은 사랑의 정열이 넘치십니다. 죄인을 위하여 이토록 정성과 정열을 쏟으심이여! 계시록을 읽고, 듣고, 지키는 자는 진정 복된 자로다! 하나님의 사랑에 젖어 살지라. 어린양의 품속에서 살지라.

1. 예언의 쓴 맛10:1-11

(1) 천사와 두루마리10:1-2,7-11; 겔2:8-3:3

요한계시록 10장 1-3절에 힘센 천사가 등장합니다. 이 천사는 누구인가? "내가 또 보니 힘 센 다른 천사가 구름을 입고 하늘에서 내려오는데 그 머리 위에 무지개가 있고 그 얼굴은 해 같고 그 발은 불기둥 같으며 그 손에는 펴 놓인 작은 두루마리를 들고 그 오른 발은 바다를 밟고 왼 발은 땅을 밟고 사자가 부르짖는 것 같이 큰 소리로" 외칩니다. 오른 발은 바다를, 왼발은 땅을 밟고 사자같이 부르짖는 모습이 장대합니다. 마치 예수님의 모습을 연상케 합니다.

이 천사를 예수님이라고 해석하기도 합니다. 그러나 계시록은 예수님을 천사로 표현하지 않습니다. 이 천사는 5장 2절에 나왔던 힘 있는 천사입니다. 바다도 땅도 이 천사의 권세 아래 있습니다. 왜 그런가? 그는 하나님의 말씀을 대언하는 자이기 때문입니다.

아무리 큰 세상 권세를 가진 자라도 하나님의 말씀을 전하는 자의 권세 아래 있습니다. 우리는 예수님의 진리의 말씀을 받은 자들이요 전해야 할 사람들입니다. 우리 권세는 세상 어떤 권세보다 높습니다. 기죽지 말고 사십시다.

이 천사의 손에 작은 두루마리가 있습니다. 이 두루마리는 어떤 책인가? 계시록 5장에 나오는 두루마리와 같다고 봅니다. 앞에서 덮였던 책을 예수님께서 펴시고, 이제 마지막 인까지 떼어진 책을 천사의 손에 맡기셨습니다.

(2) 인봉하지 말라고 한 일곱 재앙10:3-4

천사가 사자처럼 부르짖을 때에 4절에서 일곱 우레가 소리를 발했으며 요한은 그것을 기록하려고 했습니다. 그때 하늘에서 소리가 들려 우레가 발한 것을 인봉하고 기록하지 말라고 하였습니다.

이 일곱 우레는 어떤 것일까? 아마 영적 전쟁의 무시무시한 내용일 수도 있습니다. 아니면 일곱 인과 일곱 나팔에 이어지는 또다른 일곱 재앙 시리즈일 수도 있습니다. 그렇다면, 이 일곱 우레는 일곱째 나팔을 더 확대한 재앙일 것입니다.

분명한 것은 하나님께서 봉하게 하신 것은 우리가 알 필요가 없거나 또는 우리가 모르는 것이 유익하기 때문입니다.

더 중요한 것은 이 천사의 메시지입니다. 바다와 땅을 밟고 서 있는 천사가 요한계시록 10장 6-7절에서 전하는 메시지는 무엇인가? 6절에 천지 만물을 창조하신 하나님이 맹세하여 하신 말씀이 7절에 기록되어 있습니다. "일곱째 천사가 소리 내는 날 그의 나팔을 불려고 할 때에 하나님이 그의 종 선지자들에게 전하신 복음과 같이 하나님의 그 비밀이 이루어지리라"라고 하였습니다. 그것은 곧 사탄의 세력은 완전히 망하고 하나님의 백성은 세세토록 왕 노릇한다는 것이니 이는 곧 하나님의 비밀이신 그리스도골2:2를 통하여 에덴동산을 회복하시는 하나님의 구원 역사의 완성을 의미합니다.

> **예언 은사의 쓴 맛**
>
> 설교자는 예언의 쓴 맛을 알아야 한다. 사람들이 듣기 싫어하는 설교도 해야 하며 이로 인하여 불이익을 당하거나 핍박을 받기도 하고 어려운에 처하기도 한다.
> 그럼에도 불구하고 설교자는 진리를 전해야 한다. 예언의 쓴 맛을 맛보지 않은 설교자나 예언의 쓴 맛을 싫어하는 설교자는 참 설교자가 되지 못한다.
> 회개도 전해야 한다. 희생도 외쳐야 한다. 그러나 끊임없이 죽을 때까지 설교자는 예언의 소리를 외쳐야 한다. 예수님 빠진 것은 아무 것도 아니라고 전해야 한다. 단 맛나는 설교만 하는 것은 양심적이지 않다.

8절에 하늘의 음성이 요한에게 "네가 가서 바다와 땅을 밟고 서 있는 천사의 손에 펴 놓인 두루마리를 가지라" 9절에 천사에게 가서 두루마리를 청하니 천사는 "갖다 먹어 버리라"고 합니다. 먹으면 "네 배에는 쓰나 네 입에는 꿀 같이 달리라" 하여 두루마리를 갖다 먹으니 10절에 입에서는 꿀 같이 달았으나 먹은 후에 배에서는 쓰게 되더라고 하였습니다.

이것은 무슨 뜻인가? 하나님의 말씀, 즉 하나님의 비밀을 깨닫는 것은 꿀 송이가 된 것보다 더 달콤합니다. 그래서 하나님의 말씀을 묵상하고 연구하는 것은 매우 즐겁습니다. 우리는 하나님의 말씀을 묵상하는 일에 열심을 내야 합니다. 하나님의 말씀에는 하나님의 비밀이 담겨있습니다. 하나님의 비밀은 무엇입니까? 하나님의 비밀은 예수 그리스도이십니다. 그리스도의 모든 것이 하나님의 비밀입니다. 골로새서 2장 1-2절입니다. "내가 너희와 라오디게아에 있는 자들과 무릇 내 육신의 얼굴을 보지 못한 자들을 위하여 얼마나 힘쓰는지를 너희가 알기를 원하노니 이는 그들로 마음에 위안을 받고 사랑 안에서 연합하여 확실한 이해의 모든 풍성함과 하나님의 비밀인 그리스도를 깨닫게 하려 함이니." 예수님을 사랑하여 말씀을 깨닫고 나를 얼마나 사랑하시는지 예수님의 심정을 아는 것은 참으로 달콤합니다.

그런데 입에서는 꿀 같이 달았던 하나님의 말씀이 왜 배에서는 씁니까? 에스겔 2장 9절-3장 4절에 비슷한 구절이 나옵니다.

"내가 보니 보라 한 손이 나를 향하여 펴지고 보라 그 안에 두루마리 책이 있더라 그가 그것을 내 앞에 펴시니 그 안팎에 글이 있는데 그 위에 애가와 애곡과 재앙의 말이 기록되었더라 또 그가 내게 이르시되 인자야 너는 발견한 것을 먹으라 너는 이 두루마리를 먹고 가서 이스라엘 족속에게 말하라 하시기로 내가 입을 벌리니 그가 그 두루마리를 내게 먹이시며 내게 이르시되 인자야 내가 네게 주는 이 두루마리를 네 배에 넣으며 네 창자에 채우라 하시기에 내가 먹으니 그것이 내 입에서 달기가 꿀 같더라 그가 또 내게 이르시되 인자야 이스라엘 족속에게 가서 내 말로 그들에게 고하라."

두루마리를 먹고 난 요한의 배는 왜 쓴가? 두 가지로 볼 수 있습니다.

첫째, 하나님의 말씀을 깨닫는 것은 즐거우나 우리를 부인하고 하나님의 말씀을 읽고 회개하는 일과 하나님의 말씀대로 순종하는 길은 쉽지 않으니 쓰다고 하겠습니다. 그러나 성도들이여 하나님의 말씀의 쓴맛을 외면치 말자. 하나님의 모든 말씀은 우리를 살리는 것입니다. 그 맛은 약처럼 쓰지만, 결국 우리를 치유하는 길이 됩니다.

둘째, 하나님의 말씀에는 심판과 저주와 경고가 함께 있어서 "나 자신"을 보니 쓰고, "멸망길 가는 불신자"들을 보니 또한 씁니다. 더구나 이 말씀을 전하고 알려주어야 하는 자, 즉 아비의 심정을 가진 참 선지자는 멸망 받는 자를 보고 기뻐할 수 없으며 즐거워하지 못합니다.

말씀을 대하는 현대교인들의 경향 중 하나는 자신만을 위하여 말씀의 단맛만 찾고, 쓴맛 나는 말씀은 피하는 것입니다. 설교자들도 세상을 향하여 달콤한 말씀만 전하기 좋아하며, 쓴맛을 내는 말씀을 전하기는 꺼립니다. 신명기 30장에 보면 모세는 이스라엘 백성을 향하여 쓴 맛을 내는 말씀도 주저하지 않았습니다. 예수님도 그러하셨습니다.

고린도전서 4장 1-2절입니다. "사람이 마땅히 우리를 그리스도의 일꾼이요 하나님의 비밀을 맡은 자로 여길지어다 그리고 맡은 자들에게 구할 것은 충성이니라." 아비의 마음을 가졌는가? 세상의 쓴 맛을 맛보아도 말씀을 전해야합니다.

하나님의 비밀이신 예수님이 계시를 받은 예수님의 사람들은 세상이 싫어하여도, 미워하여도, 핍박하여도, 쓴 맛을 당하여도 예수님의 십자가를 전해야 합니다. 십자가의 도가 믿는 자에게는 축복이요 믿지 않는 자에게는 저주입니다. 고린도전서 1장 18절, "십자가의 도가 멸망하는 자들에게는 미련한 것이요 구원을 받는 우리에게는 하나님의 능력이라." 고린도후서 2장 15절, "우리는 구원 받는 자들에게나 망하는 자들에게나 하나님 앞에서 그리스도의 향기니." 불신자의 저주는 믿지 않기 때문에 받는 저주가 아닙니다. 이미 저주 아래 있었고, 여전히 저주 아래 있기 때문에 받는 저주입니다. 그러나 예수님의 복음을 듣지 못하고 믿지 않으면 영원히 저주 아래 있습니다. 그러므로 쓴맛의 말씀을 반드시 전해야 합니다. 이것이 예언의 쓴 맛입니다.

복음적 예언은 듣기 좋은 것만 있는 것은 아닙니다. 특히 말세적 예언은 굉장히 쓴 맛을 냅니다. 그래도 거듭 선포해야 합니다. 이것이 계시록의 예언입니다. 11절입니다. "그가 내게 말하기를 네가 많은 백성과 나라와 방언과 임금에게 다시 예언하여야 하리라 하더라."

말씀을 먹는다는 의미는 무엇인가? 하나님 말씀이 내면화 되어야 합니다. 머리와 입술에만 맴도는 것이 아니라 내 뱃속에서, 내 심령에서 소화되어야 합니다. 그래야 내 속에서 나오는 말이 하나님의 말씀이 됩니다. 내 생각 속에 하나님의 말씀이 배어나야 합니다. 내 계획 속에 하나님의 심정이 흘러나야 합니다. 내 걸음마다 하나님의 뜻이 이루어져야 합니다. 내 손자국마다 하나님의 흔적이 찍혀야 합니다. 내 선택에서 하나님의 선택이 보여야 합니다.

어떻게 이런 일이 가능한가?

첫째, 예수님과의 깊은 교제 속에서 말씀을 묵상하는 일입니다.

둘째, 예수님을 믿는 믿음으로서 말씀의 권세를 체험하는 일입니다.

셋째, 예수님을 사랑하는 심정으로 말씀을 실천하는 권세를 누립니다. 그러면 성령님께서 도우시며 신비한 역사를 이루어 주십니다. 반면, 말씀 받은 자에게는 전해야 하는 사명이 따릅니다. 이것을 잊지 말 것입니다. 하나님의 말씀을 제대로 받은 자는 침묵하지 못합니다. 예수님을 증거하고 싶어 견딜 수 없는 심정으로 채워질 것입니다. 이것도 성령님의 역사입니다. 비록 쓴 맛을 내는 소리라도 진리의 말씀을 전하게 하십니다.

세상으로 나가십시오.

세상을 향하여 다가가십시오.

세상을 위하여 외치십시오.

예언의 쓴 맛이라도 전하십시오.

종말은 어느 때보다 가까워졌습니다. 예수님을 전해야 합니다.

어떤 예수님이십니까?

하나님에게서 오신 분.

우리 죄를 대신 지시고 죽어주신 그 예수님.

사흘 만에 예언하신 대로 부활하신 그 예수님.

성경 예언대로 승천하신 그 예수님.

성경 예언대로 반드시 다시 오실 그 예수님,

믿는 자들을 반드시 구원하시는 그 예수님.

이 예수님 외에 다른 예수는 없습니다. 이 예수님 외에 다른 구수는 없습니다. 이 예수님 외에는 다른 목자도 없습니다. 다른 예수는 다 가짜입니다.

소그룹 공부를 위한 질문

1. 요한계시록 10장 1절-11장 14절까지는 여섯 번째와 일곱 번째 나팔 사이의 삽입 장면입니다. 이 장면에 등장하는 천사는 누구입니까?

2. 그 천사가 가진 작은 책은 어떤 것일까요?계10:1-2,7-11;겔2:8-3:3

3. 인봉하지 말라고 한 일곱 재앙은 무엇입니까?계10:3-4

4. 두루마리의 쓴 맛과 단 맛은 무엇을 의미합니까?

20강
두 감람나무와 일곱째 나팔 요한계시록 11장

나는 장수를 바라지 않습니다.
충만한 삶이기를 원합니다. 주 예수님 당신처럼!
– 짐 엘리엇(Jim Elliot) –

방지일 목사가 선교하던 산동 선교지 교회의 한 부인이 자다가도 깨면 지옥 갈 남편을 위해 10년을 기도하며 울었다고 합니다. 이 아내가 죽던 날 방지일 목사가 이 사람에게 "네 아내가 너 위해 울다가 골병으로 죽지 않았더냐?"라고 깨우쳐 주었습니다. 이 사람은 아내의 무덤비석에 '내 믿음의 어머니'라고 새겼다고 합니다. 그리고 변하여 나중에는 장로가 되었습니다.

이렇듯 생명을 걸고 예수님의 증인이 되어 살아가는 자들을 통하여 예수님의 생명은 이어집니다. 두 감람나무는 그런 사람들의 이야기입니다.

1. 성전 척량과 두 증인11:1-14

(1) 성전 척량1-2절

요한에게 지팡이 같은 갈대를 주며 측량하라고 명하셨습니다. 요한계시록 21장 15절에 천사가 새 예루살렘성의 하나님의 성전을 측량하는 장면이 나옵니다. 그 때 천사는 금 갈대 자를 가지고 측량합니다.계21:15 그러나 본문에는 갈대로 만든 자로 측량합니다.

"일어나서 하나님의 성전과 제단과 그 안에서 경배하는 자들을 측량하되 성전 바깥 마당은 측량하지 말고 그냥 두라 이것은 이방인에게 주었은즉 그들이 거룩한 성을 마흔두 달 동안 짓밟으리라."

이것이 무엇을 의미하는가? 성전구조에서 찾습니다. 성전과 제단과 그 안에서 경배하는 자를 측량하는 것은 참된 교회, 참된 예배를 드리며 하나님을 섬기는 자를 구분하는 것을 의미합니다.

측량한다는 것은 첫째, 판결하는 것입니다. 천국 시민권 면접을 보는 것과 같습니다. 둘째, 통과된 자에 대한 배려입니다. 즉 측량 안으로 들어오는 자는 재앙에서 하나님의 보호하심을 받음을 의미합니다. 성소와 지성소에서 참된 예배를 드리는 자를 하나님께서 보호하십니다. 참된 예배는 어린양과의 만남이 있는 예배입니다. 영과 진리로 드리는 예배요4:24여야 합니다. 우물가 여인의 심정으로, 옥합을 깨드려 예수님께 부어드리며 죄 사함의 은혜에 감사하여 울었던 여인처럼눅7:36-50 예배드려야 합니다.

성 밖에서 예배드리는 자는 어떤 자인가? 몸만 와 있거나 예수님과는 무관한 구도자입니다. 성전 가까이 있으나 참 성전이신 어린양 예수님과 무관한 자를 의미합니다.

42달 동안 저들이 거룩한 성을 짓밟는다고 합니다. 과거론자는 이 기간을 네로의 박해 기간이라고도 합니다. 또는 AD 70년에 디도 때문에 예루살렘이 파괴된 것으로 완성되었다고 합니다. 미래론자는 이 기간을 천년왕국이 오기 전 7년 대환난의 후반부로 보기도 합니다.

그러나 42개월은 상징적 7년의 후반기로 봅니다. 예수님의 초림 때부터 재림 때까지 교회에 일어난 영적 투쟁의 상징적 기간으로 볼 수 있습니다. 이 기간에 위선적 교회와 성도는 세상에 짓밟힙니다. 소금이 맛을 잃으면 그렇게 됩니다.마5:13 그러면 전반기는 무엇을 의미하는가? 타락 때부터 예수님이 오시기 전까지의 기간이 됩니다. 이처럼 예수님의 성육신은 인간역사와 구원역사의 분기점이 됩니다.

그렇다면, 측량 받은 자는 어떻게 되는가? 환난 중에 측량 받은 자는 다른 빛을 발합니다. 생명의 빛, 증인의 빛을 발합니다. 이 역할은 두 증인에게서 표현됩니다.

(2) 두 증인3-13절

두 증인에 대한 해석은 계시록에서 가장 어려운 부분 중의 하나입니다. 3-4절입니다. "내가 나의 두 증인에게 권세를 주리니 그들이 굵은 베 옷을 입고 천이백육십 일을 예언하리라 그들은 이 땅의 주 앞에 서 있는 두 감람나무와 두 촛대니"

두 증인의 정체, 즉 두 감람나무와 두 촛대는 무엇인가? 두 증인에게 권세를 주시며, 저희는 굵은 베옷을 입고 1260일을 예언한다고 했습니다. 이 권세는 어린양이신 예수님께서 제자들에게 주신 권세입니다. 마태복음 28장 18절에 모든 권세를 가지신 예수님께서 제자들을 세상으로 보내실 때에 주시는 권세를 암시합니다. 사도행전 1장 8절에 성령이 임하시면 제자들이 권능을 받고 "땅 끝까지 이르러 예수님의 증인"이 되리라고 하셨습니다.

이들이 1260일 동안 예언합니다. 1260일은 42달42달×30일=1260 동안 이들은 베옷을 입고 예언합니다. 베옷은 죽음을 의미합니다. 다시 말하면 죽음의 심판이 올 것을 예언합니다. 재앙을 왜 예언하는가? 재앙을 피할 길이 있기 때문입니다. 그 길은 어린양 예수님입니다. 이들은 예수님 오시기까지 활동하는 예수님의 증인입니다.

두 증인의 정체는 요한계시록을 어떤 관점에서 보느냐에 따라 견해가 달라집니다.[1] 어떤 이들은 죽지 않고 승천한 엘리야와 에녹이라고 하고, 어떤 이들은 변화산에서 예수님과 이 일을 의논한 엘리야와 모세라고도 합니다.[2] 그 외에도 다양한 해석이 제시되어왔습니다.[3] 그러나 1장 20절에서 촛대는 교회를 상징한다고 예수님께서 직접 말씀하셨고, 스가랴 4장 11-14절에서도 언급하였습니다. 특히 14절에 두 감람나무는 "기름 부음 받은 자 둘이니 온 세상의 주 앞에 서 있는 자니라"라고 하였습니다. 즉 이 두 증인은 진실 되고 충성된 교회를 의미합니다. 일곱 교회 중에 오직 서머나와 빌라델비아 두 교회만 칭찬을 받았습니다. 보쿰은 "그들이 단지 두 명 뿐이라는 사실은 그들이 전체 교회의 일부에 지나지 않다는 것을 나타내기 위함이 아니다. 그것은 오히려 두 증인에 의해서만 증거를 믿을만한 것으로 확증시키도록 하는 잘 알려진 구약의 요구에 상응한다"라며 충성된 교회를 강조하였습니다.4) 핍박에도 믿음을 지키며 선교한 서머나 교회와 적은 힘으로도 선교의 사명을 다한 빌라델비아 교회였습니다. 두 감람나무는 이런 교회들을 대표합니다. 숫자적으로 두 교회만을 의미하는 것은 아닙니다. 두 교회는 온 세상에서 예수님의 충성된 증인이 된 교회들을 대표합니다.

촛대는 빛을 발해야 합니다. 이 두 교회는 핍박과 어둠 가운데 빛을 발하는 교회였습니다. 일곱 교회 중 두 교회였습니다. 교회는 많지만, 진짜 증인되는 교회는 많지 않습니다. 많은 교회 중에 진짜 교회는 어떤 교회이며, 많은 교인 중에 진실한 교인은 누구인가? 바로 예수님의 증인된 교회이며 교인입니다. 고난 중에서도 예수님을 증거하는 교회요 교인이며, 고난 중에도 예수님을 향한 믿음의 정절을 지키는 교회입니다.

두 감람나무를 구약의 교회와 신약의 교회로 보기도 하지만, 구약의 교회는 신약의 교회처럼 예수님의 증인이라는 신분 때문에 핍박받는 일이 없었다고 본다면 신약의 교회를 의미합니다.

42달 또는 1260일은 같은 기간으로서 전천년설을 택하면 7년 환난기간의 후반 3년 반이 될 것입니다.5) 무천년설을 택하면 첫 42달은 구약시대를 상징하며, 계시록에서 1260일 또는 42달로 표현된 기간은 후반기간으로 신약시대를 상징한다고 해석합니다. 그렇다면, 이 기간은 예수님의 초림부터 재림 때까지를 상징합니다. 즉 복음시대를 말합니다. 그러나 왜 증인들에게는 달로 표현하지 않고 날수로 표현했는가? 증인의 삶은 매일매일이기 때문입니다. 천년왕국설에 대한 주제는 제29강에서 자세하게 다루게 됩니다.

둘째, 두 증인의 사역11:5-14 : 5-6절에서 "만일 누구든지 그들을 해하고자 하면 그들의 입에서 불이 나와서 그들의 원수를 삼켜 버릴 것이요 누구든지 그들을 해하고자 하면 반드시 그와 같이 죽임을 당하리라 그들이 권능을 가지고 하늘을 닫아 그 예언을 하는 날 동안 비가 오지 못하게 하고 또 권능을 가지고 물을 피로 변하게 하고 아무 때든지 원하는 대로 여러 가지 재앙으로 땅을 치리로다."라고 합니다. 이것은 예수님의 증인들이 받게 되는 권세와 보호를 선포한 것입니다. 종말이 가까워지고 세상이 점점 예수님에게서 멀어질수록 예수님의 교회가 받은 권세도 강력해질 것이며 교회를 보호하시는 예수님의 손길도 강력해집니다. 때가 매우 임박해지는 신호입니다.

이 두 증인은 예수님께서 걸으신 길을 갑니다. 마지막까지! 증거를 듣고 구원 얻을 백성을 위하여. 십자가의 마지막 순간까지 강도조차 구원의 길로 인도하시는 예수님처럼!

7절에 이들의 죽음을 예언합니다. "그들이 그 증언을 마칠 때에 무저갱으로부터 올라오는 짐승이 그들과 더불어 전쟁을 일으켜 그들을 이기고 그들을 죽일 터인즉." 세상은 저희 죽음을 즐거워합니다.8-10 예수님의 교회가 잘되는 것을 싫어하는 것은 세상의 끝이 다가온다는 증거입니다. 그럴수록 교회는 마지막 한 영혼까지 구원하도록 증인의 사명을 다해야 합니다.

두 증인의 죽음은 역사적으로 교회가 소멸되는 때가 온다는 뜻입니다. 예를 들면 중국이 열리지 않았던 시절에 미국에 본부를 두었던 극동방송FEBC: Far East Broadcasting Company이라는 선교단체-한국의 극동방송국도 본래 이 단체 소속이었음-가 중국에 방송을 보내는 사역을 했습니다. 그러나 한 때 중국을 향한 방송을 중단하는 것을 고려하기도 했습니다. 죽의 장막으로 가려진 중국 대륙에 열매 없는 방송만 보내는 것으로 보인 것입니다. 그럴 때에 마침 중국의 어느 성도가 쪽지를 병에 넣어 바다에 띄운 것이 어느 해변에서 발견되었습니다. 그 쪽지에는 자신의 마을에 교회가 생겨나고 극동방송을 통해서 예배를 드린다고 적혀 있었습니다. 이 쪽지 하나가 극동방송에 선교를 계속할 이유를 제공한 것입니다. 이 이야기는 FEBC의 선교사로 한국에서 사역하셨던 레드범John Rathbum 선교사에게 직접 들은 이야기입니다. 중국 밖의 교회들이 중국 안에 교회가 없어진 줄 알았더니 죽의 장막 안에서도 교회는 사라지지 않았습니다. 지금 북한도 마찬가지입니다. 북한 정부는 철의 장마 안에서 제거한 교회가 사라질 것으로 보지만, 예수님의 교회는 절대로 사라지지 않습니다.

두 증인은 3일반 동안 시체로 있습니다.9절 1260일에 비하면 짧은 기간입니다. 이때 10절에서 핍박자들은 교회가 망하였다고 기뻐하며 선물을 주고받습니다. 즉 교회가 죽은 것 같고, 소멸된 것 같은 시기를 의미합니다. 그러나 교회는 절대 소멸하지 않습니다. 끝내는 부활하듯이 일어서게 됩니다.

중국이 닫혀 있을 때에 중국에는 교회가 없는 줄 알았습니다. 그러나 뚜껑을 열고 보니 오히려 그전보다 더 부흥해 있었습니다. 북한도 그럴 것입니다. 핍박과 박해를 당하면서도 주님의 교회는 부흥합니다. 절대 망하지 않습니다. 12절입니다. "하늘로부터 큰 음성이 있어 이리로 올라오라 함을 그들이 듣고 구름을 타고 하늘로 올라가니 그들의 원수들도 구경하더라." 이들의 승천에 대하여 대부분의 주석은 간단하게 다룹니다. 이들의 승천은 순교자의 휴거를 의미합니다. 마지막 화를 남겨두고 순교의 길을 가는 교회를 하늘로 데리고 가서 마지막 환난을 피하게 하시는 주님의 은혜의 손길입니다. 13절입니다. "그 때에 큰 지진이 나서 성 십분의 일이 무너지고 지진에 죽은 사람이 칠천이라 그 남은 자들이 두려워하여 영광을 하늘의 하나님께 돌리더라." 죽은 자 칠천에 대하여 보쿰은 엘리야 때에 남은 자 칠천왕상19:18과 대조하여 설명하였습니다. "요한은 독특하게도 이것을 절묘하게 빗대어 뒤집어 놓는다. 오직 십분의 일만 심판 당하며, 십분의 구는 심판에서 남겨진 '남은 사람들' 이 된다. 신실한 소수가 아닌 다수의 불신자가 남는 그들이 회개하고 믿기를 바라기 때문이다. 증인들의 증거 덕분에 심판은 사실상 구원을 가져오는 데 일조한다. 이러한 방식으로 요한은 증인들의 앞선 선례로서 제시했던 구약 선지자들과의 대조를 통해 두 증인의 증거가 지닌 혁신성을 지적한다."6) 세상에서는 지진과 파멸과 죽음이 남은 자들을 두렵게 하며 하나님께 영광을 돌리게 하는 일이 일어날 것입니다.

하늘로 올림 받는 예수님의 교회를 보고 남은 자들이 하나님께 돌아오는 역사가 일어납니다. 교회가 죽으면 세상도 죽습니다. 그러나 살아있는 참 교회는 죽어가는 세상도 영생의 길을 가게 합니다. 이런 증인된 교회를 오늘 보겠는가? 주님의 참된 교회들이 일어나야 합니다. 그래야 세상이 살길을 봅니다.

예수님의 교회들이여! 다른 것 꿈꾸지 말고 예수님의 증인이 되라! 아비의 마음을 품으라! 핍박을 두려워 말고 안일한 자리를 떨치고 일어서라! 주님이 부르신다. 세상을 품으라! 죽기까지 품으라! 오직 예수님의 증인되도록!

2 일곱째 나팔

일곱째 나팔은 세 번째 화입니다. 일곱째 천사가 나팔을 불 때에 다른 때에는 볼 수 없던 일이 일어납니다. 15-18절입니다. 하늘의 큰 음성이 노래하며 24장로가 경배합니다. 재앙의 끝이 가까워졌다는 증거입니다.

(1) 큰 음성의 노래11:15

15절에 마침내 일곱째 나팔이 불리고 하늘에서는 찬양이 들립니다. "세상 나라가 우리 주와 그의 그리스도의 나라가 되어 그가예수님 세세토록 왕 노릇 하시리로다." 일곱 째 나팔 재앙 후에는 세상 나라가 다 주의 나라가 된다고 찬양합니다. 그러려면 예수님의 대적자들이 다 심판받아야 합니다. 이것이 불신자들에게 큰 화가 되는 이유입니다. 그러나 불신자에게 화가 임하는 날, 성도들은 구원의 은혜를 찬양할 것입니다.

예수님이 영원한 왕으로 임하실 때가 반드시 올 것이니 성도는 세상의 왕들과 역사를 보며 두려워하지 말아야 합니다. 예수님께서 왕으로 다스리는 때가 반드시 옵니다. 영원한 나라는 하나 밖에 없습니다. 세상 왕들은 다 망합니다. 오직 하나님나라만 영원합니다. 불신자들은 늦기 전에 속히 회개하고 예수님의 사람이 되어야 합니다.

(2) 24장로의 경배와 찬양16-18절

> **천사들은 음치인가?**
>
> 신앙생활을 시작하면서 어느 부흥강사가 성도들은 찬양할 수 있는 축복을 받았지만 천사들은 음치라서 노래를 못 부른다고 설교했던 것을 기억하고 오랫동안 그런 줄로 알았다. 요한계시록을 공부해보면 천사들이 찬양하는 장면이 여러 번 등장한다. 천사들에게는 보좌에 앉으신 하나님과 어린 양 예수님을 찬양하는 것이 그들이 하는 일 중에 중요한 일이다.
>
> 그 부흥강사가 무엇을 근거로 그런 말을 했는지 기억이 나지 않는다. 정확하지 않은 가르침으로 순진한 교인들에게 잘못된 것을 믿도록 하는 것이 얼마나 위험한 일인가? 설교자는 항상 진리를 진리로 전하고 짐작한 것에서 원리를 찾으려 하지 않도록 주의해야 한다. 성경의 증거와 벗어나지 않도록 주의해야 한다.

이제 24장로들이 엎드려 얼굴을 땅에 대고 경배하고 찬양합니다.

첫째, 17절에 이들은 친히 큰 권능을 잡으시고 왕이 되신 하나님께 감사하며 찬양합니다. 사탄이 왕 노릇 하면 인간은 다 망합니다. 저는 파멸의 왕으로서 파멸을 불러올 뿐만 아니라 심판 받고 멸망당할 자이기 때문입니다. 반면, 하나님이 우리의 왕 되심이 얼마나 감사한가! 불신자들은 하나님을 거부하고 자신을 멸망으로 이끄는 사탄의 종이 되기를 즐겨하니 저들은 눈먼 자요 답답한 자입니다. 예수님이 내 삶의 주인이시니 얼마나 감사한가!

둘째, 18절에 하나님께 분노한 이방들을 심판하는 것을 찬양합니다. 하나님을 대적하는 교만한 자는 끝내 죽음을 몰고 옵니다. 저들이 하나님께 분노하지만, 하나님의 심판을 이기지 못합니다.

셋째, 18절 하반절에서 종들과 선지자들에게 상 주심을 찬양합니다. 원수 앞에서 상을 베푸시는 여호와! 시편 23편 5절의 완성의 때가 다가옵니다. "주께서 내 원수의 목전에서 내게 상을 차려 주시고 기름을 내 머리에 부으셨으니 내 잔이 넘치나이다."

왜 이 시점에서 천사들이 이토록 찬양하는가? 그림4147페이지 참고가 설명해 줍니다. 일곱 나팔은 일곱 인의 마지막이요 일곱 우레의 확대이며, 일곱째 나팔의 확대가 일곱 대접 재앙이므로 이후의 재앙은 대단히 빠른 속도로 진행 될 것이고 사실상 마지막 재앙이기 때문입니다.

여기서 우리는 심판의 아이러니를 봅니다. 믿지 않던 자들이 세상에서 승리한 것처럼 보이나, 이때가 되면 순교하며 힘없는 자 된 것 같았던 성도들이 상을 받습니다. 심판의 날이 믿는 자들에게는 찬양의 날이요, 불신자들에게는 큰 화의 날입니다.

일곱째 나팔은 마지막 재앙의 경보입니다. 일곱 대접재앙은 일곱째 나팔 재앙의 현미경적 계시입니다. 이제는 성전이 열립니다. 19절입니다. "이에 하늘에 있는 하나님의 성전이 열리니 성전 안에 하나님의 언약궤가 보이며 또 번개와 음성들과 우레와 지진과 큰 우박이 있더라"

음성과 큰 지진과 우박과 뇌성 같은 것들은 다가오는 심판의 무서움을 예고합니다. 우리는 이 심판아래 있지 않는 자 된 것으로 말미암아 천사들과 함께 어린양 예수님께 찬양과 경배할 것입니다.

소그룹 공부를 위한 질문

1. 요한계시록 11장 1-3절에서 무엇을 척량합니까?

2. 이때 등장하는 두 증인의 정체와 그 중요성을 생각해 보십시오. 요계11:1-14

3. 일곱째 나팔을 불 때 어떤 일이 나타납니까?

21강
여자와 용 계시록 12장

만인이 반대하여도 옳은 것은 옳으며,
만인이 편든다고 해도 틀린 것은 틀린 것이다.
- 윌리암 펜(William Penn) -

다음 글은 필자의 예화 모음 파일에서 찾아 낸 기사입니다. 아쉽게도 날짜를 기록해 두지 못했습니다.

호주 퀸즐랜드 주의 North Kennedy 강가 야영지에서 친구들과 함께 놀러 온 36세 남자가 잠에서 깨어 눈을 떠보니 밤새 큰 악어와 침대에서 함께 자고 있었으며 잠을 깬 뒤에는 이 악어 때문에 물로 끌려 들어갈 뻔했다고 관리들이 23일 밝혔다.

관리들은 이 악어가 지난 21일 아침 이 남자의 가슴 위에 있다가 잠에서 깨어나 소리를 지르는 그를 물속으로 끌고 들어가려 했으나, 인근에 있던 친구들의 도움으로 겨우 빠져나와 몇 번 물린 오른손목의 상처를 치료하고는 케인스 베티스 병원에서 쉬고 있다고 말했다.
-브리즈번(호주) 연합뉴스-

사람이 악어와 동침해서는 제대로 살 수 없듯이 인간을 파멸시키는 사탄의 편에 서서는 제대로 된 인생을 살 수 없습니다. 계시록 12장은 현대 모든 교회가 서야 할 자리에 제대로 서 있는지 세심하게 살펴보아야 할 중요한 내용을 담고 있습니다.

1. 계시록 12-14장의 개요

일곱째 나팔의 확대판인 일곱 대접 재앙이 시작되기 전에 12-14장까지는 일곱 나팔과 일곱 대접사이에 삽입된 부분입니다. 이 부분은 중요한 역할을 하는 장들입니다. 12-13장은 하나님의 원수들의 활동으로 암울하고 무서운 분위기를 조성합니다. 그러나 14장에는 전혀 다른 분위기로 성도의 승리와 소망을 예언합니다. 다시 말하면 세상과 교회간의 심각한 영적 전쟁의 현장을 보여줍니다.

계시록 12-14장은 계시록적 관점에서 보는 교회역사의 총 정리라 할 수 있습니다. 이 장들을 통하여 교회 역사의 의미를 배울 수 있습니다. 세상 역사는 과거에 대한 이야기를 전합니다. 하나님의 역사는 과거와 현재와 미래를 다 포함하는 역사입니다. 과거의 역사도 하나님의 역사이며, 현재의 역사도 하나님이 하시는 일이고, 미래의 역사도 하나님이 행하실 일이기 때문입니다. 그러므로 과거 교회 역사를 알면 하나님께서 현재 하시는 일을 이해할 수 있으며, 미래에 행하실 일도 깨달아 알고, 하나님의 역사하심을 신뢰할 수 있습니다. 주님 교회의 역사는 과거와 현재와 미래를 관통하는 구원역사입니다. 나의 과거와 현재와 미래 역사도 하나님의 구원역사 안에 있다면 개인의 역사도 마찬가지입니다.

계시록적 관점에서 교회 역사를 제대로 이해하면, 교회가 세상에서 왜 핍박받으며 존재하는지, 어떤 사명을 위해 존재하며, 어떤 길을 가야하는지와 같은 근본적 질문의 답을 찾게 됩니다. 계시록을 바로 알면 교회를 바로 압니다. 계시록을 통해서 교회론을 바르게 정립할 수 있습니다.

2. 첫 번째 이적 : 여자와 용의 정체12장

(1) 여자의 정체

1절입니다. "하늘에 큰 이적이 보이니 해를 옷 입은 한 여자가 있는데 그 발 아래에는 달이 있고 그 머리에는 열두 별의 관을 썼더라." 여자의 모습은 아름답고 장엄하며 우주적 기상을 품은 모습입니다.

이 여자의 정체는 무엇일까? 창조 때 타락하기 전의 본래 인간이 하나님에게 받은 영광의 아름다움과 기상을 보여주는 그림입니다. 다시 말하면 하나님의 택하신 백성, 즉 교회의 모습입니다. 구약의 하나님의 교회이기도 하며, 신약 교회의 모습이기도 합니다. 원래 하나님의 백성, 하나님의 교회는 이렇게 아름다운 존재여야 했습니다. 에덴동산의 아담과 하와는 이렇게 아름다운 존재로 시작하였습니다. 그 아름다움과 권세와 기상을 죄로 말미암아 잃어버리고, 사탄의 영향력 아래로 빠지면서 고통이 임하게 된 것입니다. 이 문제는 메시아만이 해결 할 수 있습니다. 메시아를 기다리는 구약의 하나님의 교회는 메시아를 해산하는 고통을 겪어야 했습니다. 어떻게 이런 해석이 가능한가?

이사야 66장 7-9절입니다. "시온은 진통을 하기 전에 해산하며 고통을 당하기 전에 남아를 낳았으니 이러한 일을 들은 자가 누구이며 이러한 일을 본 자가 누구이냐 나라가 어찌 하루에 생기겠으며 민족이 어찌 한순간에 태어나겠느냐 그러나 시온은 진통하는 즉시 그 아들을 순산하였도다 여호와께서 이르시되 내가 아이를 갖도록 하였은즉 해산하게 하지 아니하겠느냐 네 하나님이 이르시되 나는 해산하게 하는 이인즉 어찌 태를 닫겠느냐 하시니라." 이 구절은 메시아의 도래에 관한 예언으로 메시아를 상징하는 남아를 낳는 고통을 예언한 구절입니다. 이 외에도 몇 구절이 더 있습니다.

이사야 26장 17절 "여호와여 잉태한 여인이 산기가 임박하여 산고를 겪으며 부르짖음 같이 우리가 주 앞에서 그와 같으니이다."

미가 4장 10절 "딸 시온이여 해산하는 여인처럼 힘들여 낳을지어다 이제 네가 성읍에서 나가서 들에 거주하며 또 바벨론까지 이르러 거기서 구원을 얻으리니 여호와께서 거기서 너를 네 원수들의 손에서 속량하여 내시리라."

교회는 메시아의 나라가 오기까지 메시아를 방해하는 사탄과 끊임없는 영적 갈등의 현장에 존재합니다. 죄는 사탄이 활동할 공간을 마련하기 때문입니다.

교회를 여자로 표현한 것이 성경에 자주 나옵니다. 요한2서 1장 5절의 '부녀여' 라는 호칭도 교회를 지칭합니다. 본문 1절의 여인은 구약에서는 이스라엘 백성을, 신약에서는 예수님의 교회를 의미합니다. 구약의 교회가 겪는 고통은 아들로 상징된 메시아를 세상에 탄생시키려는 산고의 고통이었습니다. 메시아를 훼방하려는 사탄의 악랄한 방해 때문에 겪은 고통입니다.

그러면 아들의 출생을 방해하는 용의 정체는 무엇인가?

(2) 용은 사탄입니다.

3절입니다. "하늘에 또 다른 이적이 보이니 보라 한 큰 붉은 용이 있어 머리가 일곱이요 뿔이 열이라 그 여러 머리에 일곱 왕관이 있는데." 용은 처음부터 하나님의 교회를 파괴하고 도전하는 존재였습니다. 9절입니다. "큰 용이 내쫓기니 옛 뱀 곧 마귀라고도 하고 사탄이라고도 하며 온 천하를 꾀는 자라 그가 땅으로 내쫓기니 그의 사자들도 그와 함께 내쫓기니라." 창세기 3장 1절에 나오는 뱀은 단수에 정관사가 붙어서 뱀 전체를 말하는 것이 아니라 "그 뱀"이었습니다. 바로 "그 뱀"이 계시록 12장 9절에 나오는 "그 뱀"으로 사탄입니다.

이사야 14장 12-14절 "너 아침의 아들 계명성이여 어찌 그리 하늘에서 떨어졌으며 너 열국을 엎은 자여 어찌 그리 땅에 찍혔는고 네가 네 마음에 이르기를 내가 하늘에 올라 하나님의 뭇 별 위에 내 자리를 높이리라 내가 북극 집회의 산 위에 앉으리라 가장 높은 구름에 올라가 지극히 높은 이와 같아지리라 하는도다."

에스겔 28장 13-17절에도 타락한 천사가 나옵니다. 이 자가 사탄의 정체입니다. 사탄은 처음부터 하나님의 역사를 방해하려는 자였습니다. 대담하게도 하나님의 아들이신 예수님에게도 여러 모양으로 도전하였습니다. 사탄은 틈만 나면 예수님의 교회를 파멸하려고 수단과 공작을 꾸밉니다. 계시록 12장 4절에서 사탄이 하는 공작의 격렬함을 설명합니다. "그 꼬리가 하늘의 별 삼분의 일을 끌어다가 땅에 던지더라 용이 해산하려는 여자 앞에서 그가 해산하면 그 아이를 삼키고자 하더니." 꼬리로 끌어 땅에 던진 별의 삼분의 일은 사탄이 유혹하여 자기를 따르게 한 악한 천사, 악한 영을 의미합니다. 이 세력을 모아서 아들을 삼키려고 격렬한 활동을 합니다.

3. 두 번째 이적 : 여자가 낳은 아들

5절입니다. "여자가 아들을 낳으니 이는 장차 철장으로 만국을 다스릴 남자라 그 아이를 하나님 앞과 그 보좌 앞으로 올려가더라." 여자가 낳은 아들과 철장은 관계가 있습니다. 아들은 누구를 의미하는가? 시편 2편 9절입니다. "네가 철장으로 그들을 깨뜨림이여 질그릇같이 부수리라 하시도다." 철장은 다스리는 자의 상징이며, 그 강함을 뜻합니다. 즉 여인이 낳은 아들은 메시아를 상징합니다. 구약의 교회, 즉 하나님나라 백성이 해야 했던 가장 큰 일은 메시아를 탄생하게 하는 일이었습니다. 5절 하반절에 아이를 보좌 앞으로 올려 갔다는 것은 승천하심을 의미합니다.

6절에 여자가 광야로 도망합니다. 이것은 예수님의 승천 이후 교회역사가 광야 생활 같음을 말합니다. 복음시대1260일의 교회는 평안한 길을 가는 것이 아닙니다. 참된 영적 가나안인 하나님나라에 이르기까지 광야 길 가는 것과 같습니다. 고난과 핍박이 있습니다. 그러나 광야는 "그교회를 양육하려고 하나님께서 예비하신 곳입니다." 마치 구약의 이스라엘을 40년 동안 광야에서 아비가 자식을 안음과 같이 하나님께서 양육하시고, 가나안에 들어가도록 준비케 하시며, 지켜 주심과 같습니다. 광야는 예수님의 신부를 양육하는 실습현장입니다.

> **사탄의 역할은 사탕 역할**
>
> 사탄의 역할은 구약시대와 신약시대에는 현저한 차이가 있다. 구약시대에는 천상에서의 역할이 있었으나 신약시대에 와서는 그의 천상에서의 역할은 끝이 나고 지상에서의 역할만 남았다. 그 분기점이 예수님의 죽음과 부활이다. 예수님의 부활 승천으로 인하여 사탄이 천상에서 성도들을 참소하던 역할은 끝이 났다. 그 후로 사탄은 지상으로 쫓겨나서 지상에서의 역할만 하게 되었다.
>
> 지상에서의 사탄의 역할은 사탕 역할이다. 성도들에게 사탕과 같이 달콤한 것으로 유혹하여서 자신의 권세아래에 묶어두고 함께 망하게 하는 역할이다. 현대인들은 건강을 망가지게 한다는 이유로 사탕을 좋아하지 않는 만큼만이라도 영을 망가지게 하는 사탄의 사탕에 거부반응을 보이면 좋겠다.
>
> 예수님의 사람들이여!
>
> 사탄의 사탕 공세에 속지 말자.

지상교회가 핍박을 받는 한편 하늘에서는 영적 전쟁이 천사와 사탄의 무리 가운데 일어납니다. 7-9절입니다. "하늘에 전쟁이 있으니 미가엘과 그의 사자들이 용과 더불어 싸울새 용과 그의 사자들도 싸우나 이기지 못하여 다시 하늘에서 그들이 있을 곳을 얻지 못한지라 큰 용이 내쫓기니 옛 뱀 곧 마귀라고도 하고 사탄이라고도 하며 온 천하를 꾀는 자라 그가 땅으로 내쫓기니 그의 사자들도 그와 함께 내쫓기니라." 마귀옛뱀 또는 용는 메시아가 세상에 와서 십자가와 부활의 권세로 생명 길을 완성하심으로서 온전히 패배한 자 되었습니다. 땅으로 쫓겨난 자 되었습니다.

10-12절까지에서 다시 천사들의 찬송이 들립니다. "내가 또 들으니 하늘에 큰 음성이 있어 이르되 이제 우리 하나님의 구원과 능력과 나라와 또 그의 그리스도의 권세가 나타났으니 우리 형제들을 참소하던 자 곧 우리 하나님 앞에서 밤낮 참소하던 자가 쫓겨났고 또 우리

형제들이 어린 양의 피와 자기들이 증언하는 말씀으로써 그를 이겼으니 그들은 죽기까지 자기들의 생명을 아끼지 아니하였도다 그러므로 하늘과 그 가운데에 거하는 자들은 즐거워하라 그러나 땅과 바다는 화 있을진저 이는 마귀가 자기의 때가 얼마 남지 않은 줄을 알므로 크게 분내어 너희에게 내려갔음이라 하더라." 천상에서 사탄의 역할은 예수님의 부활과 승천으로 끝이 났습니다. 그의 심판이 다가오고 있습니다. 그의 마지막 역할은 지상에 있습니다.

천상에서 땅으로 내어 쫓긴 용은 끊임없이 교회를 핍박합니다.13절 그러나 14절에 "그 여자교회가 큰 독수리의 두 날개를 받아 광야 자기 곳으로 날아가 거기서 그 뱀의 낯을 피하여 한 때와 두 때와 반 때를 양육 받으매" 큰 독수리의 두 날개는 성령님의 권세를 의미하며 도합 세 때 반은 1260일, 또는 42개월과 같은 기간으로 예수님의 초림과 재림 기간의 상징입니다. 이 기간에 용은 끊임없이 여자를 삼키려고 하지만, 땅도 교회를 돕습니다. 하나님의 아들들이 나타나기를 고대하기 때문입니다.롬8:19-23

17절에 이 시대의 남은 자손들, 즉 하나님의 계명을 지키고 예수님의 증거를 가진 자들을 멸망시키려고 사탄은 분주하게 준비합니다. 그러나 두려워하지 말 것은 사탄은 이미 패했기 때문입니다. 예수님께서 힘센 자보다 더 힘센 자가 와서 결박하고 그 집의 물건을 빼앗는다고 하셨습니다. 이미 사탄은 패배자입니다. 예수님의 말씀 권세로 사탄을 대적하십시오. 사탄은 도망할 것입니다.

오늘날 예수님의 교회여! 서로 싸울 때가 아니다. 하나 되어 마귀와 대적하고 저의 손에 잡힌 자들을 주님 앞으로 인도하는 일에 온힘을 쏟아야 하는 때이다. 각성하고 깨어라. 일어날 때다.

우리는 예수님 안에서 창조의 본래 아름다움과 우주적 기상을 회복해야합니다. 그래서 10-12절의 노래가 우리의 노래가 되어야 합니다.

소그룹 공부를 위한 질문

1. 첫 번째 이적: 요한계시록 12장에 나오는 여자와 용의 정체는 무엇입니까?

2. 여자와 용은 어떤 관계입니까?

3. 두 번째 이적에서 여자가 낳은 아들은 누구를 의미합니까?

4. 땅에서 사건이 발생하는 동안 하늘에서는 어떤 일이 일어납니까?

22강
두 짐승과 666 요한계시록 13장

병 든 양은 아무나 가리지 않고 따른다.
- 어느 시리아 목자(A Syrian Shepherd) -

어떤 분은 기발한 아이디어로 666의 정체를 풀어보려 했습니다. 영어의 알파벳에 A를 100으로 시작하여 다음과 같이 숫자를 매겼습니다. A=100, B=101, C=102, … . 그렇게 하면 히틀러Hitler는

H =107,

I = 108,

T = 119,

L = 111,

E = 104

R = 117

로서 합하면 666이 되며 히틀러가 666의 짐승이라고 결론을 내렸습니다. 과연 이런 방법으로 666의 정체를 알 수 있을까요?

1. 세 번째 이적 : 두 짐승의 정체13:1-10

13장에 두 짐승이 등장합니다. 그중에 첫째 짐승은 1절에 등장합니다. "내가 보니 바다에서 한 짐승이 나오는데 뿔이 열이요 머리가 일곱이라 그 뿔에는 열 왕관이 있고 그 머리들에는 신성모독 하는 이름들이 있더라." 뿔이 열이며 머리가 일곱입니다. 뿔은 왕을 상징합니다. 세상 권세 잡은 자입니다. 이들의 정체는 이름으로 압니다. 신성모독 하는 이름이 머리들에 있습니다. 이들은 하나님을 모독하는 권력자입니다. 2절에 "내가 본 짐승은 표범과 비슷하고 그 발은 곰의 발 같고 그 입은 사자의 입 같은데 용이 자기의 능력과 보좌와 큰 권세를 그에게 주었더라" 모습이 험악한 짐승들로 묘사된 것은 이들이 파괴자임을 말합니다.

용이 자신의 능력과 권세를 그에게 주었다는 것은 이 짐승의 배후는 사탄이라는 의미입니다. 3-4절입니다. "그의 머리 하나가 상하여 죽게 된 것 같더니 그 죽게 되었던 상처가 나으매 온 땅이 놀랍게 여겨 짐승을 따르고 용이 짐승에게 권세를 주므로 용에게 경배하며 짐승에게 경배하여 이르되 누가 이 짐승과 같으냐 누가 능히 이와 더불어 싸우리요 하더라." 머리 하나가 죽게 된 것 같다가 상처가 나으니 모든 사람이 짐승의 능력에 놀라서 짐승을 따른다고 합니다. 이 짐승은 마치 예수님 흉내를 내는 것 같습니다. 용은 성부를 흉내 내고 첫째 짐승은 성자 예수님을 흉내 냅니다. 그러나 예수님과 차이점을 보게 됩니다. 예수님은 정말 죽었다가 부활하셨습니다. 이 짐승은 죽은 것 같았으나 죽지는 않았습니다. 또 짐승은 회복되었을 뿐 부활한 것은 아닙니다. 그러나 사람들은 부활하신 예수님은 모독하고 이 짐승은 따릅니다. 이것은 예수님을 알지 못해서가 아니라 예수님 대신 짐승을 택하는 것입니다. 이때 인간의 악함을 알려주는 계시입니다.

5절입니다. "또 짐승이 과장되고 신성 모독을 말하는 입을 받고 또 마흔두 달 동안 일할 권세를 받으니라." 짐승은 거짓말과 예수님을 모독하는 말로 사람들을 현혹하며, 42개월의 일할 권세를 받습니다. 누구에게 받습니까? 마흔두 달은 하나님께서 정하신 기간입니다. 그러므로 짐승의 권세도 하나님께서 허락하신 것입니다.

이 짐승은 로마 제국의 왕들을 상징합니다. 일차로는 그렇게 보아도 무관합니다. 로마는 다니엘 7장에 나오는 네 짐승으로 상징된 네 왕국사자–앗수루, 곰–바벨론, 표범–바사, 넷째 짐승–로마 중에 가장 악랄하게 무력을 사용하며, 정복하고 다스리는 제국이있습니다.

그러나 종국에 짐승은 하나님을 대적하는 왕과 권력자를 상징합니다. 짐승이 하는 일은 6–8절에 나옵니다. "짐승이 입을 벌려 하나님을 향하여 비방하되 그의 이름과 그의 장막 곧 하늘에 사는 자들을 비방하더라 또 권세를 받아 성도들과 싸워 이기고 각 족속과 백성과 방언과 나라를 다스리는 권세를 받으니 죽임을 당한 어린 양의 생명책에 창세 이후로 이름이 기록되지 못하고 이 땅에 사는 자들은 다 그 짐승에게 경배하리라." 6절에 이 첫째 짐승은 하나님을 비방합니다. 7절에 무력과 힘으로 다스립니다. 또 성도들과 싸워 이긴다고 했습니다. 짐승의 이김은 무엇을 의미하는가? 두 가지 가능성이 있습니다.

첫째, 육신으로 짐승이 이기지만, 영적으로는 성도가 승리합니다. 적그리스도 편에 선 권력자가 육신으로는 성도를 물리적 권세로 가두고, 고문하고, 죽여서 이기지만, 진정한 영적승리는 성도의 것입니다.

둘째, 8절에서 설명합니다. 짐승이 세도를 부릴 때 성도의 이름은 가졌으나 실제로는 어린 양의 생명책에 기록되지 아니한 가짜 성도의 신앙 배반으로 볼 수 있습니다. 이 사람들은 다 짐승에게 경배합니다. 그러나 "생명책"에 이름이 기록된 성도들은 이런 시련의 때가 "인내"와 "믿음"을 인정받는 때입니다. 9-10절입니다. "누구든지 귀가 있거든 들을지어다 사로잡힐 자는 사로잡혀 갈 것이요 칼에 죽을 자는 마땅히 칼에 죽을 것이니 성도들의 인내와 믿음이 여기 있느니라." 사로잡힐 자도 있고 권력자들의 칼에 순교할 수도 있으나 진정한 성도는 인내와 믿음으로 사탄의 권세를 이깁니다.

시련의 때는 진짜 성도와 가짜 성도가 구별되는 때입니다. 어려울 때도 신앙을 지키는가? 축복 받던 때처럼 예수님을 향한 정절을 지키는가? 아니면 '나' 라는 우상을 섬기면서 예수님 믿는 흉내만 내는 가짜는 아닌가? 시련의 때에 예수님을 배반하면 가짜입니다. 어린양의 생명책에 성도들의 이름을 적어 두고자 어린양은 죽임 당했습니다. 이 어린양 예수님의 진정한 성도라면 어떤 환경에서도 예수님을 배반하지 못합니다. 나는 진짜 성도인가?

2. 네 번째 이적 : 짐승들과 짐승의 표666

요한계시록 13장 11-12절에 둘째 짐승이 등장합니다. "내가 보매 또 다른 짐승이 땅에서 올라오니 어린 양 같이 두 뿔이 있고 용처럼 말을 하더라 그가 먼저 나온 짐승의 모든 권세를 그 앞에서 행하고 땅과 땅에 사는 자들을 처음 짐승에게 경배하게 하니 곧 죽게 되었던 상처가 나은 자니라." 이 둘째 짐승은 첫째 짐승과는 달리 어린 양처럼 매력적입니다. 모든 짐승의 새끼는 귀엽습니다. 사탄은 이렇게 하나님을 흉내 내며 자신을 선하게 가장하는 데에 뛰어납니다. 고린도후서 11장 14-15절입니다. "이것은 이상한 일이 아니니라 사탄도 자기를 광명의 천사로 가장하나니 그러므로 사탄의 일꾼들도 자기를 의의 일꾼으로 가장하는 것이 또한 대단한 일이 아니니라 그들의 마지막은 그 행위대로 되리라."

이 짐승은 이적을 행하면서 사람들을 미혹하여 우상을 숭배하게 합니다. 마치 성령님을 흉내 내는 것 같습니다.

요한계시록 13장 13-14절입니다. "큰 이적을 행하되 심지어 사람들 앞에서 불이 하늘로부터 땅에 내려오게 하고 짐승 앞에서 받은 바 이적을 행함으로 땅에 거하는 자들을 미혹하며 땅에 거하는 자들에게 이르기를 칼에 상하였다가 살아난 짐승을 위하여 우상을 만들라 하더라." 첫 번째 짐승이 사탄의 권력과 힘의 역사를 의미한다면, 둘째 짐승은 달콤한 세속적 방법으로 교회를 유혹하며 변질, 부패시키는 사탄의 교묘한 미혹의 역사를 나타냅니다. 기적과 세력과 이적으로 사람들을 모으고 유혹합니다. 이단, 사이비들이 하는 일입니다.

오늘날 사람들은 이단인 줄 알면서도 신비한 이적만 보여주면 따릅니다. 이것이 사탄의 역사입니다. 사탄이 역사기 교회 안으로 파고들어와 교묘하게 활동하면 분별이 어렵습니다. 진리와 비진리를 교묘하게 섞어서 사람들을 미혹합니다. 성도들이 정신 차리지 않으면 쉽게 미혹됩니다. 그럴듯한 가짜 예수를 만들어 믿고 따르라고 미혹합니다.

그러면 첫째 짐승과 둘째 짐승 중 어느 것이 더 위험할까? 초대 교회 성도들은 첫째 짐승과 싸웠습니다. 순교정신으로 복음과 믿음을 지켰습니다. 현대 교회는 둘째 짐승과 영적 싸움을 벌입니다. 이들 중에 교묘하여 자신도 모르는 사이에 헛된 것으로 빠지게 하는 둘째 짐승이 더 무섭습니다.

둘째 짐승은 겉으로는 양의 모습이지만, 따르지 않는 자들을 핍박하고 죽입니다. 15절입니다. "그가 권세를 받아 그 짐승의 우상에게 생기를 주어 그 짐승의 우상으로 말하게 하고 또 짐승의 우상에게 경배하지 아니하는 자는 몇이든지 다 죽이게 하더라." 사탄의 마지막 무기는 죽음의 위협입니다.

16-18절에 "그가 모든 자 곧 작은 자나 큰 자나 부자나 가난한 자나 자유인이나 종들에게 그 오른손에나 이마에 표를 받게 하고 누구든지 이 표를 가진 자 외에는 매매를 못하게 하니 이 표는 곧 짐승의 이름이나 그 이름의 수라 지혜가 여기 있으니 총명한 자는 그 짐승의 수를 세어 보라 그것은 사람의 수니 그의 수는 육백육십육이니라." 경제와 권력을 사용하여 사람들로 하여금 강제적으로 오른손이나 이마에 표를 받게 합니다.

이 짐승의 표는 무엇인가? 이 666에 대한 여러 가지 해석이 있습니다.

첫째, 게미트리아Gematria로 풀어보려는 시도입니다. 당시 네로황제의 헬라어 이름을 히브리 철자로 풀면 666이 된다고 보는 해석입니다. 히브리어로 카사르 네론קסר נרון입니다. 이 히브리어 철자들을 순서대로 숫자로 풀어보면 코프qof=100, 싸멕samech=60, 레쉬resh=200, 눈nun=50, 레쉬resh=200, 바브wow=6, 눈nun=50으로 이들을 다 더하면 666이 됩니다. 그래서 과거론자들은 666은 네로황제를 의미한다고 봅니다. 실제로 네로는 64년 11월부터 66년 8월까지 42개월 동안 그리스도인을 핍박하다가 자살했습니다. 당시 소문에는 그가 다시 살아나서 로마를 정복하러 올 것이라고들 했습니다.

둘째, 극단적 세대주의자는 이것을 바코드와 같은 것으로 이마나 오른손에 받을 물리적 표라고 합니다. 한 때 바코드가 666이라고 극성을 부렸습니다. 적그리스도는 세상 사람들에게 바코드를 몸에 새기고 짐승의 표를 삼는다고 주장하였습니다. 그러면서 극단적으로 바코드 찍힌 물건을 사지 말라며 바코드가 없는 외진 곳에서 집단생활을 할 준비를 하고, 현금이나 금을 모아두라고 가르쳤습니다. 지금은 바코드가 666이라는 주장은 더는 통하지 않습니다. 그렇게 강렬하게 주장하던 그 사람들이 지금은 바코드를 무엇이라고 하는지 궁금합니다.

셋째, 최근에는 선지자라고 하는 자들이 바이오칩이 666이라고 주장하며 헛된 예언을 하는 것을 봅니다. 그런 자들이 쓴 책이 베스트셀러가 되기도 했습니다. 바이오칩을 받는 것은 666표를 받는 것이라 주장하며 이상한 동영상과 책들이 돌아다녔습니다. 666이라는 짐승의 표의 의미를 바르게 이해하면 이런 주장은 성경을 왜곡하고, 인간의 주장을 계시적 수준으로 올려놓는 죄를 범하는 것이며, 성경적 관점이 아니라는 것을 알게 될 것입니다.

넷째, 상징적 숫자로 해석하기도 합니다. 7은 완전수이지만, 6은 불완전하며, 따라서 777은 완전하고, 완전하고, 완전하다면 666은 불완전, 불완전, 불완전하며 실패, 실패, 실패를 상징하여 짐승의 시도는 이와 같이 망할 것을 암시한다고 봅니다.

과연 666은 무엇을 의미하는가? 전체 문맥에서 볼 때 짐승의 표는 성도들이 이마에 받는 어린 양의 인과 대조적입니다. 666을 받는다는 것이 무엇을 의미하는지를 바로 알면 666의 정체를 바르게 파악할 수 있습니다. 666의 의미를 정리하면 ①예수님을 알면서도 배척하고, ②의식적으로 예수님을 부인하고, ③의도적으로 예수님의 표 받기를 거절하고, ④스스로 짐승을 따르겠다는 표를 받는 것입니다. 짐승은 적그리스도로서 어린양을 대적하는 자이므로 그의 정체는 분명합니다. 어떤 이유로든 예수님의 사람 된 표를 받기보다 예수님을 대적하는 자인 줄 알면서도 의식적으로 짐승의 표를 받는 것입니다. 그러므로 크고 작은 666은 전에도 있었고, 지금도 있으며, 앞으로도 있을 것입니다. 그러나 예수님께서 다시 오시면 다 사라질 것입니다.

17절의 이 자는 경제를 자신을 따르게 하는 위협수단으로 사용합니다. 현실을 위해 적그리스도의 위협에 굴복하여 짐승을 따를 것인지, 생명의 위협에도 불구하고 예수님을 따를 것인지 선택할 때가 올 것입니다. 그런 위협에 굴복하여 망해버리고 말 짐승을 따를 것인지 아니면 서머나 교회처럼 끝까지 믿음을 지켜 예수님을 선택할 것인지 결정할 때가 옵니다. 그때에 우리는 깨어서 예수님을 선택하면 됩니다.

짐승의 표를 바코드나 바이오칩과 같은 물리적인 것으로만 보는 것은 옳지 않은 해석이며, 무서운 분위기로 사람들을 미혹하면 안 됩니다. 예수님을 부인하고 짐승의 편에 서겠다는 조건으로 받는다면 바이오칩이든 어떤 형태든 짐승의 표를 받는 것입니다. 그런 조건 없이 순전히 의료행정상의 이유로 칩을 받는다고 해서 짐승의 표를 받는 것은 아닙니다. 바이오칩이 666이라고 주장하는 자들은 나중에 그것을 통제 수단으로 삼고 위협할 것이라고 주장합니다. 진정한 예수님의 사람은 그 때가 되면 바이오칩을 당연히 거부하고 예수님을 배반하지 않습니다. 바이오칩이든, 서류든, 계약이든, 무엇이든지 간에 예수님의 이름을 위하여 거부하는 것입니다. 예를들어, 회사에 취직하려고 했더니 고용계약서에 '교회 다니지 않겠다, 예수는 믿지 않겠다.' 는 조항을 만들어 서명을 하라고 한다. 그때 진짜 성도는 과감하게 거부할 것입니다. 만약 취업을 위해 서명한다면 짐승의 표를 받는자가 됩니다.

그러므로 666을 물리적 표로만 해석하는 것은 잘못된 해석입니다. 짐승의 표는 칩일 수도 있고, 서류에 서명하거나, 도장을 찍거나, 서약하거나, 또는 그전과 후이거나, 어떤 형태든 자의적으로 예수님을 배반하고 대신 적그리스도를 따르겠다고 약조하고 받는 모든 형태의 표를 의미합니다.

일본 순사들이 주기철 목사님을 20여일을 굶기고 나서 앉은뱅이 밥상에 맛있는 음식과 국을 차려놓고, 밥상 맞은편에 주 목사님 모르게 신사를 만들어 놓았습니다. "주 목사님 고생하셨습니다." 위로하는 척하며 식사를 하게 했습니다. 밥상이 낮으니 국을 먹으려면 머리를 숙여야 합니다. 그러면 자신도 모르게 신사참배 하는 장면이 연출됩니다. 그때 사진을 찍어서 선전하려는 교묘한 수법이었습니다. 주

목사님은 국을 먹으려고 머리를 숙이려다가 앞에 차려진 신사를 발견하고 밥상을 물리치며 "예수님을 배반하고 우상에 머리 숙이는 밥은 먹을 수 없다"고 호통 치며 일어섰다고 합니다.

666의 가시화

666의 가시화는 666의 의미를 눈에 보이는 것으로 제시하는 것이다. 한 때 바코드가 666이라며 바코드가 붙여진 상품은 사면 안 된다던 이들이 그 중의 한 예다. 데이빗 차(David Cha)는 그의 책 '마지막 신호'에서 베리칩이 666의 표이니 받지 말라고 황당한 주장을 한다. 이렇게 666을 가시화 하게 되면 가시화 된 것을 받지 않으면 괜찮다는 잘못된 개념을 심어주면서 666의 본래의 의미를 왜곡하는 큰 잘못을 범한다. 뿐만 아니라 사람들의 관심을 666의 이유이신 예수님으로부터 멀어지게 하는 죄를 범한다.

바코드를 666이라고 주장하는 이들이 엉터리 해결책을 제시하였다. 예를 들면 현금과 금을 많이 확보하라든가 문명과 멀리 떨어진 곳에 땅을 사두라 라고 권하였다. 666을 대항하는 해결책은 단순하다. 예수님만 잘 믿으면 된다.

바코드를 666이라고 주장하는 이들은 더 이상 없듯이 시간이 지나면 베리칩과 666과는 상관없는 줄 알게 될 것이다. 예수님을 배반하고 그 대신 받는 모든 것은 666이라는 영적 메시지를 잊지 말자.

10절은 순교자의 길을 설명합니다. "사로잡힐 자는 사로잡혀 갈 것이요 칼에 죽을 자는 마땅히 칼에 죽을 것이니 성도들의 인내와 믿음이 여기 있느니라." 순교자는 죽이면 죽고 가두면 갇힙니다. 사탄이 승리하는 것 같은 길입니다. 예수님도 그렇게 십자가에서 돌아가셨습니다. 그러나 결국 그 길이 승리의 길입니다. 하나님께서 그 길을 통하여 예수님을 증거하게 하고 복음을 선포하게 하여 영혼들을 깨웁니다.

용과 두 짐승은 삼위일체 하나님을 흉내 내며 사람들을 미혹하고 성도들을 위협합니다. 오늘 독재국가에서 이런 일들이 일어납니다. 현실의 삶을 택할 것인가 아니면 예수님을 택할 것인가를 요구합니다. 그럴 때에 어떻게 하겠는가? 계시록의 관점을 잘 깨닫고 믿는다면 예수님을 택할 것입니다.

현대 교회여! 정신 차리라. 성령과 말씀에 바로 서라. 오직 예수,

오직 믿음, 오직 은혜, 오직 말씀에 바로 서야 사탄의 궤계를 꿰뚫어 보아 짐승의 표를 받지 않을 수 있다. 깨어 일어나 주 만 바라라.

소그룹 공부를 위한 질문

1. 세 번째 이적이 나오는 요한계시록 13장에 두 짐승이 등장합니다. 첫째 짐승의 모양은 어떠합니까?

2. 그 짐승의 정체는 무엇입니까?계 13:1-10

3. 네 번째 이적에서 두 번째 등장하는 짐승을 첫째 짐승과 비교해 보십시오. 그가 어떤 일을 합니까?

4. 짐승의 표666는 무엇을 뜻합니까? 오늘날에도 짐승의 표가 있을까요?

23강
십사만사천인 요한계시록 14장

죄 외에는 두려워하지 않고, 하나님 외에는 바라지 않는 사람
백 명만 내게 다오. 내가 세상을 흔들겠노라.
- 존 웨슬리(John Wesley) -

어느 분이 만든 풍자입니다. 외과의사 4명이 대화를 했습니다.

첫 번째 의사가 말합니다. "나는 도서관 직원들이 가장 쉽더라. 그 사람들 뱃속의 장기는 가나다순으로 정렬되어 있거든…."

두 번째 의사가 말합니다. "난 회계사가 제일 쉽던데. 그 사람들 내장엔 전부 일련번호가 있거든…."

세 번째 의사가 말합니다. "난 전기 기술자가 제일 쉽더라, 그 사람들 혈관은 색깔별로 구분되어 있잖아…."

네 번째 의사가 말합니다. "난 정치인들이 제일 쉽더라고, 그 사람들은 골이 비어 있고, 뼈대도 없고, 쓸개도 없고, 소갈머리나 배알도 없고, 심지어 안면도 없잖아. 그리고 속을 뒤집어 헤치면 '돈' 만 나오거든."

과연 그리스도인의 속을 헤치면 무엇이 나와야 합니까? 아니, 내 속을 헤치면 무엇이 나와야 할까요? 십사만 사천에 속하는 자의 속을 헤치면 예수님이 쏟아져 나와야 합니다.

1. 다섯 번째 이적 : 십사만 사천인과 그들의 새 노래

하나님을 모방하는 악랄한 사탄의 활동이 극대화 될 때 예수님은 요한에게 또 다른 환상을 보여주십니다. 1절입니다. "또 내가 보니 보라 어린 양이 시온 산에 섰고 그와 함께 십사만 사천이 서 있는데 그들의 이마에는 어린 양의 이름과 그 아버지의 이름을 쓴 것이 있더라." 하나님나라에서 일어나는 일들입니다. 어린양이 시온 산에 섰고 그와 함께 하는 십사만 사천이 섰는데 이마에는 어린양의 이름과 아버지의 이름을 쓴 것이 있다고 했습니다.

아버지의 이름보다 어린양 예수 이름이 먼저 나오는 것에 주의를 기울여야 합니다. 어린양의 이름을 쓴 것은 어린양의 피로 죄를 씻은 자들로, 어린양 예수님의 사람이 된 자는 하나님 아버지에게 속하게 됩니다. 어린양 예수님을 찬양합니다.

2절입니다. "내가 하늘에서 나는 소리를 들으니 많은 물 소리와도 같고 큰 우렛소리와도 같은데 내가 들은 소리는 거문고 타는 자들이 그 거문고를 타는 것 같더라" 이것은 앞의 짐승의 표를 받은 자들과 대조적입니다. 분위기도 13장과는 전혀 다릅니다. 13장이 두려움이면, 14장은 아름답고 평화롭습니다. 13장은 죽음의 무서운 분위기이지만, 14장에는 어린양의 인을 받은 자들을 위한 천사들의 노래가 있습니다. 이 노래는 새 노래로 구원을 노래합니다. 새 노래를 부르는 이들은 누구이며 구원의 노래는 누가 부르는가?

구원의 노래는 어린양께 속한 자만 부릅니다. 누가 어린양에게 속한 자입니까? 4-5절에 이들을 설명합니다. "이 사람들은 여자와 더불어 더럽히지 아니하고 순결한 자라 어린 양이 어디로 인도하든지 따라가는 자며 사람 가운데에서 속량함을 받아 처음 익은 열매로 하나님과 어린 양에게 속한 자들이니 그 입에 거짓말이 없고 흠이 없는 자들이더라"

여자는 영육간의 음란한 행위를 의미합니다. 어린양에게 속한 자들은 세상 길 따라 자신을 더럽히지 않는 자, 어린 양 예수님의 인도하심에 따라 어디든지 가는 자들입니다. 6-7절입니다. "또 보니 다른 천사가 공중에 날아가는데 땅에 거주하는 자들 곧 모든 민족과 종족과 방언과 백성에게 전할 영원한 복음을 가졌더라 그가 큰 음성으로 이르되 하나님을 두려워하며 그에게 영광을 돌리라 이는 그의 심판의 시간이 이르렀음이니 하늘과 땅과 바다와 물들의 근원을 만드신 이를 경배하라 하더라"

첫 번째 천사의 메시지는 하나님의 심판이 임박하였음을 선포합니다. 하나님을 두려워하며 하나님께 영광을 돌리라고 권합니다. 이것도 복음입니다. 사망을 면하게 하는 길을 알려주는 것입니다. 반면, 십사만 사천이 상징하는 예수님의 교회는 어린양께 속한 자입니다. 아무에게도 빼앗기지 않는 어린양의 영원한 표를 영적 이마에 받고 어린양에게 속한 자입니다. 예수님의 양들이여! 기쁨의 노래를 부르라. 마지막 승리가 함께 하리라.

2. 여섯 번째 이적 : 세 천사의 메시지와 큰 성 바벨론

8절입니다. "또 다른 천사 곧 둘째가 그 뒤를 따라 말하되 무너졌도다 무너졌도다 큰 성 바벨론이여 모든 나라에게 그의 음행으로 말미암아 진노의 포도주를 먹이던 자로다 하더라." 두 번째 천사의 메시지14:8는 큰 성 바벨론이 무너졌다는 것입니다. 무너졌도다를 두 번 반복하는 것은 확실하게 무너진다는 선포입니다. 바벨론은 아직 무너지지 않았습니다. 18장에 가서야 무너집니다. 그러나 여기서 이미 무너졌다고 선포하는 것은 확실한 미래의 사실임을 알리는 것입니다. 판사가 "사형을 선고한다"라고 할 때와 같은 표현입니다.

9-11절은 세 번째 천사의 메시지를 전합니다. "또 다른 천사 곧 셋째가 그 뒤를 따라 큰 음성으로 이르되 만일 누구든지 짐승과 그의 우상에게 경배하고 이마에나 손에 표를 받으면 그도 하나님의 진노의 포도주를 마시리니 그 진노의 잔에 섞인 것이 없이 부은 포도주라 거룩한 천사들 앞과 어린 양 앞에서 불과 유황으로 고난을 받으리니 그 고난의 연기가 세세토록 올라가리로다 짐승과 그의 우상에게 경배하고 그의 이름 표를 받는 자는 누구든지 밤낮 쉼을 얻지 못하리라 하더라."

짐승의 표를 받고 따르는 자는 현실에서는 편안할지라도 하나님의 심판이 이르면 영원한 멸망과 고통의 심판을 받는다고 경고합니다.

이 세 천사이 메시지는 결국 무엇을 의미하는가? 나가오는 마지막 화의 심판이 이르기 전에 회개하고 하나님께 돌아오도록 멸망당할 죄인들을 부르는 하나님의 음성을 들려주는 것입니다.

12절에 이때 성도가 인내로 믿음을 지켜야 함을 예고합니다. "성도들의 인내가 여기 있나니 그들은 하나님의 계명과 예수에 대한 믿음을 지키는 자니라." 짐승의 표를 받고 금세에 평안을 누리던 자들이 심판의 때에는 영원한 고통의 자리에 들어가는 것과 달리 주안에서 죽는 자들, 즉 생명을 걸고 믿음을 지키는 자들은 영원한 안식을 누릴 것을 성령께서 13절에 선포합니다. "또 내가 들으니 하늘에서 음성이 나서 이르되 기록하라 지금 이후로 주 안에서 죽는 자들은 복이 있도다 하시매 성령이 이르시되 그러하다 그들이 수고를 그치고 쉬리니 이는 그들의 행한 일이 따름이라 하시더라."

어린양의 사람들은 현실에 매여 근시안적으로 살지 않습니다. 미래에 소망을 두고 삽니다. 삶의 현장이 어려울수록 더욱 하나님을 가까이 해야 합니다. 우리가 사는 이때가 그 때는 아닌가?

3. 일곱 번째 이적 : 두 종류의 추수14:14-20

(1) 알곡 추수

이 구절에서 두 종류의 추수를 보여줍니다. 14절입니다. "또 내가 보니 흰 구름이 있고 구름 위에 인자와 같은 이가 앉으셨는데 그 머리에는 금 면류관이 있고 그 손에는 예리한 낫을 가졌더라." 예리한 낫을 가진 이는 예수님이십니다. 예수님께서 추수하시는 것은 곡식입니다. 15-16절입니다. "또 다른 천사가 성전으로부터 나와 구름 위에 앉은 이를 향하여 큰 음성으로 외쳐 이르되 당신의 낫을 휘둘러 거두소서 땅의 곡식이 다 익어 거둘 때가 이르렀음이니이다 하니 구름 위에 앉으신 이가 낫을 땅에 휘두르매 땅의 곡식이 거두어지니라." 곡식은 순교자의 삶을 살며, 믿음의 정절을 지킨 자입니다. 앞서 보여준 비전의 자세한 내용이며 반복입니다. 예수님은 때가 되면 반드시 믿음의 정절을 지킨 자들을 거두십니다. 한 알도 땅에 떨어지지 않도록 세밀하게 거두어들입니다. 그날이 오기까지 성도는 믿음을 지켜야 합니다. 그날은 반드시 옵니다.

(2) 포도 추수

또 다른 추수는 포도 추수로 심판의 추수입니다. 포도 추수는 천사가 합니다. 17-18절입니다. "또 다른 천사가 하늘에 있는 성전에서 나오는데 역시 예리한 낫을 가졌더라 또 불을 다스리는 다른 천사가 제단으로부터 나와 예리한 낫 가진 자를 향하여 큰 음성으로 불러 이르되 네 예리한 낫을 휘둘러 땅의 포도송이를 거두라 그 포도가 익었느니라 하더라." 이 추수는 포도추수입니다. 포도추수의 그림은 비참합니다. 19-20절입니다. "천사가 낫을 땅에 휘둘러 땅의 포도를 거두어 하나님의 진노의 큰 포도주 틀에 던지매 성 밖에서 그 틀이 밟히니 틀에서 피가 나서 말 굴레

> **알곡 성도**
>
> 알곡 성도와 쭉정이 교인을 어떻게 분별할 것인가? 예수님께서 누가복음 9장 23절에 "아무든지 나를 따라오려거든 자기를 부인하고 날마다 제 십자가를 지고 나를 따를 것이니라." 라고 말씀하셨다. 자기를 부인하고 날마다 제 십자가를 지는 이유는 예수님만을 따르기 위함이다. 내적으로는 예수님을 따르기 위하여 예수님 아닌 것을 따르라고 유혹하는 자신을 부인하고, 외적으로는 예수님을 따르는 길을 방해하는 것들을 거부하는 걸음으로 자기 십자가를 지는 것이다.
> 알곡 성도는 예수님을 따르는 걸음을 방해하는 것을 고집스럽게 거부하고 오직 예수님만 붙잡고 사는 이들이다.

에까지 닿았고 천육백 스다디온에 퍼졌더라." 포도가 익었다는 것은 세상이 죄악으로 가득차 있다는 뜻입니다. 포도추수는 하나님의 진노 추수입니다. 추수한 포도를 성 밖에서 틀에 밟으니 피가 나서 말굴레까지 닿고 천육백 스다디온에 퍼졌다고 합니다. 이 거리는 대강 서울에서 대구까지의 거리입니다. 상징적인 거리이지만, 엄청난 장면입니다.

우리는 어떤 추수에 속할 것인가? 곡식 추수인가 포도추수인가? 지금 결정해야 합니다. 주님이 부르실 때에 곡식추수의 자리에 있는 자들이여! 더욱 믿음을 견고하게 하라!

소그룹 공부를 위한 질문

1. 다섯 번째 이적이 나오는 요한계시록 14장 1-6절에 나오는 십사만 사천인은 어떤 표를 지닌 사람들이며, 그들은 누구에게 속했습니까? 그들이 부르는 새 노래는 어떤 것일까요?

2. 여섯 번째 이적이 나오는 요한계시록 14장 7-13절까지 세 천사의 메시지는 어떤 내용입니까? 큰 성 바벨론의 정체는 무엇일까요?

3. 일곱 번째 이적이 나오는 요한계시록 14장 14-20절까지는 어떤 장면이 나옵니까? 예리한 낫을 가진 이는 누구이며 두 종류의 추수를 비교해 보십시오.

4. 이상에서 현대 그리스도인과 교회가 배워야 할 교훈은 어떤 것일까요?

제4부 '일곱 나팔과 일곱 이적'의 에필로그

'마지막 신호' 비평과 666

한국 교인들 집에 이 책들이 없는 가정이 없을 정도라는 말을 듣고 『마지막 신호』, 『마지막 성도』 라는 책을 읽었다. 읽고 내린 결론은 사서 볼 책이 아닌 데도 불구하고 베스트셀러가 된 책이라는 것이다. 세계통합음모론에 대한 그럴듯한 증거들을 제시하면서 공포 분위기를 조성하고 조심하라고 경고한다.

저자에 의하면 세상 역사가 이 음모론을 꾸미는 자들에 의해서 움직이고 있으며 그 마지막 단계가 생체칩(베리칩)을 사용해서 세상을 조종한다는 이론이다. 그리고 베리칩은 666이니 받지 말라고 주장한다.

666을 공부해보면 이 책의 주장이 얼마나 황당한지를 알 수 있다. 요한계시록 13:18절에서 사탄이 하나님의 흉내를 내면서 기적과 권력과 경제를 사용하여서 사람들로 하여금 예수님 대신 그를 따르도록 강요한다. 그런 의미에서 666은 이미 시작되었다. 문서로나 어떤 형태로든지 지상에서의 생존을 위해서 예수님을 부인하고 하나님을 대적하는 자를 따르는 모든 행위는 666을 받는 것이다. 베리칩을

666이라면 이마나 손에 베리칩을 받았다가도 그 칩만 파내버리면 되는 것이 아닌가?

베리칩을 받지 않는 것이 666의 표를 받지 않는 것이 아니다. 666을 받지 말라는 것은 '언제 어떤 위협에도 오직 예수님을 믿는 믿음의 정절을 지키라'는 말씀이다. 『마지막 신호』의 저자는 666이 전하는 영적 원리를 물리적 차원으로 끌어내리는 오류를 범한다. 그리고 마치 세계를 통합하고 다스리려는 음모를 꾸미는 자들에 의해서 온 세상이 돌아가고 있는 것처럼 공포분위기를 이끌어내며 자신의 주장을 그럴 듯하게 포장한다. 하지만 세상은 여전히 하나님의 손 안에서 벗어나지 않는다는 사실을 잊지 말아야 한다.

『마지막 신호』의 저자가 다 거짓말을 썼다면 아무도 믿지 않았을 것이다. 그가 단편적인 사건들을 공포적으로 나열하고, 성경을 교묘하게 적용한다. 가짜를 진짜와 섞어서 가짜를 진짜처럼 부각시켰기 때문에 사람들이 현혹당한다. '하나님의 군대여 일어나 깰 때'라며 성경구절도 사용한다. 666의 본질적 의미는 뒷전이 되게 한다. 진짜와 너무나 흡사하기 때문에 목회자들도 속는다. 단편적인 사실들을 교묘하게 엮어서 독자들의 생각을 예수님으로부터 살짝 벗어나게 하면서 자신의 주장을 정당화시킨다. 『마지막 신호』의 저자는 자신이 또 하나의 마지막 신호가 된 줄 모르고 자신도 속고 남들도 속게 하는 것을 보르는가?

5
일곱 대접 재앙과 큰 성 바벨론

24강
모세의 노래 계시록 15장

보라 세상 죄를 지고 가는 하나님의 어린 양이로다.
- 요한복음 1장 29절 -

명지휘자 리첼Reichel이 메시아 공연을 위해 대형 오케스트라와 연습하고 있었습니다. "나는 내 구주 사신 것을 아네."I know that my Redeemer liveth. 라는 대목의 후렴부분에서 소프라노가 독창하는 순간이었습니다. 다른 단원들은 침묵하고 소프라노가 우아하게 자신 있는 목소리로 그 대목을 노래하였습니다. 완벽하게 불렀습니다. 숨 쉬는 것도, 음정도 악보에 적힌 대로 정확하게 불렀습니다. 그리고 그 목소리가 점점 낮아지며 마지막 음을 멋지게 소화했습니다. 모든 단원은 리첼이 고개를 끄떡이며 칭찬할 줄 알았습니다. 그런데 그는 지휘석에서 내려와서 소프라노 가수에게 다가가서 슬픈 표정으로 말했습니다. "딸아 너는 네 구주가 살아계신 것을 정말 모르는 것 같구나?" "무슨 말씀이세요? 저 잘 알아요."라고 그 가수는 창피함을 느끼며 대답했습니다. 그러자 리첼은 "그러면 그렇게 불러야지."라고 소리를 빽 질렀습니다. "그렇게 불러봐. 그래서 나와 네 노래를 듣는 다른 사람들이 구주께서 살아계신 기쁨과 힘을 느껴야지!" 그리고는 지휘석으로 돌아가서 다시 부르도록 신호를 하였습니다. 이번에 그 솔로리스트는 자신의 노래 기술은 잊어버렸습니다. 그리고 영으로 구주를 찬양하였습니다. 그때 메시아 공연은 단순한 음악이 아니라 신앙 고백이 되었습니다.

요한계시록 15장에는 '모세의 노래'가 나옵니다. 음악은 하나님께서 인간에게 주신 매우 신비로운 축복입니다. 끊임없는 창조의 증거품입니다. 지금까지 수많은 노래가 작곡되고 불려지지만, 여전히 새로운 노래가 만들어집니다. 우리에게 음악 없는 인생은 상상할 수도 없습니다. 노래가 없다면 얼마나 삭막하겠습니다. 성경에도 수많은 노래가 기록되어 있고, 시편 150편은 전부 노래입니다. 계시록에도 많은 노래가 기록되어 있습니다. 우리는 어떤 노래를 부르고 살아갑니까?

1. 마지막 재앙의 경고

일곱 대접 재앙은 세 번째 화로서 마지막 재앙입니다. 일곱 대접은, 일곱 우레를 일곱 시리즈 재앙에 포함한다면, 일곱 번째 우레의 확대이며, 일곱째 나팔의 현미경적 계시입니다. 일곱 우레 재앙은 마지막 재앙의 시작이요 일곱 대접은 마지막 재앙의 결론에 해당합니다. 이제 마지막 심판이 준비되었습니다. 하나님께서 마지막 심판을 하실 때가 온다는 뜻입니다. 요한계시록 15장은 마치 마지막 행사의 시작을 알리는 예식과 같은 장면입니다.

1절에 "하늘에 크고 이상한 다른 이적"을 보았다고 합니다. 이것은 본격적으로 재앙이 시작되는 신호입니다. 이적의 내용은 일곱 천사가 일곱 재앙을 가졌다는 것입니다. 또한 일곱 대접은 "마지막 재앙이라 하나님의 진노가 이것으로 마치리로다"라고 경고합니다. 하나님의 진노가 마친다는 것은 하나님의 구원역사가 완성됨과 함께 죄인들이 회개하고 하나님께로 돌아오기를 기다려 주시는 하나님의 인내는 끝이 난다는 것을 뜻합니다. 재앙을 뜻하는 헬라어 플레게의 어원은 '때리다'로서 구타나 채찍질과 같은 의미를 지닙니다. 일곱 시리즈 재앙은 아버지가 방탕한 자녀를 돌이키는 마지막 수단과 같습니다. 때려서라도 아들을 돌이키시려는 것입니다. 마지막 재앙이라는 것은 마지막까지 포기하지 않으시고 죄인들을 돌이키시려는 하나님의 애절한 심정을 진하는 것입니다. 에덴동산에서 바시박 선댁을 해 버린 인간에게 하나님께서 "아담아 네가 어디 있느냐?"라고 부르시니 인간은 숨으려고 했습니다. 또 그들에게 "내가 네게 먹지 말라 명한 그 나무 열매를 먹었느냐?"라고 책망하실 때에도 인간은

이적 체험

이적 체험을 신비한 물리적 현상으로만 보는 것은 위험한 생각이다. 계시록 12장에서 이적이라는 단어와 요한복음에 나오는 표적은 같은 단어다. 성경적 이적과 표적은 예수님을 드러내는 것이다. 그러므로 이적체험은 예수님을 체험하는 것이다. 예수님의 사람들은 날마다 이적을 체험하며 산다. 묵상 중에 만나는 예수님, 기도 중에 들리는 주의 음성, 성경을 공부하거나 읽으면서 체감하는 예수님의 임재, 말씀을 들으면서 믿어지는 예수님의 사랑, 이 모든 것들이 이적의 체험이다. 우리의 재주로는 만들어 낼 수 없는 체험들이다. 그러므로 진정한 예수님의 사람은 날마다 일마다 이적을 체험하며 산다. 때로 물리적 현상으로도 예수님을 체험한다면 그도 이적의 체험이다.

변명과 핑계로 하나님께 책임을 돌렸습니다. "하나님이 내게 주셔서 나와 함께 있게 하신 여자 그가 그 나무 열매를 내게 주었으므로 내가 먹었나이다." 이렇게 하나님을 거부한 죄인들을 구원하시려는 하나님의 인내는 이제 끝에 이릅니다.

2. 모세의 노래와 어린 양의 노래

(1) 모세의 노래

15장은 일곱 대접 심판이 시작되기 전의 막간입니다. 구원 받은 백성이 부르는 노래를 보여줍니다. 마지막 주제곡과 같은 분위기입니다. 이 노래를 모세의 노래, 어린양의 노래라고 하였습니다. 모세의 노래는 출애굽기 15장에서 시작되었습니다.

출애굽기 15장 1-18절까지의 내용을 분석하면 1-3절은 여호와의 권능, 4-12절은 바로의 병거와 그의 군대를 홍해에 잠기게 하신 하나님의 위대하심, 13-18절은 이방나라들을 통과하게 하여 성소로 인도하시는 여호와에 대한 찬양입니다. 즉, 과거에서 미래로 향하는 노래입니다. 출애굽한 후 광야에서부터 성소로 인도하실 미래를 향한 예언의 찬양이었습니다. 그 절정은 종착지를 예언한 17-18절로서 하나님이 영원히 다스리실 나라입니다. "주께서 백성을 인도하사 그들을 주의 기업의 산에 심으시리이다 여호와여 이는 주의 처소를 삼으시려고 예비하신 것이라 주여 이것이 주의 손으로 세우신 성소로소이다 여호와께서 영원무궁 하도록 다스리시도다 하였더라."

여호와께서 영원무궁토록 다스리실 이 나라는 인간이 잃어버린 에덴동산, 즉 하나님나라의 회복을 의미합니다. 그러므로 모세의 노래는 예언의 노래로서 메시아 왕국을 예언합니다.

그러나 출애굽하여 가나안으로 들어간 이스라엘로서는 메시아 왕국 예언이 이루어지지 않았습니다. 다시 말하면 모세의 노래는 미완성이었습니다. 출애굽기 15장은 모세의 노래를 시작하는 첫 가사였을 뿐입니다. 그러면 모세의 노래는 언제 완성되는가? 바로 계시록 15장에서 마지막 가사가 불러집니다. 그 가사의 제목이 바로 어린 양의 노래입니다. 모세가 시작한 구원의 노래는 어린 양에게 이어지며, 다시 오실 어린 양이 완성합니다. 우리의 삶의 이야기와 교회의 역사는 모세의 노래 첫절과 마지막절 사이의 가사입니다. 어떤 가사를 쓰고 있는지 깊이 묵상하며 살 것입니다.

(2) 어린 양의 노래

2절에 거문고를 가진 일곱 천사가 3-4절에서 모세의 노래의 마지막 가사인 어린 양의 노래를 부릅니다. "주 하나님 곧 전능하신 이시여 하시는 일이 크고 놀라우시도다 만국의 왕이시여 주의 길이 의롭고 참되시도다 주여 누가 주의 이름을 두려워하지 아니하며 영화롭게 하지 아니하오리이까 오직 주만 거룩하시니이다 주의 의로우신 일이 나타났으매 만국이 와서 주께 경배하리이다."

전능하신 주 하나님이 하시는 일은 크고 놀랍다고 노래합니다. 첫째, 하나님께서 하신 구원의 일은 놀랍습니다. 가장 놀라운 일은 독생자를 희생시키셔서 무너진 공의를 세우시고 회개하고 예수님을 믿는 모든 자를 구원하시는 일입니다. 둘째, 만국의 왕이신 하나님께서 행하시는 모든 길은 의롭고 참됩니다. 이것은 재앙을 포함합니다. 하나님의 재앙은 하나님의 공의를 이루고 하나님나라를 온전히 세우는 의롭고 참된 것입니다.

4절에 이때가 되면 만인이 하나님을 두려워하며 하나님을 영화롭게 합니다. 오직 하나님 한분만이 거룩하십니다. 주의 의로우신 일이 나타났다는 것은 하나님의 심판과 메시아 왕국의 도래를 의미합니다. 메시아 왕국에서는 만국 백성이 오직 한 분이신 주님을 경배합니다. 짐승의 권세는 빛을 잃고 메시아 왕국만이 서게 될 것입니다.

이 노래를 부르는 자들은 누구입니까? 구원 받은 백성입니다. 짐승과 그의 우상과 그의 이름의 수를 이기고 벗어난 자들입니다. 세상 요구와 유혹을 이긴 자들입니다. 이들이 부르는 모세의 노래는 어떤 의미를 지니는가?

이스라엘로 하여금 홍해를 건너게 하시고 뒤따르던 애굽 군대를 수장시켜 구원하신 하나님의 엄청난 능력과 은혜로 말미암아 이스라엘이 드리는 감사의 노래입니다. 이제 들어가야 할 가나안 땅을 향하여 순례의 길을 가는 이스라엘 백성에게는 승리의 노래입니다. 대적자들이 철저하게 멸망당하고 하나님의 백성은 끝내 승리의 약속의 땅으로 들어갈 것을 예고합니다. 어린 양의 노래로 모세의 노래는 결론이 나는 것입니다.

모세의 노래와 어린 양의 노래의 차이점이 무엇인가? 모세의 노래는 홍해를 건넌 후에 불렀지만, 어린 양의 노래는 마지막 재앙이 오기 전에 부릅니다. 이것은 마지막 재앙이 확실하다는 경고장입니다. 어린 양의 노래가 불리면 마지막 재앙이 쏟아지고 영원한 출애굽이 일어나며, 다시는 건널 수 없는 영원한 분리가 임합니다. 모세가 시작한 노래를 어린 양이 결론 내리십니다.

3. 임박한 마지막 재앙

요한계시록 15장 5-8절입니다. "또 이 일 후에 내가 보니 하늘에 증거 장막의 성전이 열리며 일곱 재앙을 가진 일곱 천사가 성전으로부터 나와 맑고 빛난 세마포 옷을 입고 가슴에 금 띠를 띠고 네 생물 중의 하나가 영원토록 살아 계신 하나님의 진노를 가득히 담은 금 대접 일곱을 그 일곱 천사들에게 주니 하나님의 영광과 능력으로 말미암아 성전에 연기가 가득 차매 일곱 천사의 일곱 재앙이 마치기까지는 성전에 능히 들어갈 자가 없더라."

어린 양의 노래 후에 하늘의 증거 장막이 열리며 일곱 재앙을 가진 일곱 천사가 맑고 빛난 세마포 옷을 입고 가슴에 금띠를 띠고 준비를 마칩니다. 이는 대제사장 복장입니다. 이들은 대제사장 예수님의 명을 받고 네 생물에게서 마지막 재앙의 권세를 받습니다. 그것이 일곱 대접입니다. 애굽 백성이 장자가 죽임을 당하면서도 끝까지 하나님의 백성을 괴롭게 하다가 파멸당한 것과 같이 끝까지 하나님께 도전하던 사탄이 철저하게 멸망당할 때가 온 것입니다.

6절에 나오는 일곱 재앙을 가진 일곱 천사의 모습은 장엄합니다. 하나님의 백성을 구원하려면 필히 신행되어야 할 것은 하나님 백성의 원수들이 심판 받는 것입니다. 이것이 마지막 재앙입니다. 이스라엘을 불러내시려고 장자를 치신 하나님의 재앙은 오직 하나님의 백성을 새 하늘 새 땅으로 들이시기 위함입니다. 모세의 노래는 그 하나님의 심판을 노래합니다. 그 이후에 영원한 약속의 땅 새 하늘과 새 땅으로 들어가게 됩니다.

4. 모세의 노래와 우리의 노래

예수님의 사람들이 삶으로 쓰는 이야기도 모세의 노래 가사가 되어 첫 절출15장과 마지막 절계15장 사이의 가사들을 채워가는 것입니다. 나의 삶으로 쓰는 모세의 노래 가사는 어떠한가? 우리의 삶으로 모세의 노래 가사를 적는 것은 어린양의 노래 가사를 완성하는 가사가 됩니다. 나는 어떤 가사를 삶으로 적고 있습니까? 우리가 부를 노래는 어떤 노래입니까? 음악의 음은 12음이 있습니다. 그 음들을 조합하여 수많은 노래가 작곡되고 불립니다. 노래도 골라서 불러야 합니다. 세상 노래는 감미롭지만, 우울합니다. 세상 노래는 요란하고 신이 나지만, 가치와 의미를 파괴합니다. 인간의 귀에는 아름답고 감상적이라도 하나님의 귀에는 불협화음일 수 있습니다. 우리는 목소리뿐만 아니라 삶으로 노래하는 사람들입니다.

알프스의 어떤 목동이 양을 치면서 피리를 즐겨 불었습니다. 그는 라디오 방송국에 편지를 보냈습니다. 모일 모시에 산속에서 양을 칠 것이니 그때에 피리 소리를 조율하도록 C음을 내어달라는 부탁이었습니다. 신비한 것은 세상 어느 민족에게나 C음은 다 있습니다.

음악의 C음은 모든 음의 기초가 되듯이 우리 노래의 핵심은 예수님이십니다. 구원의 노래를 부르며 사십시다. 예수님의 노래 가사를 적으며 사십시다. 모세의 노래가 멋지게 완성되기까지!

소그룹 공부를 위한 질문

1. 요한계시록 15장에서는 어떤 일이 일어납니까?

2. 출애굽기 15장의 모세의 노래와 계시록 15장의 모세의 노래를 비교해 보십시오.

3. 모세의 노래와 어린 양의 노래와 우리의 삶은 어떤 관계가 있습니까?

25강

일곱 대접 재앙 계시록 16장

예수로 죽고 예수로 살으사이다
- 주기철 -

1941년 12월 7일 353대의 일본 폭격기가 두 시간 만에 하와이 진주만을 쑥대밭으로 만들었습니다. 항공모함 1척, 6개의 공항, 거의 모든 항공기를 파괴했으며, 2400명이 사망했습니다. 이 공습은 아침 7시 50분에 시작되었습니다. 그러나 이보다 50분 전인 7시경에 상황실 레이더에 검은 점들이 포착되었고, 곧 레이더 전체에 깔렸습니다. 이 보고를 받은 장교는 켈리포니아에서 비행기들이 몰려오는가보다 라며 오히려 사람들을 수용할 준비를 하라고 하였습니다. 만약, 이 장교가 위기 상황을 제대로 판단하고 행동했다면 사건은 전혀 다른 역사가 되었을 것입니다.

요한계시록에 계시된 재앙은 영적 경보와 같습니다. 지혜로운 자는 경보를 경보로 받아들일 것이며, 미련한 자는 경보를 경보로 알아보지 못하고 고집스럽게 버티다가 재앙을 받게 될 것입니다.

1. 처음 네 가지 재앙과 독특한 점

(1) 처음 네 가지 재앙과 복음적 메시지

첫째 대접2절 : "첫째 천사가 가서 그 대접을 땅에 쏟으매 짐승의 표를 받은 사람들과 그 우상에게 경배하는 자들에게 악하고 독한 종기가 나더라" 악하고 독한 종기가 오직 짐승의 표를 받은 자와 그에게 경배하는 자에게 납니다. 이것은 또한 어린 양의 인을 맞은 하나님의 백성은 이 재앙을 받지 않는다는 것을 의미합니다. 이것은 마치 출애굽 당시 애굽 백성과 이스라엘 백성을 구별하신 하나님의 역사가 재현되는 것 같습니다.

둘째 대접3절 : "둘째 천사가 그 대접을 바다에 쏟으매 바다가 곧 죽은 자의 피 같이 되니 바다 가운데 모든 생물이 죽더라." 바다가 죽은 자의 피같이 되니 모든 바다 생물이 죽습니다. 인류의 어머니라고 불리는 바다가 오염되어 못쓰게 됩니다. 지표의 대부분을 차지하는 바다가 오늘처럼 건강하게 존재하는 것은 사람 때문이 아니라 오직 하나님께서 지켜주시는 은혜입니다. 그러나 인간은 종말의 심판이 이르러서야 인정하게 될 것입니다. 둘째 대접 재앙이 임하므로 바다가 죽고 그 안의 모든 생물이 죽습니다.

셋째 대접4절 : "셋째 천사가 그 대접을 강과 물 근원에 쏟으매 피가 되더라." 강과 물 근원에 대접을 쏟으니 피가 됩니다. 5-7절에서 심판의 의로움을 노래합니다. "내가 들으니 물을 차지한 천사가 이르되 전에도 계셨고 지금도 계신 거룩하신 이여 이렇게 심판하시니 의로우시도다 그들이 성도들과 선지자들의 피를 흘렸으므로 그들에게 피를 마시게 하신 것이 합당하니이다 하더라 또 내가 들으니 제단이 말하기를 그러하다 주 하나님 곧 전능하신 이시여 심판하시는 것이 참되시고 의로우시도다 하더라." 하나님의 심판이 의로운 이유는 선지자의 피를 흘렸으니 피를 마시는 것이 합당하다며 하나님의 심판은 의로우시다고 합니다. 재앙의 이유는 이렇게 하나님을 거역하고 하나님의 사람들의 생명을 취한 것입니다.

넷째 대접 8절 : "넷째 천사가 그 대접을 해에 쏟으매 해가 권세를 받아 불로 사람들을 태우니." 해가 권세를 받아 불로 사람을 태웁니다. 영원히 지구상에 빛을 비출 것처럼 보이던 해가 사람을 태우는 해로 변합니다. 하나님께서 빛의 도구로 삼으셨던 태양도 이제는 인간을 벌하는 도구일 뿐입니다. 이런 재앙가운데서도 사람들은 하나님의 이름을 훼방하며 회개하여 하나님께 영광 돌리지 않습니다. 9절입니다. "사람들이 크게 태움에 태워진지라 이 재앙들을 행하는 권세를 가지신 하나님의 이름을 비방하며 또 회개하지 아니하고 주께 영광을 돌리지 아니하더라." 여기서 다시 계시록의 복음적 성격을 보여줍니다. 하나님께서는 마지막 재앙까지도 죄인들이 돌아오기를 기대하십니다. 그럼에도, 주께 영광을 돌리지 아니합니다. 오히려 회개하지 않으면서 하나님의 이름을 비방합니다. 이제 인간에게는 소망이 끊어진 것입니다. 비참한 인간상입니다. 종말의 때에 드러나는 망가질대로 망가진 인간의 모습입니다. 악으로 충만하여서 선의 자리는 조금도 없는 인간성의 완전파멸을 보여줍니다.

(2) 복음적 메시지

대접 재앙의 중심 메시지는 무엇인가? '회개하라' 입니다. 마지막 기회입니다. 재앙은 회개케 하시려는 하나님의 마지막 방법입니다. 더는 기회가 없습니다. 인생에서 "기회"는 너무나 소중합니다.

교회여! 이 복음을 선포하라. 저들에게 주신 하나님의 기회를 알리라! 이것이 무엇보다도 긴급한 사명이다.

오늘 이 사명을 깨닫고 실천하는 교회는 복 있는 교회입니다.

2 다섯째 대접과 대접 재앙의 독특성

(1) 다섯째 재앙 : 다섯째 대접

요한계시록 16장 10절입니다. "또 다섯째 천사가 그 대접을 짐승의 왕좌에 쏟으니 그 나라가 곧 어두워지며 사람들이 아파서 자기 혀를 깨물고." 다섯째 대접은 짐승의 보좌에 직접 쏟아 부어집니다. 큰 성 바벨론도 하나님의 심판 앞에서는 무력합니다. 짐승의 나라가 어두워지고, 사람들이 아파서 자기 혀를 깨물어야 할 정도의 고통이 임합니다. 그런데도 사람들은 하나님을 훼방하고 저희 행위를 회개치 아니합니다. 11절 입니다. "아픈 것과 종기로 말미암아 하늘의 하나님을 비방하고 그들의 행위를 회개하지 아니하더라." 하나님의 안타까운 마지막 심판 직전의 음성입니다. 판사가 마지막 판결을 선포하기 전에 최종 기회를 주는 것과 같습니다. 얼마나 악한 세대인가! 자신들이 망해 가는 것을 눈앞에서 보고도 돌이키지 아니하니 이야말로 기가 막힌 장면입니다. 마치 흉악한 사형수가 사형대 앞에서 죽음을 눈앞에 두고도 회개 대신 악을 쓰면서 난동부리는 장면과 같습니다.

(2) 독특한 점

여기서 한 가지 유의 할 것이 있습니다. 이전에는 넷째 재앙 다음에 막간의 삽입 내용이 있었으나 대접 재앙에서는 다음 재앙을 바로 진행합니다. 하나님의 심판의 속도가 대단히 빠르게 진행됩니다. 마지막 때가 아주 임박했다는 증거입니다. 이제 더는 기회도 없습니다. 마지막 재앙이라는 뜻입니다. 하나님께서 부르실 때 그 기회를 놓치는 것보다 더 안타까운 일은 세상에 없습니다.

3. 여섯째와 일곱째 대접 재앙과 재앙을 받는 자들

(1) 마지막 두 대접 재앙

여섯째 대접 : 12-14절 "또 여섯째 천사가 그 대접을 큰 강 유브라데에 쏟으매 강물이 말라서 동방에서 오는 왕들의 길이 예비되었더라 또 내가 보매 개구리 같은 세 더러운 영이 용의 입과 짐승의 입과 거짓 선지자의 입에서 나오니 그들은 귀신의 영이라 이적을 행하여 온 천하 왕들에게 가서 하나님 곧 전능하신 이의 큰 날에 있을 전쟁을 위하여 그들을 모으더라." 큰 강 유브라데에 쏟으니 동방에서 오는

왕들의 길이 예비 되었습니다. 개구리 같은 세 더러운 영이 용의 입과 짐승의 입과 거짓 선지자의 입에서 나옵니다. 이들은 귀신의 영입니다. 이적을 행하여 천하의 임금들을 모읍니다. 큰 날의 전쟁을 위해서입니다. 저들은 이제 마지막 길에 서 있습니다. 이들은 아마겟돈 전쟁을 위해 모입니다.

15절의 메시지를 들어 보십시오. "보라 내가 도둑 같이 오리니 누구든지 깨어 자기 옷을 지켜 벌거벗고 다니지 아니하며 자기의 부끄러움을 보이지 아니하는 자는 복이 있도다." 도적같이 오실 어린양을 깨끗한 옷을 입고 맞이하는 자는 복 있습니다.

16절 "세 영이 히브리어로 아마겟돈이라 하는 곳으로 왕들을 모으더라." 원문에는 세 영이라는 표현이 나오지 않고 '그가 모으더라' 라고 되어 있습니다. 개역개정에 세 영이라고 한 것은 13절의 세 더러운 영을 표현한 것입니다. 용의 입과 짐승의 입과 거짓 선지자의 입에서 나오는 세 영입니다. 또 원문에 이들을 단수로 표현한 것은 이들의 정체가 삼위일체 하나님을 흉내 내는 사탄이라는 것을 알려줍니다. 아마겟돈이라는 장소에 대하여는 여러 가지 해석이 있습니다. 1. 갈릴리의 므깃도, 2. 갈멜산, 3, 집회의 산, 4. 예루살렘, 5. 약탈의 산, 6. 상징적 장소로 하나님을 대적하려고 세상 왕들이 모이는 장소 등입니다.

아마겟돈은 상징적으로 해석하는 것이 옳습니다. 장소에 대해 큰 비중을 둘 필요는 없습니다. 악한 영, 사탄은 아무리 힘을 쓰고 세상 권세를 모아도 하나님을 대적하지 못하고 성자 예수님의 주석같이 빛나는 강한 발계1:15에 짓밟힌 존재입니다. 예수님의 세력과 사탄의

아마겟돈의 실체

아마겟돈을 예수님과 사탄이 벌리는 최후 격전지로 보는 경향이 있다. 이것은 세대주의의 영향이다. 마치 예수님과 사탄이 막상막하의 힘으로 대적하다가 끝내 예수님이 승리하는 드라마의 막장처럼 여긴다. 천만의 말씀이다.
아마겟돈의 실체는 사단이 예수님 앞에서 심판 받는 곳이다. 아마겟돈의 전투는 없다. 사탄은 예수님 앞에서 아무런 힘도 발휘하지 못한다. 그 증거들이 있다. 예수님께서 세상에 메시아로 오셔서 사역하실 때에 수없는 귀신들이 예수님의 말씀에 복종하였고 귀신들의 괴수인 사탄은 그들을 위해 아무 것도 하지 못했다.
아마겟돈은 사탄이 예수님 앞에 굴복하고 영원한 심판을 받는 곳이다. 사탄은 이미 굴복당한 존재이다. 그를 겁낼 것 없다. 사탄의 졸개들인 귀신들도 겁내지 말자. 오직 예수님 편에 서서 살면 된다.

세력이 막상막하의 긴장을 유지하며 마지막까지 충돌하다가 극적으로 예수님의 군대가 승리할 것처럼 그림을 그리지만, 어림없는 이야기입니다. 사탄은 여전히 하나님의 권세 아래 존재할 뿐이며 하나님의 구원 역사의 도구로 사용될 뿐입니다.

일곱째 대접17-21절 : "일곱째 천사가 그 대접을 공중에 쏟으매 큰 음성이 성전에서 보좌로부터 나서 이르되 되었다 하시니 번개와 음성들과 우렛소리가 있고 또 큰 지진이 있어 얼마나 큰지 사람이 땅에 있어 온 이래로 이같이 큰 지진이 없었더라 큰 성이 세 갈래로 갈라지고 만국의 성들도 무너지니 큰 성 바벨론이 하나님 앞에 기억하신 바 되어 그의 맹렬한 진노의 포도주 잔을 받으매 각 섬도 없어지고 산악도 간 데 없더라." 일곱째 대접 재앙은 공기입니다. 공기가 오염되어서 숨을 쉬지 못하도록 재앙이 임하는 것이 마지막 재앙입니다. 번개와 음성과 뇌성과 이전에 없었던 큰 지진이 있습니다. 이때 큰 성 바벨론은 세 갈래로 갈라지고, 만국의 성들도 무너지니 큰 성 바벨론이 하나님께서 기억하신바 되어 맹렬한 진노의 포도주 잔을 받습니다. 이렇게 되니 각 섬도 없어지고, 산악도 간 데 없습니다.

이런 재앙 가운데도 사람들은 오히려 하나님을 비방합니다. 21절입니다. "또 무게가 한 달란트나 되는 큰 우박이 하늘로부터 사람들에게 내리매 사람들이 그 우박의 재앙 때문에 하나님을 비방하니 그 재앙이 심히 큼이러라." 큰 우박은 단수로 하나를 의미합니다. 매우 강하고 거대한 큰 우박 같은 것 하나가 사람들에게 떨어집니다. 마치 복싱 선수가 마지막 KO 펀치를 날리는 것 같은 장면입니다. 이런 재앙에서도 사람들은 자신들의 악함은 인정하지 않고 도리어 자신들을 구원하기 원하시는 하나님을 비방합니다. 다시 말하면 하나님이 행하시는 재앙인 줄 알면서도 하나님께 용서를 구하기는커녕 하나님을 비난하고 대적할 정도로 인간의 죄악은 극도에 달하였습니다. 죽음을 보고도 돌이키지 않으니 참으로 어리석은 자들입니다.

(2) 재앙 받는 사람들의 문제가 무엇인가?

영적 무지입니다. 하나님을 모르고 자신을 모르는 무지. 자신이 똑똑한 줄로만 착각하고 자신이 얼마나 어리석고, 약하고, 악한 존재인 줄은 모르는 인간의 영적 무지. 하나님을 대적하는 것이 어떤 심판에 이르는지 알아보지 못하는 영적 무지입니다. 하나님께서 부르시는 사랑의 음성을 끝까지 외면하는 죄악이 무섭습니다. 소돔 백성의 영적 무지, 애굽 백성의 영적 무지, 이 땅 백성의 영적 무지를 깨달아야 합니다. 오직 저들을 깨우칠 길은 한 가지, 예수님을 증거하는 것입니다. 말씀으로, 삶으로!

소그룹 공부를 위한 질문

1. 요한계시록 16장에 나오는 처음 다섯 대접 재앙은 어떤 것들입니까? 앞에 나온 다른 두 재앙과 비교하여 어떤 특이한 점을 알 수 있습니까?

2. 일곱 대접 재앙을 통해서 전달되는 복음은 무엇입니까?

3. 여섯째 대접과 일곱째 대접을 출애굽의 재앙과 어떻게 비교할 수 있을까요?

4. 재앙을 받는 사람들은 무엇이 가장 큰 문제입니까?

26강
음녀와 짐승 요한계시록 17장

잠을 살 수 없을 때 양을 세지 말고 목자와 대화하라.
– The Bible Friend –

2013년 4월 26일 대전에서 맥도웰Josh McDowell이 중독에 관한 세미나를 한 적이 있었습니다. 흥미로운 세미나였습니다. 거기서 인터넷 음란물에 관하여 충격적인 이야기를 들었습니다. 2011년도에 중국이 인터넷 음란물로 2,760억276 billions불을 소비하고 한국은 2,560억256 billions불, 일본은 1,510억151 billions불을 소비했다고 합니다. 총액으로도 한국이 세계 2위입니다. 이 통계를 국민 일인당으로 환산하면 중국은 일인당 소비가 28불, 미국은 45불, 오스트레일리아는 99불, 일본은 151불인 반면 한국은 일인당 526불로서 1위를 차지한다고 하였습니다. 더 충격적인 사실은 1위가 2위보다 약 3배가 넘는다는 사실입니다.

이 통계를 제시하면서 맥도웰은 다음과 같이 소리를 높여 경고하였습니다.

"이대로 가면 한국교회는 오래가지 못할 것이다. 이미 무너지기 시작하였다. 일어나라 세상은 한국교회를 필요로 한다. 한국교회는 인터넷 음란물을 대적하여 일어나야 한다."

그렇습니다. 음란과 짝하는 개인이나 사회나 국가는 망가지게 됩니다.

계시록 17-18장은 앞의 16장 17-21절에 계시된 일곱 번째 대접재앙을 확대하여 보여주는 확대경입니다. 음녀가 받을 심판의 환상입니다. 음녀의 정체를 알면 이 말씀은 우리의 삶과 밀접하게 관계있다는 것을 알게 됩니다.

1. 음녀의 정체

요한계시록 17장 1-2절입니다. "또 일곱 대접을 가진 일곱 천사 중 하나가 와서 내게 말하여 이르되 이리로 오라 많은 물 위에 앉은 큰 음녀가 받을 심판을 네게 보이리라 땅의 임금들도 그와 더불어 음행하였고 땅에 사는 자들도 그 음행의 포도주에 취하였다 하고." 음녀를 '많은 물위에 앉은 큰 음녀' 라고 하였습니다. 많은 물은 15절에서 설명합니다. "또 천사가 내게 말하되 네가 본 바 음녀가 앉아 있는 물은 백성과 무리와 열국과 방언들이니라." 세상의 백성과 무리와 열국과 방언들을 상징합니다. 다시 말하면 세상 모든 민족입니다. 땅의 임금들도 음녀와 행음하였고, 그 음행의 포도주에 취하였다고 합니다. 음녀는 한 사람을 의미하는 것이 아닌 것이 분명합니다. 왜냐하면, 땅의 모든 사람이 음녀와 관계를 맺고 있다는 것은 한 사람으로는 불가능하기 때문입니다.

음녀에 대한 계시가 이어집니다. 3절입니다. "곧 성령으로 나를 데리고 광야로 가니라 내가 보니 여자가 붉은 빛 짐승을 탔는데 그 짐승의 몸에 하나님을 모독하는 이름들이 가득하고 일곱 머리와 열 뿔이 있으며" 음녀는 붉은 빛 짐승을 탑니다. 짐승의 정체는 무엇인가? 하나님을 모독하는 이름들이 가득하고 일곱 머리와 열 뿔이 있습니다. 일곱 머리는 일곱 왕이라고 하였습니다. 10절에 "또 일곱 왕이라 다섯은 망하였고 하나는 있고 다른 하나는 아직 이르지 아니하였으나 이르면 반드시 잠시 동안 머무르리라." 그중에 다섯은 망하였고 하나는 있고 다른 이는 아직 이르지 아니하였으나 이르면 반드시 잠시 동안 계속한다고 하였습니다. 4절에 "그 여자는 자주 빛과 붉은 빛 옷을 입고 금과 보석과 진주로 꾸미고 손에 금 잔을 가졌는데 가증한 물건과 그의 음행의 더러운 것들이 가득하더라." 음녀의 복장은 음란한 창녀의 모습이며, 음녀가 자랑스럽게 즐기는 금 잔 안에는 가증한 물건과 음행의 더러운 것들이 있습니다.

> **음녀의 세력**
>
> 음녀를 세속적인 문화로 본다. 이 세속적 문화는 생명과 같아서 시간이 흐르면서 진화를 거듭한다. 특히 세속적인 사상과 결탁하여 육체적인 것으로 엮어서 사람들을 미혹할 때 그 세력은 엄청난 영향력을 가진다.
>
> 특히 오늘 우리는 그 현상을 매일 눈으로 보며 접한다. 음란의 영이 가장 큰 음녀의 세력이다. 한국사회가 다른 나라에 비하여 음란물이 열려있고 법도 음란문화에 대하여 관대하다. 초등학교 교실에서도 음란물이 돌아다닌다. 이로 인하여 세대가 거듭할수록 한반도에는 음란의 죄악이 구석구석에 파고들고 있다. 신문지상에 보도되는 뉴스만 보아도 이 나라는 음란의 죄로 망가져 가고 있다는 것을 알 수 있다. 사탄의 악한 수단에 인간은 망가져 가고 있다. 이에 대적할 자들이 예수님의 용사들이다. 예수님의 용사들 외에는 음녀의 세력을 대적할 자가 없다.

도대체 이 음녀는 누구인가? 5절에서 그 정체를 밝힙니다. "그의 이마에 이름이 기록되었으니 비밀이라, 큰 바벨론이라, 땅의 음녀들과 가증한 것들의 어미라 하였더라." 이마에 이름이 기록되어 있는데 "큰 성 바벨론이라 음녀들과 가증한 것들의 어미" 라고 밝힙니다. 7절입니다. "또 내가 보매 이 여자가 성도들의 피와 예수의 증인들의 피에 취한지라 내가 그 여자를 보고 놀랍게 여기고 크게 놀랍게 여기니." 이 여자는 성도들의 피와 예수님의 증인들의 피에 취했다고 합니다. 음녀의 정체는 반기독교적이고 세속적인 영적 세력입니다. 그 세력을 담고 세력을 행세하는 정치시스템을 바벨론이라고 부릅니다.

일차적으로 바벨론과 음녀는 로마제국을 나타낸다고 봅니다. 로마제국은 정치와 경제로 세상을 통치하였습니다. 음녀와 짐승의 결합체입니다. 짐승은 로마의 군사력과 정치력을 의미하고, 음녀는 로마의 경제력을 보여준다 하겠습니다. 경제가 부유해지면서 그들의 도덕적 타락은 극에 달했습니다. 하나님을 모욕하고 자신의 쾌락을 위해 사탄과 결탁했습니다.

오늘날 바벨론과 음녀는 어디 있는가? 현대의 바벨론은 국경이 없습니다. 보이지 않는 제국입니다. 우리는 보이지 않는 바벨론 제국을 보아야 합니다. 온갖 것이 사람들을 유혹합니다. 전자 기기와 컴퓨터 오락물과 성적 타락과 자유의 이름 뒤에 감추어진 채로 온갖 악이 행해집니다. 이런 영적 바벨론과 음녀는 우리 주위에 매우 가까이 있습니다. 정신을 똑바로 차리고 깨어있어야 합니다.

정리하면 음녀는 하나님을 외면하게 하고 유혹하는, 타락한 권력 안에 자리 잡은 사탄의 문화를 의미합니다.

2. 짐승의 정체와 음녀와 짐승의 관계

일곱 머리와 열 뿔을 가진 짐승의 비밀을 보여줍니다. 8절입니다. "네가 본 짐승은 전에 있었다가 지금은 없으나 장차 무저갱으로부터 올라와 멸망으로 들어갈 자니 땅에 사는 자들로서 창세 이후로 그 이름이 생명책에 기록되지 못한 자들이 이전에 있었다가 지금은 없으나 장차 나올 짐승을 보고 놀랍게 여기리라." 이 짐승은 "전에 있었다가 지금은 없으나"라고 하였습니다. 무슨 말인가? 이것은 고대 바벨론 앗수로, 바사, 로마 등과 같은 세상 왕국을 의미합니다. 한때 번창했다가 무너진 왕국들입니다. 그러나 하나는 있다고 알려줍니다. 장차 나올 짐승입니다. 무저갱에서 나와서 멸망당할 자입니다. 이 짐승은 로마의 멸망과 적그리스도의 종말 사이에 세계 역사에서 세속석으로 등장할 세속적이고, 바벨론적이며, 반기독교적인 군사력과 정치력을 가진 집합체의 상징입니다. 이 짐승의 세력은 예수님 재림 때까지 예수님의 교회와 계속 대적할 것입니다.

이 짐승과 음녀는 어떤 관계인가? 로마 제국은 군사력과 함께 도덕적 타락의 길을 걸었습니다. 그런 가운데 우상을 숭배했습니다. 이런 모습은 오늘도 이어집니다. 다만 그 양상이 다를 뿐입니다. 세상은 갈수록 멸망의 길을 걸어갑니다. 짐승은 세속적 정치권력의 상징이며, 음녀는 그 권력의 힘을 입고 번져가는 반그리스도적 사상과 문화를 의미합니다.

세상은 갈수록 예수님과 교회를 대적하는 강도가 깊어집니다. 세상 보는 정치와 문화가 반기독교적인 시대가 옵니다. 예수님의 교회들은 정신을 바짝 차릴 때입니다!

3. 음녀와 짐승의 어린 양과의 대적17:14-16

13-14절입니다. "그들이 한 뜻을 가지고 자기의 능력과 권세를 짐승에게 주더라 그들이 어린 양과 더불어 싸우려니와 어린 양은 만주의 주시요 만왕의 왕이시므로 그들을 이기실 터이요 또 그와 함께 있는 자들 곧 부르심을 받고 택하심을 받은 진실한 자들도 이기리로다." 짐승과 음녀는 어린양과 더불어 싸우려고 합니다. 그러나 계시록은 알려줍니다. 하나님의 어린양 예수님은 만주의 주요 만왕의 왕이시니 반드시 저희를 이기신다고 선포합니다. 또 그와 함께 하는 자들, 곧 예수님의 사람들도 이긴다고 하였습니다. 아멘!

하나님의 어린양 예수께서 승리하는 것은 요한 당시에도 그랬고, 지금도 그러하며, 장래에도 그러할 것입니다. 하나님의 사람들이여! 어린양의 사람들이여! 이제 승리를 선포하라! 담대하게 악한 원수 사탄을 대적하자.

16-18절입니다. "네가 본 바 이 열 뿔과 짐승은 음녀를 미워하여 망하게 하고 벌거벗게 하고 그의 살을 먹고 불로 아주 사르리라 이는 하나님이 자기 뜻대로 할 마음을 그들에게 주사 한 뜻을 이루게 하시고 그들의 나라를 그 짐승에게 주게 하시되 하나님의 말씀이 응하기까지 하심이라 또 네가 본 그 여자는 땅의 왕들을 다스리는 큰 성이라 하더라." 16절에서 짐승은 음녀를 미워하여서 "망하게 하고 벌거벗게 하고 그의 살을 먹고 불로 아주 사르리라."라고 계시합니다. 이것이 무엇을 의미하는가?

음녀는 세속적 문화라고 했습니다. 짐승이 상징하는 바벨론이 정치권력을 확보한 후에는 사람들을 조종하는 데에 방해되는 세속적 자유 문화를 말살하고 바벨론적 반기독교를 강요하는 것을 의미합니다. 예를 들면 특정종교 세력이 반대하는 나라를 장악하는 과정에서 세속적 문화를 이용하여 정치권을 확보한 후에는 세력장악에 방해가 되는 세속적 자유를 박탈하고 자기들 교리의 틀 안에서 사람들을 조종할 수도 있을 것입니다. 그때는 이 짐승이 사람들로 하여금 자신을 숭배하도록 조종하는 때며 종말에 가까운 때입니다.

소그룹 공부를 위한 질문

1. 요한계시록 17장에 나오는 음녀는 어떤 복장이며, 그것이 음녀의 신분을 어떻게 표현합니까? 음녀의 정체는 무엇일까요?계 17:18

2. 짐승은 어떤 모양이며, 그 정체는 무엇입니까? 음녀와 짐승은 어떤 관계가 있습니까?

3. 이들 음녀와 짐승은 어린 양과의 대적에서 어떤 결말을 맞습니까? 계 17:14-16

4. 현대 교회에서 짐승과 음녀의 관계가 어떻게 나타납니까? 여기서 무엇을 배웁니까?

27강
바벨론의 멸망 요한계시록 18장

우리는 하나님과 돈을 함께 섬기지 못한다.
그러나 돈을 가지고 하나님을 섬길 수 있다.
– 스피어(Robert E. Spoer)

미국 버몬트 주의 공화당원 중에 나이 든 한 리더는 민주당 집회에 빠짐없이 참석하였습니다. 민주당원들은 이 사람의 참석에 대단히 불편해 하였습니다. 한 번은 민주당 리더가 이 사람에게 물었습니다.

"우리 당에 입당이라도 하려는 건가?"

"천만의 말씀."

"그러면 무엇 때문에 우리 모임에 참석하는가?"

공화당 리더는 재미있는 대답을 하였습니다.

"당신들에 대한 나의 혐오감을 유지하기 위해서리오."

우리는 사탄과 시류을 따르는 세상 문화를 경계하지 않으면 세상 문화와 함께 무너지게 됩니다. 요한계시록은 그 멸망을 바벨론의 멸망으로 계시합니다.

1. 바벨론의 정체와 운명1-7절

1절에 다른 천사가 내려와서 2절에 말합니다. "힘찬 음성으로 외쳐 이르되 무너졌도다 무너졌도다 큰 성 바벨론이여 귀신의 처소와 각종 더러운 영이 모이는 곳과 각종 더럽고 가증한 새들이 모이는 곳이 되었도다." 바벨론의 정체는 하나님을 떠나게 하는 모든 것의 집합체입니다. 4-10절에 바벨론의 멸망을 설명합니다. 10절에 "한 시간에 네 심판이 이르렀다."라고 하듯이 바벨론의 멸망은 한순간에 일어날 것입니다. 영원히 계속될 것 같은 이 세상은 한순간에 무너질 것입니다. 이유는 3절에 나옵니다. "그 음행의 진노의 포도주로 말미암아 만국이 무너졌으며 또 땅의 왕들이 그와 더불어 음행하였으며 땅의 상인들도 그 사치의 세력으로 치부하였도다 하더라." 세상이 무너지는 것은 바벨론과 음행하였기 때문입니다. 하나님을 불신하고 반역하며 대적하는 문화와 그 세력에 섞여서 영적음행에 빠지면 인간은 모든 영역에서 죄로 적셔지게 됩니다.

많은 사람이 예수님을 믿는다면서도 마치 이 세상이 종착역인양 세상에 미련을 두고 삽니다. 재물로 욕심을 채웁니다. 기억합시다. 이 세상의 것들은 반드시 무너집니다. 하나님나라만이 영원한 행복을 약속합니다.

예수님께서 반드시 다시 오시듯 바벨론은 반드시 무너집니다. 바벨론 시민권자 될 것인가 하나님나라 시민권자 될 것인가? 결정해야 합니다.

2. 바벨론의 멸망을 슬퍼하는 사람들과 기뻐하는 자들

(1) 슬퍼하는 자들9-19절

바벨론의 멸망을 슬퍼하는 자들이 있습니다. 이들은 :

첫째, 왕들입니다.9-10절 이들은 바벨론의 권력을 손에 잡고 유익을 얻는 자들입니다.

둘째, 상고들입니다.11-16절 이들은 바벨론의 음행으로 인하여 이득을 챙기는 자들입니다.

셋째, 선장과 선원들입니다.17-19절 이들은 바벨론과의 부역으로 이익을 챙기넌 자들입니다.

이들의 공통점은 바벨론의 불의한 문화를 이용하여 이익을 챙기는 사늘입니다. 세상에 속해서 세상과 짝하여 살던 사람들이 세상이 망하면 웁니다. 이들이 슬피 울어야 하는 이유는 바벨론이 순식간에 망하기 때문입니다. 바벨론이 심판받을 때 우는 자의 편이 되어서는 절대 안 됩니다.

(2) 기뻐하는 자들20-24절

바벨론이 심판받을 때 기뻐하는 자들이 있습니다. 20절입니다. "하늘과 성도들과 사도들과 선지자들아, 그로 말미암아 즐거워하라 하나님이 너희를 위하여 그에게 심판을 행하셨음이라 하더라." 22절에 세상의 풍악소리가 그치고 23절에 세상 향락의 잔치소리도 그칩니다. 이유는 24절에 나옵니다. "선지자들과 성도들과 및 땅 위에서 죽임을 당한 모든 자의 피가 그 성 중에서 발견되었느니라 하더라."

세상에서는 하나님의 사람들이 죽임당하고 세상이 이긴 것 같지만, 하나님은 그들이 부당하게 당한 것을 다 기억하십니다. 마지막 날의 심판에서 하나님은 공의의 심판을 내리십니다. 하나님의 의로운 심판을 기뻐할 자가 되어야 합니다. 오직 예수님께서 다시 임하시기를 고대하며 사랑과 믿음의 정절을 지키던 자들만이 하나님의 의로우신 심판이 임하기를 기뻐할 수 있습니다. 자신들의 온전함이 아닙니다. 의로우신 재판관 되신 예수님의 은혜를 입은 자이기 때문입니다.

3. 현대 교회에서 짐승과 음녀와의 관계

첫째, 세상과 타협하는 교회는 음녀와 관계를 맺는 교회입니다. 둘째, 세상 즐거움에 동참하는 교회도 그렇습니다. 셋째, 세속적 목적을 교회 목적으로 두는 교회도 마찬가지입니다. 넷째, 세상 권력과 힘 앞에 굴복하는 교회도 그렇습니다.

오늘날 음녀와 짐승 중 어느 것이 더 무서울까요? 다시 말하면 박해가 더 두렵습니까? 아니면 음녀의 달콤한 유혹이 더 두렵습니까? 음녀가 더 무섭습니다. 교회의 역사를 살펴보면 박해로 말미암아 교회는 더 번성하였습니다. 그러나 세

현대교회와 성결

현대교회는 성결을 회복해야 한다. 예수님께만 정절을 바쳐야 한다. 다른 어떤 것에도 우리의 정절을 바칠 수는 없다. 우리의 마음을 예수님으로부터 멀어지게 하는 것들은 아무리 매력적으로 보여도 거절하자. 우리의 생각을 예수님으로부터 멀어지게 하는 것들이 아무리 당연하게 여겨져도 거절하자. 우리의 걸음을 예수님 아닌 길로 가게 하는 것들은 아무리 정당하게 보여도 거절하자.
예수님의 신부는 예수님으로부터 한 발자국도 멀어져서는 안 된다. 오직 예수님만 바라보고 살자. 오직 예수님만 붙잡고 살자. 오직 예수님만 사랑하며 살자. 때가 되면 예수님께서 우리를 높여주신다.

상의 유혹 앞에 교회는 냄새 나기 시작하였습니다. 중세의 타락한 교회를 잊지 말아야 합니다. 라오디게아 교회를 기억하십시오.

현대 문화의 유혹을 분별해야 합니다. 현대 교인들은 깊이 각성, 경계할 때입니다. 적당히 타협하며 살다가 자신도 모르게 음녀의 잔을 마시며 바벨론 시민권 서류에 서명하는 어리석음을 저지르기 쉽습니다. 예수님의 지체된 공동체로서 우리는 삶 구석구석을 살펴서 음녀를 제거하고, 바벨론의 유혹을 부셔야 합니다. 그래서 심판의 날까지 성결한 신부가 되어야 합니다. 요한계시록 18장 4절입니다. "또 내가 들으니 하늘로부터 다른 음성이 나서 이르되 내 백성아, 거기서 나와 그의 죄에 참여하지 말고 그가 받을 재앙들을 받지 말라." 마지막까지 계시록은 구원받으라는 복음적 메세지를 전합니다. 그래서 요한계시록은 "제5복음서"라고 부릅니다.

소그룹 공부를 위한 질문

1. 요한계시록 18장 1-10절에서 바벨론의 운명을 어떻게 표현합니까? 바벨론의 정체는 무엇입니까?

2. 상징적 바벨론이 멸망당하는 것을 슬퍼하는 세 종류의 사람은 누구입니까?9-10,11,15-16,17-19절 그들은 왜 슬퍼합니까?

3. 요한계시록 18장 20-24절에서 바벨론에 임할 심판을 기뻐하는 자들은 누구입니까? 하나님의 심판 목적은 무엇입니까? 따라서 우리는 어떤 자세로 신앙생활을 해야 합니까?

제5부 '일곱 대접 재앙'의 에필로그

21세기 교회의 사명

필자가 1998년경에 고 존 스타트John Stott 목사와 식사를 같이 하는 기회를 가졌다. 여러 가지를 대화를 나누면서 영적 거장으로부터 배우려는 심정으로 몇 가지 질문들을 하였다. 그 중의 하나가 "21세기가 눈앞에 다가오고 있는데 21세기의 예수님의 교회가 풀어야 할 가장 큰 숙제가 무엇인가?" 라는 것이었다. 스타트 목사는 식사하다가 말고 저를 쳐다보면서 일말의 주저도 않고 대답하였다. 그것은 평소에 이 질문에 대하여 생각하고 답을 찾아두었다는 것을 의미한다. 대답은 간단하였다. "The uniqueness of Jesus!"

'Uniqueness' 라는 단어를 우리말로 번역하기에는 쉽지 않다. 의미상으로 볼 때 유일성이 옳다고 본다. 예수님의 교회가 21세기에 지켜야 할 숙제가 '예수님의 유일성' 을 지키고 알리고 전하는 일이라는 뜻이다. 과연 그의 선견은 놀랍다.

21세기는 혼란의 시대다. 필자는 21세기의 특징 다섯 가지를 다음과 같이 정리한다.

첫째 진실과 비진실이 혼합되는 시대다. 가짜들이 진짜처럼 행세하는 시대, 그래서 진짜와 가짜를 분별하기가 매우 혼란스러운 시대다.

둘째 과학과 비과학이 타협하는 시대다. 세상은 과학만으로는 인생 문제를 해결하지 못한다는 것을 20세기와 작별하면서 깨닫게 되고 이로 인하여 비과학적인 것들이 득세하기 시작하였다. 비과학과 과학이 그럴듯하게 타협하면서 증명되지 않은 것들이 과학적으로 증명 된 것처럼 행세하는 시대다. 증명된 것과 증명되지 않은 것들의 구분이 혼란스러운 시대다.

셋째 이성과 감성이 자리바꿈하는 시대다. 이성으로 생각하고 판단하고 선택하던 시대는 20세기와 함께 작별했다. 사람들은 감성으로 모든 것을 판단하고 선택하는 시대가 되었다. 판단과 선택의 기준이 혼란스러운 시대다.

넷째 선과 악이 뒤바뀌는 시대다. 선이 악으로 취급받고 악이 선이라고 머리를 세우는 시대다. 옳고 그름의 기준은 생각도 하지 않으려는 시대가 되어서 선악을 판단하는 자체를 악으로 여기는 시대, 그래서 선악의 기준이 혼란한 시대다.

마지막으로 이상 네 가지 경향이 기하급수적으로 증폭하는 시대다. 우리는 이미 엄청난 혼란의 시대에 들어섰다. 한국교회도 이 혼란의 파도에 요동을 친다. 이런 때에 오직 예수님만이 구주이심을 믿고 따르며 전하는 교회들이 빛을 발하는 시대다. 빛이 밝은 만큼 빛을 싫어하는 어둠의 세력들이 교회의 빛을 가리려는 공작도 거세진다.

21세기의 교회의 사명은 가난해도 힘이 적어도 예수님만이 인간의 구주이심을 증언하는 것이다. 이를 위해서 할 일이 무엇인가? 성경이 증거하는 예수님을 바로 알고, 성경이 증거하는 예수님을 바로 믿고, 성경이 증거하는 예수님을 바로 따르는 참 예수님의 제자들이 일어나야 한다. 그러기 위해서는 예수님 중심이 되고 머리가 되는 교회들이 일어나야 할 것이다. 21세기는 예수님께만 정절을 바치고 성결한 삶으로 예수님을 증거하는 그리스도의 신부들이 일어나야 한다.

순교자적 정신으로 예수님을 따르는 자들이 일어나야 한다.

종교적 왕따를 당할지라도 우리는 여전히 외쳐야 한다. 예수님만이 구주시라고. 사회적 외면을 받을지라도 우리는 여전히 전해야 한다. 예수님을 믿으라고.

6

예수님의 재림과 최후 심판

요한계시록 19-20장

28강
재림하시는 예수님 계시록 19장

하나님의 뜻을 아는 것이 가장 위대한 지식이다.
- 트루엣(George W. Truett) -

최권능본명 최봉석 목사가 근무 중인 일본 초병에게 예수 천당을 외쳐대자 초병이 경찰서로 데리고 가서 취조 심문하니, 매질할 때마다 비명 대신 예수 천당을 죽어라고 외칩니다. 일본 경찰이 이유를 물으니

"예수님이 내 목까지 차서 찰랑대니 건드리기만 하면 쏟아져서 그렇소."

일본 경찰이 질려서 더 고문해봐야 소용없음을 알고 풀어주었다고 합니다. 이와 같이 성경적 종말론도 예수님으로 가득차야 합니다. 요한계시록의 해석마다 반드시 다시 오실 예수님이 쏟아져야 합니다.

1. 천국 찬양

(1) 요한계시록 19장 1-6절 찬양의 내용과 이유

바벨론이 멸망당하고 나니 천상에서 네 번의 '할렐루야' 가 외쳐집니다. 1절에 '이 일 후' 는 바벨론 멸망 후임을 의미합니다. 지상에서 하나님을 대적하는 제국이 멸망한 후에 온전한 찬양이 불립니다.

첫째 할렐루야1-2절 : 1절에 '허다한 무리의 큰 음성' 은 천사들을 의미합니다. "할렐루야 구원과 영광과 능력이 우리 하나님께 있도다 그의 심판은 참되고 의로운지라 음행으로 땅을 더럽게 한 큰 음녀를 심판하사 자기 종들의 피를 그 음녀의 손에 갚으셨도다." 구원과 영광과 능력이 하나님께 있다고 찬양하며 음녀를 심판하신 하나님을 찬양합니다. 이 찬양은 창세기 3장에서부터 불리도록 작곡 작사 되었다가 이때 발표하는 것 같습니다. 우리는 하나님의 심판의 때를 찬양하는 삶을 사는지 돌아보아야 합니다.

둘째 할렐루야3절 : 두 번째 할렐루야의 가사는 '그 연기가 세세토록 올라가더라' 라는 것입니다. '그 연기' 는 바벨론 멸망의 상징이며, '세세토록 올라가더라' 라는 것은 바벨론, 즉 하나님을 불신 반역하는 악한 세력이 영원히 제거되었음을 상징합니다. 창조의 완성을 위해 이것은 반드시 필요합니다. 하나님나라는 전적으로 공의로 다스려지는 나라입니다. 그 나라에는 불의와 불충이 존재할 수 없습니다. 이것이 우리에게 얼마나 큰 축복인가! 그런 날이 반드시 옵니다. 그때에 우리가 함께 할렐루야로 하나님을 찬양하는 찬양대에 속한다는 것은 말할 수 없는 감격일 것입니다.

셋째 할렐루야4-5절 : 4절에 24장로와 네 생물이 보좌에 앉으신 하나님께 경배하여 아멘 할렐루야를 외치니 5절에 보좌에서 음성이 나서 이르기를 "하나님의 종들 곧 그를 경외하는 너희들아 작은 자나 큰 자나 다 우리 하나님께 찬송하라"라고 찬양합니다. 우리의 기분 따라 찬양하고 마는 것은 인간의 오만입니다. 우리는 잘나나 못나나, 잘하나 못하나, 하나님을 찬양해야 합니다. 하나님은 그런 분이시기 때문입니다.

넷째 할렐루야6절 : 6절에 "허다한 무리의 음성과도 같고 많은 물 소리와도 같고 큰 우렛소리와도 같은 소리"로 찬양합니다. 이어서 "할렐루야 주 우리 하나님이 통치하시도다"라며 하나님의 통치하심을 찬양합니다.

2. 요한계시록 19장의 첫째 잔치

계시록 19장에 두 종류의 잔치가 나옵니다. 첫째 잔치는 7-10절에 계시된 예수님과 혼인하는 잔치이며 둘째 잔치는 17-21절에 예언 된 사망과 혼인하는 잔치입니다.

(1) 혼인잔치

첫째, 예수님과 혼인하는 잔치입니다. 7절에는 "어린양의 혼인 기약이 이르렀고 그의 아내가 자신을 준비하였"다고 찬양합니다. 어린양의 혼인 기약은 혼인축하잔치를 포함합니다. 아내는 단수입니다. 예수님의 신부는 교회라는 단수로 표현됩니다. 이것은 중요한 의미를 지닙니다. 예수님에게 신부는 교회뿐이며 교회의 신랑은 예수님 밖에 없습니다. 교회는 무엇인가? 8절에서 답을 찾습니다. "그에게 빛나고 깨끗한 세마포 옷을 입도록 허락하셨으니 이 세마포 옷은 성도들의 옳은 행실이로다." 라고 찬양합니다. 그러므로 예수님의 신부는 성도이며 성도는 옳은 행실을 상징하는 의의 옷을 입습니다. 이 옷을 입도록 허락 받는 자가 되어야 어린양의 혼인잔치에 초대받는 신부가 됩니다.

옳은 행실은 법정에서 인정받는 행실을 의미합니다. 하나님의 심판에서 의롭다고 인정받는 행실입니다. 그것은 어린양의 피로 의롭게 되어, 그 믿음을 재앙이나 생명을 내놓아야 하는 핍박에도 포기하지 않고 지킨 의로움입니다. 이들이 참 교회입니다. 축복과 평안과 부함을 추구하며 세상과 타협하는 자들에게는 허락되지 않는 옷입니다.

마태복음 22장 1-14절에 예수님은 잔치비유로 천국을 가르치셨습니다. 이 가르침을 계시록적 관점에서 이해하면 뜻이 분명해집니다. 2절에 임금이 자기 아들을 위하여 혼인잔치를 베풀고 사람들을 초청했으나 그들은 세상사를 핑계로 거절합니다. 이들은 구약의 불순종한 백성과 메시아로 오신 예수님을 거부한 자들을 의미합니다. 6절에서는 임금의 종들을 죽이기까지 합니다. 7절에 임금이 노하여 살인한 자들을 징벌하고 동네를 불사릅니다. 불신자에 대한 하나님의 심판을 비유한 것입니다. 8-10절에 다른 사람들을 초대합니다. 초대장을 받지 않는 사람들, 즉 이방인들을 비유하는 것입니다. 많은 사람이 초대받아서 혼인잔치에 손님들이 가득합니다. 11절에 예복을 입지 않은 한 사람을 보고 임금이 그를 바깥 어두운 데로 내던지게 합니다. 이 예복은 어린양의 피로 깨끗하게 씻긴 의의 세마포로 어린 양의 신부임을 상징합니다. 예수님을 믿음으로 얻는 옷입니다. 우리도 이 옷을 입고 어린양의 혼인 잔치에 참여하여서 할렐루야로 찬양하는 자리에 서야 합니다.

계시록 19장 9절에 천사가 요한에게 말합니다. "어린 양의 혼인 잔치에 청함을 받은 자들은 복이 있도다." 하고 또 "이것은 하나님의 참되신 말씀"이라고 전합니다. 이 예언은 반드시 이루어진다는 뜻입니다. 우리는 예수님과 혼인을 약속한 자들입니다. 우리의 혼인은 예수님께서 다 예비해두셨습니다. 그때가 오기까지 믿음의 정절을 지켜서 예수님의 의의 세마포를 입고 하나님 앞에 서야 합니다. 그때까지 우리는 예수님을 예언하는 예언자의 삶을 살 것입니다.

(2)예언의 영, 10절

10절에서 천사는 그를 경배하려고 한 요한에게 "나는 너와 및 예수의 증언을 받은 네 형제들과 같이 된 종이니 삼가 그리하지 말고 오직 하나님께 경배하라."라고 말하며 요한을 제지합니다.

경배한다프로스퀴네오는 단어는 마치 주인의 손을 핥는 개처럼 "존경의 표시로써 손에 입맞춤하다. 무릎을 꿇거나 엎드림으로 존경과 순종을 고백하다"라는 뜻의 단어입니다.

자신을 철저하게 낮추고 경배의 대상이신 하나님만 예배자의 모든 것으로 높이는 것이 예배자의 자세입니다. 이런 예배는 오직 하나님께만 드려야 합니다.

그리고 이어서 말합니다. "예수의 증언은 예언의 영이라." 예수님의 증언이 예언의 영이라는 것은 중요한 의미를 지닌 말씀입니다. 어떤 이들은 (1)대언의 영은 오직 예수님에 관해서만 증거해야 함을 의미한다고 주장하며Morris, Erdman, Ladd (2)예언은 대언하는 영의 주요 관심사이며 핵심일 뿐만 아니라 대언의 영으로만 성취됨을 강조한다고 주장Mounce, Beasley, Murray합니다. 그러나 쉽게 정리하면 예언은 예수님을 증언하는 것이며, 예언의 영은 예수님을 증언하는 일만 한다는 의미입니다. 점쟁이처럼 예언하는 자가 많으나 참 예언자는 예수님의 증인이며, 오직 예수님만 증거하고, 그 열매는 예수님을 경배하는 것입니다. 예언한다면서 사람들의 마음과 관심을 예수님 이외의 것으로 끌어가는 것은 참 예언이 아닙니다. 예언자에게 기도받으러 다닌다는 자들이 적지 않으나 주의해야 합니다. 말세가 가까울수록 예언과 같은 신비한 것들로 사람들의 마음과 관심을 예수님에게서 멀어지게 한다는 것을 잊지 말 것입니다. 예수님을 증언하는 것이 예언이며, 예언의 영이 하는 것은 예수님을 증언하는 것입니다.

(3) 혼인잔치에 초대 받은 자와 성경의 주제

창세기에서 하나님은 아담과 하와를 부부로 맺어주셨습니다. 에덴동산에서 하나님과 인간의 관계는 아담과 하와의 관계처럼 깊었습니다. 그러나 인간이 하나님 대신 사탄을 택하고 따르는 영적 음란으로 말미암아 그 아름다운 관계는 깨져 버렸습니다.

구약에서 하나님은 아브라함과 그의 자손 이스라엘을 택하시고 신랑이 신부를 대하듯이 사랑하셨습니다. 그러나 그 백성도 하나님을 배반하고 호세아의 아내처럼 하나님 아닌 자에게서 행복을 찾으려고 하였습니다.

신약에서 하나님은 독생 성자 예수님을 메시아로 보내주시고 교회를 세우셨습니다. 예수님은 교회를 목숨을 내놓기까지 사랑하십니다. 역사의 마지막에 이르면 신랑이 신부를 맞이하듯 교회를 하나님 나라로 청해가는 것입니다.

예수님을 목자, 포도나무, 주인, 신랑으로 비유하고 교회는 양, 가지, 종, 신부로 비유하는 것은 다 예수님과 교회의 관계를 설명합니다. 이것은 예수님께서 자신의 몸 된 교회를 어떻게 사랑하시는지 보여주는 비유들입니다. 창세기에서 시작된 창조의 완성이 계시록입니다.

진정한 예수님의 사람들은 예수님을 사랑하며 다시 오실 예수님을 맞이할 준비를 하는 삶을 살아야 합니다. 그때 신부가 신랑 앞에 서듯이 주님 앞에 서도록 성결하게 살아야 합니다. 예수님은 반드시 다시 오십니다. 예수님이 다시 오시는 그때에는 11-21절에 계시하는 또 다른 잔치가 벌어집니다.

2. 예수님의 재림

(1) 백마 탄 자의 정체, 19장 11-14절

11절에 백마를 탄자가 나타납니다. "또 내가 하늘이 열린 것을 보니 보라 백마와 그것을 탄 자가 있으니 그 이름은 충신과 진실이라 그가 공의로 심판하며 싸우더라." 백마를 탄자의 이름을 충신과 진실이라고 밝힙니다. 충신이라는 단어 피스토스는 충성스러운 신하를 의미하는 충신忠臣이 아니라 충신忠信, 즉 충실하게 믿을 수 있다는 뜻으로 신실하심을 의미합니다. 이어서 12절에 이 분의 눈은 불꽃같고, 머리에는 많은 관이 있는데 그중에 자기만 아는 이름을 쓴 것이 하나 있고, 13절에는 하나님의 말씀이라는 이름의 피 뿌린 옷을 입고 있습니다. 14절에 흰옷 입은 하늘의 군대가 백마를 타고 따릅니다. 15절에서는 입에서 예리한 검이 나오고 그 검으로 만국을 치며 친히 철장으로 다스리며 하나님의 진노의 포도주 틀을 밟고 심판하는 분입니다. 16절에서 그 분의 이름은 "만왕의 왕이요 만주의 주"입니다. 이 분이 바로 재림하실 예수님입니다. 드디어 예수님이 다시 오시는 장면입니다. 할렐루야, 다시 오실 주님을 온 맘으로, 온 몸으로 찬양합니다.

(2) 백마 탄 자가 행하는 일, 17-21절

17-21절에 재림하신 예수님이 하시는 일을 하나님의 큰 잔치라고 부릅니다. 이것은 계시록 19장에 나오는 둘째 잔치로서 예수님을 대적하는 자들이 사망과 혼인하는 잔치입니다. 17-18절입니다. "또 내가 보니 한 천사가 태양 안에 서서 공중에 나는 모든 새를 향하여 큰 음성으로 외쳐 이르되 와서 하나님의 큰 잔치에 모여 왕들의 살과 장군들의 살과 장사들의 살과 말들과 그것을 탄 자들의 살과 자유인들이나 종들이나 작은 자나 큰 자나 모든 자의 살을 먹으라 하더라." 예수님의 재림으로 이어지게 될 음울한 장면을 노래합니다. 재림하신

예수님의 하시는 일은:

첫째, 대적자들을 정복하십니다. 19절입니다. "또 내가 보매 그 짐승과 땅의 임금들과 그들의 군대들이 모여 그 말 탄 자와 그의 군대와 더불어 전쟁을 일으키다가."

둘째, 짐승과 거짓 선지자를 심판하십니다. 20절입니다. "짐승이 잡히고 그 앞에서 표적을 행하던 거짓 선지자도 함께 잡혔으니 이는 짐승의 표를 받고 그의 우상에게 경배하던 자들을 표적으로 미혹하던 자라 이 둘이 산 채로 유황불 붙는 못에 던져지고."

셋째, 짐승의 표를 받은 자들을 심판하십니다. 21절입니다. "그 나머지는 말 탄 자의 입으로부터 나오는 검에 죽으매 모든 새가 그들의 살로 배불리더라." '그 나머지'는 짐승과 거짓 선지자를 따르는 자들입니다. 예수님이 다시 오시면 짐승과 거짓 선지자와 그들을 따르는 자들은 반드시 심판받습니다.

지옥과 유황불

지옥은 존재한다. 예수님께서 말씀하셨고 성경도 알려주기 때문이다.(마 5:22, 29, 30; 10:28; 18:9; 23:15, 33, 막 9:43, 45, 47; 눅 12:5, 약 3:6; 벧후 2:4) 인본주의 신학은 지옥은 없다고 한다. 그것은 십자가 없는 구원을 말하는 것과 다를 바가 없다. 예수님의 십자가의 죽으심은 지옥의 영원한 형벌이 얼마나 처절한지를 알려준다.

지옥은 하나님과의 영원한 단절된 세계다. 꺼지지 않는 유황불은 비유에 지나지 않는다. 하나님과 영원히 단절된 세계의 비참함은 유황불보다 더 비참하다. 그 비참함을 세상에서 조금 맛보게 하신 것이 현존하는 물신의 세계다. 조금만 정신을 차리고 이 세상을 볼 때 하나님과 단절된 세상이 얼마나 비참할 것인지 알 수 있다. 지옥은 존재한다. 지옥 형벌이 오고 있다.

(3) 초림과 재림의 비교

초림은 복음이요 재림은 심판입니다. 초림 때 예수님은 하나님의 어린 양으로 오셨지만, 재림 때는 심판주로 오십니다. 초림 예수님은 아기로 오셨지만, 재림 예수님은 왕으로 오십니다. 초림과 재림 사이를 복음시대라고 부릅니다. 복음시대에 있을 때 부르심에 순종하는 자는 심판에서 구원받습니다.

20절에 '유황불 붙는 못' 은 지옥을 의미합니다. 하나님과의 영원한 단절로 말미암아 존재 자체가 고통인 곳입니다. 영원한 형벌을 받는 곳입니다. 예수님은 왜 자신이 할 심판의 무서움을 계시하셨습니까? 예수님의 계시에는 두 가지 중요한 메시지가 함축되어 있습니다.

첫째, 믿는 자들에게 주시는 두 가지 메세지입니다! 하나, 구원의 기회 있을 때에 예수님의 계시를 듣고, 읽고, 행할 것입니다. 둘, 전도할 기회 있을 때에 부지런히 복음을 전해야 합니다.

둘째, 믿지 않는 자들에게 주시는 두 가지 메세지입니다! 하나, 회개의 기회가 있을 때에 돌아와야 합니다. 둘, 최후 심판에서 구원받는 길을 선택해야 합니다.

소그룹 공부를 위한 질문

1. 요한계시록 19장 1-10절의 찬양 내용과 원인은 무엇입니까? 누가 이런 찬양을 기뻐하며 부를 수 있습니까?

2. 혼인잔치에 초대 받은 자는 누구입니까? 창세기에서부터 계시록까지 이 주제는 어떻게 조명됩니까?

3. 19장 11-14절에서 백마 탄 자의 모습은 어떠하며 그는 누구입니까?

4. 백마 탄 자가 어떤 일을 행합니까?계19:15-21

29강
천년왕국 요한계시록 20장

하나님의 뜻을 찾는 것은 가장 위대한 발견이다.
- 트루엣(George W. Truett) -

"훌륭한 화가는 베끼고 위대한 화가는 훔친다"Good artists copy, great artists steal라는 말을 남긴 피카소Pablo Picasso, 1881-1973는 스페인이 낳은 위대한 화가였습니다. 거투루드 스타인Gertrude Stein, 1874-1946은 피카소와 동시대의 미국 출생 여류시인이었습니다. 존 홉킨스 대학교에서 공부한 스타인은 대부분의 생애를 파리에서 보냈습니다. 이 두 명인이 만나게 되었습니다. 스타인은 1905-1906년 겨울에 초상화를 그리는 피카소의 화판 앞에 90번 이상이나 앉아있어야 했습니다. 그러나 결국 피카소는

"당신을 볼 때마다 더는 당신이 보이지 않습니다."

라고 말하고 화구를 챙겨서 스페인으로 돌아가 버렸습니다. 피카소는 거기서 스타인의 초상화를 완성했습니다. 그 초상화 속의 스타인은 본래의 스타인과보다 더 성숙하게 보였고, 얼굴은 지성이 가득

흐르는 모습이었습니다. 이 사실을 발견한 사람이 그 이유를 물었습니다. 피카소는

"세월이 가면 그렇게 변할 걸세."

과연 스타인이 나이 들어가면서 피카소의 초상화와 같은 모습으로 변하였습니다.

화가의 눈은 한 사람의 일생을 내다보았다고 하겠지만, 예수님의 계시는 천년의 천년을 내다봅니다. 천년왕국도 세월이 가면 밝혀질 미래에 관한 일이지만, 이미 시작되었으며 진행되고 이루어질 것이며 또한 반드시 완성될 축복의 계시입니다.

20장을 마지막 때의 연속적 사건으로 보느냐 아니면 교회 역사의 재정리로 보느냐에 따라서 해석과 관점이 달라집니다. 연속적 사건으로 보면 세대주의자가 해석하듯이 요한계시록은 7년의 대환난 기간에 일어날 미래 사건들이라고 볼 수 있습니다. 그러나 교회 역사의 마지막 정리라고 보면 계시록에 계시된 사건들은 미래 일일 뿐만 아니라 현재 진행되는 일들이며, 현재에 밀접한 교훈을 담고 있습니다. 전체적 진행을 볼 때 20장은 교회역사의 마지막 총정리로 보는 것이 옳습니다.

본 장에서 중요한 주제가 천년왕국설입니다. 천년왕국설을 어떻게 이해하느냐에 따라 계시록을 해석하는 것이 달라질 수 있습니다. 천년왕국설은 지금까지도 신학자들 간에 논쟁이 됩니다. 한동안 한국교회에서는 전천년설Pre-Millenium을 믿지 않으면 이단으로 취급했던 때가 있었습니다. 특히 무천년설을 주장하면 이단이었습니다.

근래에는 보수적이며 복음적인 신학자들 간에 무천년설이 더 성경적이라고 보는 경향이 있습니다. 천년왕국을 이해하려면 메시아 오심에 대한 구약과 신약의 관점을 살펴보는 것이 필요합니다.

1. 메시아의 오심에 대한 신약과 구약의 관점 차이

메시아의 오심에 대한 구약성경의 관점을 그림으로 설명해 볼 수 있습니다. 신학교 다닐 때에 조직 신학 교수 강의 중에 어느 책에서 참고하였다면서 그려준 그림입니다. 이 그림은 필자에게도 중요한 도구가 되었습니다.

먼저, 구약성경의 메시아 도래에 관한 관점을 그림으로 정리하면 그림 5와 같습니다. 구약의 관점에서 메시아의 오심은 단회적이며 역사의 한 시점에 일어날 것이며, 그때는 옛 시대는 사라지고 새 시대가 올 것이라고 기대했습니다. 그러나 신약성경에서는 메시아 오심의 역사적 점을 가까이 접근해서 확대경으로 들여다보았습니다. 예수님의 직접적 계시로 말미암아 메시아 도래는 그림 6이 신약적 관점을

메시아의 도래

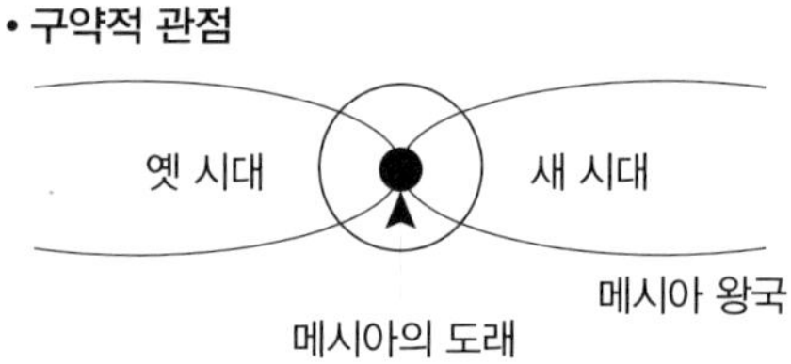

그림5 메시아의 도래에 대한 구약적 관점

• **신약적 관점**

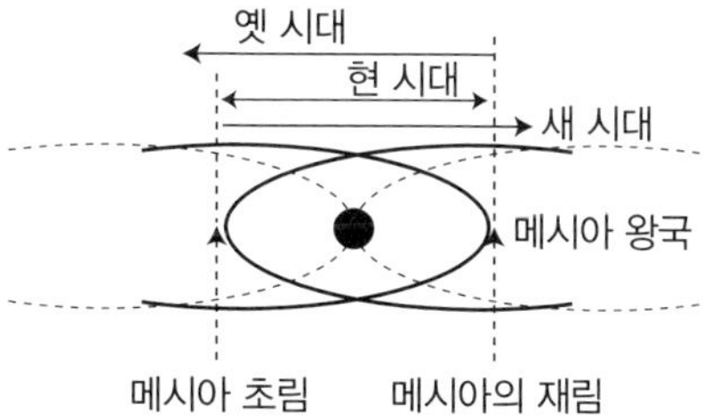

그림6 메시아의 도래에 대한 신약적 관점

잘 제시합니다.

메시아의 오심은 초림에 이루어졌지만, 옛 시대는 사라지지 않았습니다. 그러나 새 시대는 이미 도래 했습니다. 그렇다고 새 시대가 완전히 도래 한 것은 아닙니다. 구약성경은 메시아가 오는 시점에 옛 시대의 소멸과 새 시대의 시작이 동시에 이루어질 것으로 보았습니다. 반면, 신약에서 옛 시대는 메시아의 재림 때에 완전하게 정리되고 새 시대가 완성되는 것으로 계시합니다. 예수님의 초림과 재림 사이는 메시아 왕국과 옛 시대를 다스리는 사탄의 왕국이 갈등을 일으키는 기간입니다. 천년왕국설은 예수님의 초림과 재림 사이의 어느 시점으로 보는가에 따라서 결정 됩니다.

2. 천년왕국설Millenium Theory에 대하여

천년왕국설에는 세 가지 현저한 이론이 있습니다. 후전년설, 전천년설, 무천년설입니다. 이들 모두 성경적 근거를 제시하지만, 완선한 이론은 없습니다. 분명한 것은 어느 이론이든 예수님께서 재림하실 것을 믿는다는 점에서는 차이가 없습니다. 그러므로 예수님의 공동체가 이 주제 때문에 분쟁하지는 말아야 합니다.

(1) 후천년설Post-millenium

복음 전파로 세상이 낙원으로 변화될 것으로 봅니다. 복음이 땅 끝까지 전파되면 주기도문에 "뜻이 하늘에서 이루어짐과 같이 땅에서도 이루어지이다"라는 간구가 응답된다고 보는 견해입니다. 따라서 마지막 때에는 온 세계가 기독교로 귀환하여서 세계 평화가 오고 지상낙원이 건설된다는 것입니다. 이렇게 복음이 온전히 전파되면 천년왕국이 시작되며, 예수님은 그 천년왕국 후에 재림하셔서 메시아 왕국을 완성하신다는 논리입니다. 그래서 후천년설이라 이름 붙여진 것입니다. 그림7이 후천년설에 따른 메시아 재림과 천년왕국의 시점을 보여줍니다.

천년왕국설

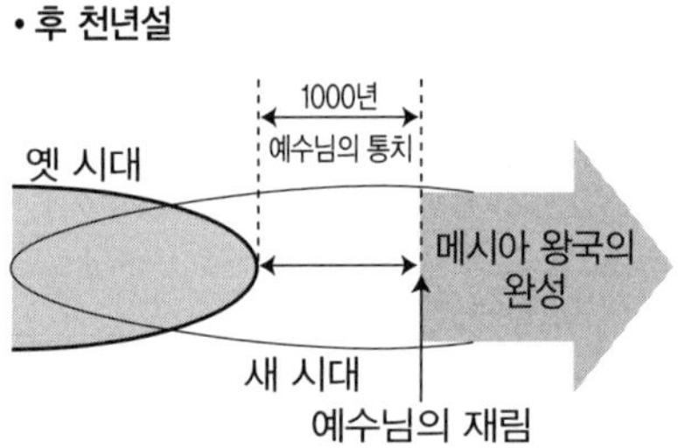

그림7 후천년설과 메시아 재림

후천년설은 세상과 인간을 긍정적으로 봅니다. 2-3세기까지 교회의 일반적 견해였습니다. 어거스틴Augustinus이 정립하였으며, AD 312년 콘스탄티누스Constantinus 대제의 국교 채택으로 현실화 되는 것 같았습니다. 그들은 AD 1000년에 예수님의 재림을 예상하기도 했습니다. 그러나 1000년이 지난 후 수정이 필요했습니다. 이후 천년을 실제 천년으로 보지 않고 교회 전체의 역사로 보게 됩니다. 19세기 말부터 과학과 문명이 첨단을 향하면서, 과학과 의술이 모든 질병을 치료하는 축복으로 인식되었고, 인간 문명과 교육과 복음 전파로 말미암아 이런 견해의 성취를 가능하게 보면서 이 견해가 더욱 보편화 되었습니다.

근거 구절은 시편 47, 72, 100편, 이사야 45장 22-25절, 로마서 2장 23절 등입니다. 열방이 하나님을 알게 될 것이라고 보는 것입니다. 예수님도 다시 오시기 전에 복음이 세상에 전파되어야 하리라고 하셨습니다.마24:14 참조 이로 말미암아 사회 복음주의가 왕성하게 일어났습니다.

특히 이 관점에 따르면 세상은 예수님 재림 때까지 점진적으로 좋아진다고 보면서 교회가 사회변혁, 정치, 경제 개혁에 적극적으로 뛰어들게 됩니다. 그러나 이 견해는 20세기에 일어난 두 차례의 세계대전 때문에 무참하게 짓밟혀 버렸습니다. 인간의 자력에 의한 과학과 교육의 발전으로 지상낙원을 건설한다는 소망이 물거품처럼 사라져 버린 것입니다. 이로 말미암아 미래 역사를 절망적으로 인식하게 되면서 후천년설을 추종하는 자는 급속히 줄어들었습니다.

(2) **전천년설**Pre-Millenium

세상의 종말에 예수님께서 재림하셔서 지상에서 천년동안 통치하실 것이라고 보는 견해입니다. 예수님은 이 천년왕국이 시작될 때 재림하신다고 하여서 전천년설이라고 부릅니다. 초대교회는 예수님의 재림이 속히 오기를 기대했습니다. 점진적인 하나님나라의 도래보다는 일순간에 임할 것으로 보았습니다.

이때는 화평한 시대이며 예루살렘이 재건되는 시기였습니다. 이 견해는 중세에는 잘 받아들여지지 않았으나 19세기 중반 보수진영에서 자유주의 신학을 반대하는 경향에서 일어났습니다. 그림 8이 전천년설을 설명해 줍니다. 전천년설도 여러 부류로 나눌 수 있습니다. 7

천년왕국설

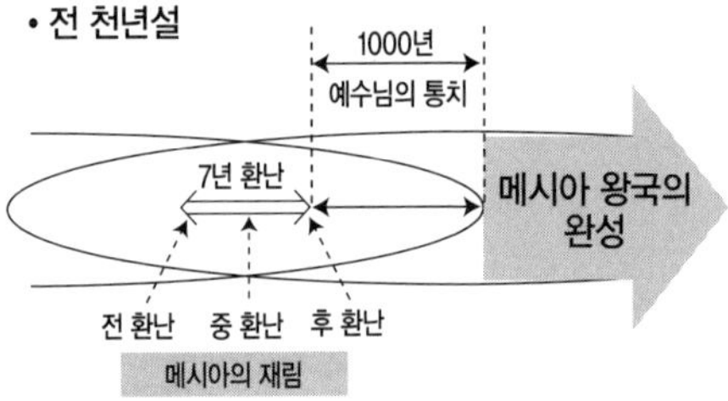

그림8 전천년설과 메시아 재림

년 환난전에 어느시점에 예수님이 재림하시는가에 따라서 전환난 전천년설, 중환난 전천년설, 후환난 전천년설등이 있습니다. 크게는 세대주의적 전천년설과 역사적 전천년설입니다. "세대주의적 전천년설은 1825년 영국의 다아비John N. Darbey가 주장한 것으로 특별히 우리나라에서는 1909년 스코필드의 관주성경을 통해서 유명해졌습니다. 그들의 주장은 이 세상에 일곱시대가 온다는 것으로 일곱 세대란 무죄시대, 양심시대, 인류통치시대, 약속시대, 은혜시대, 왕국시대이며, 이 시대가 지난 다음에 천년왕국 시대가 온다는 것입니다. 그리고 그 후에 예수님이 재림하시는데 첫 번째는 7년 대환난 전에 공중에 재림하시고, 두 번째는 7년 대환난 후에 지상에 재림하신다는 것입니다."1)

전천년설은 요한계시록 20장 4-6절을 근거로 합니다. 부활은 한 부활로서 두 종류의 사람들에게 적용되는 것으로 보며 두 번의 부활은 없습니다. 따라서 첫째 부활은 천년왕국 시작될 때 부활하는 사람들의 부활이고, 둘째 부활은 천년왕국 끝에 부활하는 사람들의 부활이며 심판의 부활로 봅니다. 따라서 부활은 한 부활로 봅니다.

예수님의 통치는 왕국 초부터 온전하게 시작됩니다. 이때 모든 악은 제거됩니다. 천년왕국은 현세의 연속이 아닙니다. 현세는 끊어지고 새로운 세상이 시작됩니다. 천년왕국은 오늘 현실과는 전혀 다른 세계이며, 성도들이 예수님과 함께 통치하는 시대입니다.

세대주의자는 이스라엘은 이때 특별한 과정을 거쳐서 구원받는다고 봅니다. 하나님께서 교회를 정리하면 이스라엘과의 관계를 회복하시고, 예수님께서 다윗 왕좌에 앉으심으로 이스라엘의 모든 언약을 성취하신다고 주장합니다.

비세대주의는 이스라엘의 특별한 대우보다 유대인이 개종할 것이라고 설명합니다. 천년왕국 전에 대환난이 올 것이며 이때에 우주적 대변화, 대환난이 임한다고 봅니다. 전천년설을 따르는 자들은 환난의 때에 교회가 지상에 존재하는가 아닌가에 대한 의견이 갈라집니다.

예수님의 재림과 휴거가 일어나는 시기도 7년 환난 전인지 중간인지 후인지에 대해서는 의견이 다릅니다. 보수주의 신학자는 대체로 7년 환난 후 천년왕국이 시작 될 때에 예수님이 재림하신다는 후환란 전천년설을 따릅니다.

(3) 무천년설A-Millenium

무천년설은 영어로 'a-millenium' 으로 'a' 는 부정을 의미하며 따라서 a-millenium은 '천년왕국이 없다' 라는 뜻입니다. 우리말로도 무천년설이라고 번역했습니다. 그러나 무천년설이라고 해서 천년왕국이 없다는 이론은 아닙니다. 후천년설과 전천년설이 주장하는 지상의 문자적 천년왕국은 없다는 견해로 예수님의 재림과 동시에 대 심판이 있습니다. 무천년설은 성경의 여러 구절에서 나온 결론이

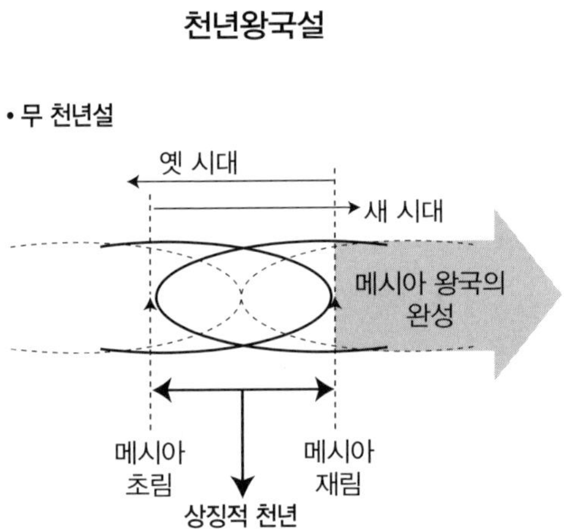

그림9 무천년설과 메시아 재림

지만, 전천년설은 계시록 20장 4-6절 단 한 부분에 근거한 이론입니다. 그림 9는 무천년설을 설명합니다.

무천년설과 후천년설의 차이는 후천년설은 예수님의 지상 통치를 주장하는 반면, 무천년설은 천년이 예수님의 초림과 재림 기간을 상징한다고 봅니다. 그림 9에서 볼 수 있듯이 무천년설에 의하면 우리는 예수님의 초림과 재림 기간 사이에 살고 있습니다. 전천년설은 계시록을 천년왕궁이 임하기 전에 7년의 대환난때에 일어날 것으로 보지만, 무천년설에 의하면 계시록의 내용은 이미 시작 되었고, 진행 중이며, 예수님의 재림 때까지 이어집니다.

전천년설로 계시록을 접근하면 계시록은 7년 대환난기에 일어날 일들로 보이지만 무천년설로 접근할 때 계시록은 현재 우리 시대에

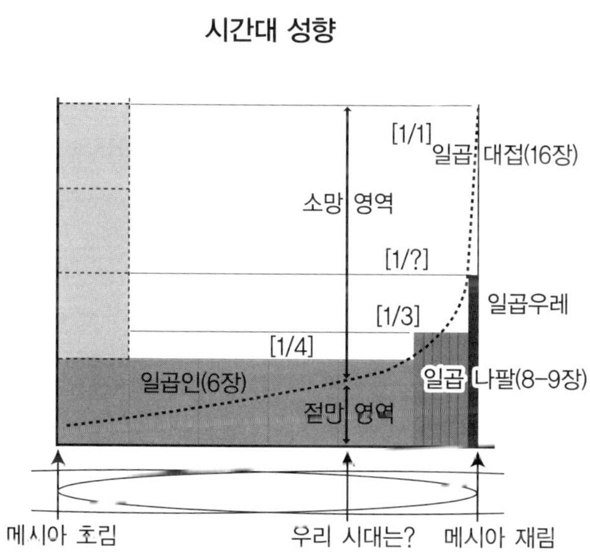

그림10 새앙늘과 현재의 시간적 위치

도 진행되며 복음서적 성격을 띕니다.

오늘 우리가 어느 시점에 있는지 정확하게 알 수는 없으나 세상 돌아가는 경향을 보면 어느 정도는 짐작할 수 있습니다. 그림10에서 종말의 경향을 나타내는 점선이 급격하게 변하는 시점인 것은 분명한 것 같습니다.

전천년설에 의하면 1260일 또는 마흔 두 달을 7년 환난 기간의 후반부로 봅니다. 무천년설에 의하면 전 1260일3년 반은 메시아 초림 이전 시기이며 후 1260일3년 반은 예수님의 초림부터 재림 사이 기간입니다. 교회 역사를 7년으로 보는 것입니다. 창세기에서 안식일을 포함하여 7일 동안 창조가 완성되었듯이 교회역사도 7년이라는 상징 기간으로 보는 견해입니다.

무천년설을 따르면 계시록 20장의 천년왕국에 대한 구절을 교회 전체 역사의 총정리로 풀이할 수 있습니다. 계시록 전체의 성격도 같은 맥락에서 봅니다. 부활의 해석에는 차이가 있습니다. 무천년설은 첫 번째 부활은 영의 부활, 두 번째 부활은 육의 부활로 봅니다.

휴Hugh는 둘 다 영적 부활로 봅니다. 다만 "살아있는 죽은 자"the living dead와 "죽어있는 죽은 자"the dead dead 차이로 봅니다. 무천년설자는 후천년설자와 달리 세상을 긍정적으로 보지 않습니다. 그리고 예수님 재림의 시기와 징조를 찾는데 노력하지 않습니다. 다만 예수님이 재림하시면 영원한 통치가 시작된다고 봅니다.

한 동안 전천년설 이외의 학설을 지지하면 이단이라고 여기던 경향이 강하였습니다. 그러나 근래에 보수주의 신학자들과 목회자들이 무천년설이 더 성경적이라는 연구나 서적을 많이 내고 있습니다.[2]

필자도 후환난 전천년설Post-Tribulation Pre-Millenium을 주장했었지만, 계시록을 공부할수록 무천년설이 더 성경적이라는 결론을 내리게 되었습니다. 또 언제 다시 전천년설로 돌아갈지 모르겠습니다. 그만큼 두 설 모두 신학자들의 지지를 받고 있습니다.

분명한 것은 이 중 어느 설을 선택하는지 때문에 믿음의 공동체가 갈라설 이유는 없다는 점입니다. 분명히 아는 것은 우리 주 예수 그리스도께서 반드시 다시 오신다는 것입니다.

3. 사탄에 대하여 1-6절

(1) 2절에 용은 "옛 뱀이요 마귀요 사탄이라"고 한 사탄은 요한계시록 12장 9절에 땅으로 내쫓긴 그 사탄입니다.

"천년 동안 결박"하였다는 것은 상징적 의미로 본래 지위를 빼앗기고 하늘에서 쫓겨났음을 의미합니다. 하나님은 사탄을 "무저갱에 던져 넣어 잠그고 그 위에 인봉하여 천 년이 차도록 다시는 만국을 미혹하지 못하게" 하셨지만, 다만 지

지옥에서 사탄의 위치

사람들은 대개 사탄이 지옥을 다스린다고 생각한다. 불교의 영향인 듯하다. 성경은 그렇게 가르치지 않는다. 요한 계시록 20장 10절에 "또 그들을 미혹하는 마귀가 불과 유황 못에 던져지니 거기는 그 짐승과 거짓 선지자도 있어 세세토록 밤낮 괴로움을 받으리라." 라고 하신 말씀과 같이 마귀는 지옥에서 가장 크게 고통 받는 자다. 악의 괴수 사탄이 하늘에서 쫓겨날 때 그와 함께 하던 타락한 천사들도 지상으로 쫓겨난 것처럼 사탄의 졸개로 타락한 천사들도 그와 함께 괴로움을 받는다. 사탄을 숭배하며 예수님을 비난하고 불신한 자들도 동일하다. 그러므로 우리는 어떻게 하든지 이웃과 친척과 친구들에게 지옥 형벌에서 구원하시는 유일한 구주이신 예수님을 전해야 한다. 특히 불신 부모들을 전도하는 일은 때를 기다릴 수 없다. 지금이 그 때다.

상에서 하나님께서 구원역사를 완성하실 때까지 도구로 사용하시는 존재입니다. 그는 이미 패배했기 때문에 성도들을 마음대로 하지 못합니다.요일5:18 참조 성도들은 예수님과 함께 사탄 위에서 왕 노릇합니다.

(2) 3절에 "반드시 잠깐 놓이리라." 불신자들도 일반 부활에 반드시 참여합니다.

마찬가지로 사탄도 반드시 잠깐 놓입니다. 그러나 이것은 심판을 위한 것입니다. 사탄도 어린양의 권세아래 마지막 판결을 받으려고 감옥에서 법정으로 끌러 나온 것과 같은 상태입니다.

(3) 4절에 "보좌에 앉은 자들"은 심판하는 권세를 받았습니다.

또 요한은 "예수를 증언함과 하나님 말씀 때문에 목 베임을 당한 자들의 영혼들과 또 짐승과 그의 우상에게 경배하지 아니하고 그들의 이마와 손에 그의 표를 받지 아니한 자들이 살아서 그리스도와 천 년 동안 왕 노릇" 하는 것을 보았습니다. 죽은 성도들이 하나님나라에서 왕 노릇 하지만, 세상사는 동안에도 예수님의 권세를 힘입어서 사탄의 권세 위에서 왕 노릇하는 권세를 받았습니다.

4. 첫째 부활과 둘째 부활, 첫째 사망과 둘째 사망

전천년설은 첫째 부활이란 한 부활이지만, 두 종류의 사람들에게 각각 적용된다고 봅니다. 이에 따르면 신자와 불신자는 각각 다른 시기에 부활합니다.

무천년설은 두 가지 부활이 있다고 봅니다. 첫째 부활은 거듭날 때의 영의 부활이며, 둘째 부활은 예수님 재림 때에 받는 육의 부활입니다.

첫째 사망은 육신의 사망이며, 둘째 사망은 백보좌 심판 때문에 받는 영벌의 심판입니다. 예수님을 믿고 핍박받고 순교하면서도 믿음을 지키는 자들은 이 둘째 사망을 받지 않습니다. 두 번 태어나고(+2) 한 번 죽음(-1)으로 영생(=+1)을 누리는 것입니다.

5. 그리스도와 더불어 왕 노릇하며 사십니까?

천년왕국은 하나님으로 부터 모든 권세를 받으신 예수님(마28:18)이 통치하시는 나라로서 예수님의 재림 때에 반드시 완성됩니다. 그러나 그 나라는 이미 임하였습니다. 사탄의 권세에서 자유하며, 더는 사탄이 속박할 수 없는 구원을 받았습니다. 사탄을 정복하시는 더 강한 예수님의 권세를 받았기 때문이다.

당신은 지금 왕 노릇하며 사는가? 아니면 세상에 끌려 다니는 세상의 종이 되어 사는가? 영적 자존감을 지키며 살 수는 없을까?

6. 천년이 차게 될 때 일어나는 일과 생명책

(1) 아마겟돈의 심판 : 사탄의 심판, 20:7-10절

천년이 차매 8절에 사탄은 사방 백성을 모으고 마지막 전쟁을 벌이려 합니다. 곡과 마곡은 종말에 이스라엘을 대적하는 무리를 상징적으로 통칭합니다. 이것은 마치 감옥에 갇혀있던 마피아 두목이 법정에 끌려 나오면서 그 졸개들을 법정으로 불러 모으는 것과 같습니다. 그 수가 헤아릴 수 없다는 것은 구원의 복음을 거절하고 하나님을 배척한 자들이 많음을 의미합니다. 9절에 "그들이 지면에 널리 퍼져 성도들의 진과 사랑하시는 성을" 포위합니다. 말세에 악한 영들의 활동을 의미합니다. 그러나 "하늘에서 불이 내려와 그들을 태워" 버립니다. 이것은 마지막 일곱 대접 재앙을 의미할 수 있습니다. 종말의 심판이 임하면 그들은 아무런 힘도 쓰지 못하고 망합니다. 그 후에 심판주 예수님은 악의 괴수 사탄의 삼위일체를 완전하게 심판하십니다. 요한 계시록 20장 10절입니다. "또 그들을 미혹하는 마귀가 불과 유황 못에 던져지니 거기는 그 짐승과 거짓 선지자도 있어 세세토록 밤낮 괴로움을 받으리라." 사탄은 예수님의 권세로 영원한 지옥에 힘없이 떨어집니다. 사탄을 지옥을 다스리는 자로 오해할 때가 많습니다. 전혀 반대입니다. 오히려 지옥에서 가장 심하게 고통 받을 존재입니다.

(2) 백보좌 심판, 11-15절

11절: "또 내가 크고 흰 보좌와 그 위에 앉으신 이를 보니 땅과 하늘이 그 앞에서 피하여 간 데 없더라." 성도는 지상에 뿌리내리려고 할 것 없습니다. 백보좌 심판이 임하는 날에 죄로 오염된 이 세상은 완전히 소멸할 것이기 때문입니다.

12절: "또 내가 보니 죽은 자들이 큰 자나 작은 자나 그 보좌 앞에서 있는데 책들이 펴 있고 또 다른 책이 펴졌으니 곧 생명책이라 죽은 자들이 자기 행위를 따라 책들에 기록된 대로 심판을 받으니." 무론 대소하고 예외 없이 백보좌 앞에 서야합니다. 죽음도 이들을 숨기지 못하고 내어 놓아야 합니다. 13절에 "바다가 그 가운데에서 죽은 자들을 내주고 또 사망과 음부도 그 가운데에서 죽은 자들을 내주매 각 사람이 자기의 행위대로 심판을 받고." 이 때 두 종류의 책이 사용됩니다.

첫째는 행위책입니다. 이 책에는 모든 자의 모든 죄악이 기록되어 있습니다. 숨길 수 없습니다. 이 책에 의하면 죄인 아닌 자 없습니다. 행위책에 이름이 기록된 자들은 기록된 대로 심판을 받습니다. 14-15절입니다. "사망과 음부도 불못에 던져지니 이것은 둘째 사망 곧 불못이라 누구든지 생명책에 기록되지 못한 자는 불못에 던져지더라." 그러나 다른 책이 있습니다.

둘째는 생명책입니다. 생명책에 기록된 자는 행위책에서는 그 이름이 영원히 삭제됩니다. 이들은 마지막 둘째 사망의 심판에서 구원받습니다.

누가 생명책에 이름이 기록된 자인가? 어린양 예수님을 믿고, 짐승의 표를 받지 않고, 짐승에게 경배하지 않기까지 믿음의 정절을 지킨 자들입니다.

대 분리Great Separation이 심판날에 예수님께서 "내가 너를 알지 못하노라!" 하시면 그 이름이 행위책에 있어 영원한 멸망을 당할 것이며, 예수님께서 "내가 너를 아노라!"I know you 하시는 자의 이름은 생명책에 기록되어 있어 영원한 생명을 누릴 것입니다.

소그룹 공부를 위한 질문

1. 최후 심판이 임할 때 어떤 일이 일어납니까? 앞에서 배운 재앙들은 최후 심판과 어떤 차이가 있습니까?계20:1-6

2. 첫째 부활과 둘째 부활첫째 사망과 둘째 사망의 의미에 대해서 설명해 보십시오.

3. 천년왕국설에 대해서 생각해 보십시오. 당신은 그리스도와 더불어 왕 노릇하며 살고 계십니까?

4. 천년이 차게 될 때 어떤 일이 일어납니까? 당신의 이름은 생명책에 기록되어 있습니까?계20:7-15 이것이 주의 날과 어떤 관련이 있습니까?

제6부 '재림하시는 예수님'의 에필로그

다원주의와 예수님의 유일성

뉴에이지 운동의 리더 중의 한 사람인 샹카Ravi Shanka가 강연 중에 했던 말이다.

> "예수는 유일한 길이다. 예수는 사랑이다. 예수는 많은 이름을 가졌다. 그는 붓다이다. 그는 크리쉬나Krishna, 힌두교 신들 중 하나이다. 그는 당신이다. 당신의 이름은 예수에게 속해 있다. 당신의 이름은 진짜로 당신의 이름인 줄 아는가? 예수는 하나님의 아들이다. 그는 하나님에게 속한 것을 상속받았다. 당신도 하나님에게 속한 것을 상속받았는가? 그렇다면 당신은 예수에게 속한 자이다. 그렇지 않은가? 말해보라?"

그가 말하는 예수는 우리가 믿는 예수님이 아니다. 다만 우리가 믿는 예수님에 관한 진리들을 사용해서 가짜 예수를 만들고 그 예수가 우리가 믿는 예수님인 것처럼 흉내를 내는 것이다. 그가 범하는 오류는 예수님을 인간의 수준으로 끌어내리고 인간을 예수님의 수준으로 끌어올리며 예수와 인간을 동격화 시키는 것이다.

그러나 그 오류보다 더 무서운 오류가 있다. 그것은 우리가 믿는 예수를 많은 길 중의 하나로 만들어 버리는 것이다. 그가 말하는 예수가 가짜다.

한국의 승려들 중에는 성경을 인용하거나 예수님 이야기를 하는 자들이 없지 않다. 근래에 인기를 끄는 법륜이라는 호를 가진 승려가 공개석상에서 한 여성으로부터 질문을 받고 답변하는 내용 중에 '믿는 자에게는 천국이 저희 것이라' 라고 성경의 말씀을 비슷하게 인용하고 '그것은 교회에서 쓰는 말이지 않는가?' 라는 반문에서 "스님이 말하면 스님이 말한 것"이라고 말도 안 되는 주장을 하였던 동영상이 유튜브에 올라와서 인기를 끌었다. 법륜은 여성의 질문에는 답을 주지 않으면서 교묘하게 여성의 질문을 회피하는 도구로 성경 구절을 인용한 것이다.

한국교회가 예수님의 유일성에 대한 확신을 가지지 못한다면 그 이유는 다원주의 영향이다. 성실하게 신앙생활을 하는 교인들조차도 여러 길 중에 기독교를 택했다고 말하는 것을 자주 대하게 된다. 그만큼 예수님의 유일성이 교회 내에서 강조되지 못한 탓이다. 아무리 다원주의가 대세라고 해도 진정한 예수님의 사람이라면 예수님만이 구주시라고 알려야 한다.

어느 종교의 창시자가 자신을 하나님의 아들이라고 선언했는가? 그 중에 누가 자신을 하늘로부터 왔다고 했던가? 그 중에 누가 세상 죄를 대신 지고 죽음의 형벌을 받는다고 하고 실제로 죽음의 형벌을 받았던가? 그 중에 누가 죽었다가 사흘 만에 부활할 것을 예언했으며 예언한 대로 부활했던가? 그 중에 누가 승천했던가? 그 중에 누가 자신이 세상의 심판주로 다시 오겠다고 예언했던가? 그 중에 누가 자신을 믿으라고 했으며 믿으면 영원히 산다고 약속했던가? 자신이 전한 교리를 믿으라고는 했지만 예수님처럼 자신을 믿으라고는 하지는 않았다.

예수님은 반드시 다시 오신다. 십자가에 죽으시고 부활하시고 승천하신 그리고 다시 오실 예수님만이 우리의 유일한 구주이시다.

7

새 하늘과 새 땅
그 아름다운 시작

요한계시록 21-22장

30강
새 하늘과 새 땅 계시록 21장

하나님의 뜻을 실천하는 것은 가장 위대한 성취이다.
– 트루엣(George W. Truett) –

디 엘 무디에게 최근에 결신한 사람이 찾아와서 물었습니다.

"내가 회심했으니 저는 세상을 버려야 합니까?"

무디는 다음과 같이 대답했습니다.

"그럴 필요 없습니다. 당신이 하나님의 아들을 위해 살면 세상은 신속히 당신을 버릴 것입니다. 세상은 당신이 주위에 얼씬 거리는 것을 원치 않을 것입니다."

그렇습니다. 우리 주 하나님 아버지께서 예비해 주실 새 하늘 새 땅이 임하면 우리는 죄악과 불의가 가득한 이 세상과 영원히 단절될 것입니다. 새 하늘과 새 땅은 예수님의 사람들에게 주신 소망의 약속입니다.

1. 새 예루살렘성

요한계시록 21-22장은 요한계시록의 절정이며, 성경전체의 결론입니다. 태초에 하나님께서 창조의 역사를 시작하실 때 우리에게 주시기 간절히 원하셨던 것을 성취하는 장면입니다. 새 하늘과 새 땅이 임하면 우리는 주님의 신부되어 우리의 믿음이 조금도 헛된 것이 아니라는 것을 알게 됩니다. 21장은 새 하늘과 새 땅에 대한 계시입니다.

2. 새 하늘과 새 땅의 의미와 새 예루살렘21:1-7

(1) 새 하늘과 새 땅의 의미 : 1절

1절에 "또 내가 새 하늘과 새 땅을 보니 처음 하늘과 처음 땅이 없어졌고 바다도 다시 있지 않더라." 처음 하늘과 땅과 바다는 없어져서 보이지 않습니다. 유월절이 되면 유대인은 집안에 누룩곰팡이이 생겼다거나 누룩이 닿은 것은 전부 제거하였습니다. 이와 같이 죄에 속한 모든 것을 하나님께서 제거하십니다. 마치 레위기의 부정한 것을 다 태우는 것과 같은 분위기입니다.

이것은 하나님나라를 완성하시려면 반드시 필요한 과정입니다. 완전한 공의가 행해지는 나라와 흠 없는 거룩한 나라, 영원한 나라로 완성하시려고 죄는 그림자조차도 용납하지 않고 완전히 제거하십니다.

그 다음에는 예수님의 신부된 교회를 위하여 새 하늘과 새 땅을 마련해 주십니다. 그리고 새로운 시작이 시작됩니다. 이 날은 반드시 옵니다. 우리를 괴롭히는 모든 죄악은 뿌리부터 흔적도 없이 제거되고, 사탄과 악한 짐승과 거짓 선지자를 따르던 모든 자가 영원한 불 못 심판을 당하고, 이전의 땅과 하늘과 바다와 함께 죄에 속한 모든 것이 하나님나라와는 영원히 단절되고 하나님의 자녀들은 새 하늘, 새 땅, 새 예루살렘에서 영원하고 완전한 행복을 누리게 되는 것입니다.

(2) 새 예루살렘 : 2절

2절입니다. "또 내가 보매 거룩한 성 새 예루살렘이 하나님께로부터 하늘에서 내려오니 그 순비한 것이 신부가 남편을 위하여 단장한 것 같더라." 새 예루살렘성이 하늘에서 내려옵니다. 이것은 하나님께서 예비하신 것이라는 뜻으로 인간이 과학이나 문명 발달로 만들어낸 유토피아가 아니라는 의미를 포함합니다. 이 성은 마치 신부가 남편을 위해 단장한 것처럼 황홀하도록 아름답습니다. 요한계시록 12장 1절 "하늘에 큰 이적이 보이니 해를 옷 입은 한 여자가 있는데 그 발 아래에는 달이 있고 그 머리에는 열두 별의 관을 썼더라."라고 묘사한 구절은 어린양의 신부인 교회의 황홀한 모습을 연상하게 합니다. 새 예루살렘 성은 이토록 아름다운 예수님의 신부를 위해 단장한 성입니다. 지상의 결혼식에서는 신부가 자신을 단장하지만, 어린양의 혼인잔치에서는 하나님이 직접 단장해 주십니다.

(3) 새 약속, 출애굽의 완성 : 3-5절

3-4절은 창조의 목적이며, 또한 출애굽의 완성입니다. "내가 들으

니 보좌에서 큰 음성이 나서 이르되 보라 하나님의 장막이 사람들과 함께 있으매 하나님이 그들과 함께 계시리니 그들은 하나님의 백성이 되고 하나님은 친히 그들과 함께 계셔서 모든 눈물을 그 눈에서 닦아 주시니 다시는 사망이 없고 애통하는 것이나 곡하는 것이나 아픈 것이 다시 있지 아니하리니 처음 것들이 다 지나갔음이러라." 하나님께서 그들과 영원히 함께 하시고, 예수님의 신부된 교회는 하나님의 친 백성이 됩니다. 이 말씀은 구약 성경에 하나님께서 거듭 말씀하신 약속입니다.-창17:7-8; 레26:11-12; 왕상8:27; 대하6:18; 사12:6; 렘31:33, 32:38; 겔37:27, 43:7; 슥8:8, 13:9; 요1:14, 14:23; 고후6:16,18; 히8:10, 11:16; 계7:15,17, 10:8, 12:10, 21:7-

하나님은 친히 그들과 함께 계셔서 모든 눈물을 닦아 주시고 다시는 사망이 없고, 애통하는 것도 없고, 아픈 것도 없습니다. 그 이유는 처음 것들은 다 지나갔기 때문입니다. 원문의 처음 것들이라는 단어 프로토스에는 정관사가 붙어 있어서 현재의 모든 것을 의미합니다. 새 하늘과 새 땅 그리고 새 예루살렘은 출애굽의 완성입니다.

5절입니다. "보좌에 앉으신 이가 이르시되 보라 내가 만물을 새롭게 하노라 하시고 또 이르시되 이 말은 신실하고 참되니 기록하라 하시고." 헬라어로 새롭다는 단어에는 카이노스와 네오스가 있습니다. 카이노스는 본질상으로 다른 종류의 새로움을 의미하며, 네오스는 본질은 같지만, 시간적으로 새로움을 의미하는 단어로 두 종류의 새로움으로 구별됩니다. 여기에 사용된 새로움은 카이노스입니다. 즉 새 하늘, 새 땅, 새 예루살렘, 새 나라의 새로움은 현재의 것이 새롭게 되는 것이 아니라 이전과는 전혀 다른 종류의 새 하늘과 새 땅, 새 예루살렘과 새 나라를 의미합니다. 우리를 위해 예비하시는 새 하늘 새 땅은 어떤 것일지 궁금하고 기대됩니다. 자세하게 알려주시지 않은 것은 우리를 놀라게 할 선물로서 매우 좋은 선물이라는 것을 암시합니다.

6-8절은 어린양의 말씀입니다. 복음의 완성이라고 할 만합니다. 이 구절에서 세 가지 완성을 선언하십니다.

첫째, 창조의 완성입니다. 6절에 이루었도다 하심은 성육신과 십자가 고난과 부활과 재림을 통하여 성부의 뜻을 다 완성하였다는 의미이며, 또한 창세기에서 시작한 창조의 완성을 의미합니다.

둘째, 약속의 완성입니다. 7절은 하나님의 언약의 완성입니다. "이기는 자는 이것들을 상속으로 받으리라 나는 그의 하나님이 되고 그는 내 아들이 되리라."

셋째, 심판의 완성입니다. 8절은 하나님나라를 파괴하는 것들과 하나님의 백성을 유혹하고 괴롭히는 모든 것들을 완전히 제거하심으로 심판의 완성을 이루시는 것입니다. 이것을 둘째 사망이라고 부릅니다.

(4) 둘째 사망8절

둘째 사망 심판은 불신자가 받습니다. 두려워하는 자, 믿지 않는 자, 살인자, 흉악한 자, 음행한 자, 술객, 우상 숭배자, 거짓말 하는 자들입니다. 이들은 하나님을 불신, 거부, 부인하는 행위자들로서 영적 타락으로 마귀의 종이 된 자들입니다. 불과 유황이 타는 못에 던져집니다. 이것이 둘째 사망입니다. 첫째 사망은 육의 사망이요, 둘째 사망은 영벌의 사망입니다.

3. 새 예루살렘 구조와 의미

(1) 9절 : "신부, 어린양의 아내"를 보이리라고 한 것은 새 예루살렘성이 바로 예수님의 신부를 위한 것임을 의미합니다.

(2) 11절 : 하나님의 영광이 있으매 그 빛이 벽옥과 수정같이 맑더라. 하나님의 영광을 보석에 비유하여 그 영광스러움을 그려보는 것입니다. 계시록 5장에서도 보좌의 영광을 보석에 비유하였습니다.

(3) 12절 : 크고 높은 성곽은 견고함과 보호함과 안전함과 영원함을 상징합니다. 열두 문 위에 열 두 지파의 이름이 적혀있는 것은 하나님의 백성이 거하는 성이라는 의미입니다.

(4) 열두 기초석에 12 사도의 이름이 있다는 것은 예수님의 공동체를 의미하며, 열두 지파의 이름과 열두 사도의 이름이 함께 적혀있는 것은 구약시대의 하나님의 백성과 신약시대의 하나님의 백성이 다 같은 하나님의 백성이라는 것을 의미합니다.

(5) 15절 : 금 갈대로 성전을 측량합니다. 계시록 11장에서 지팡이 같은 갈대로 측량한 것과는 차이가 있습니다. 금 갈대로 측량한 것은 그 성안의 백성, 즉 예수님을 따르려고 모든 것을 버린 자들이 받을 영광의 영원함과 귀중함을 상징합니다.

(6) 16절 : 성의 장과 광과 높이가 똑같은 길이로서 각각 만 이천 스다디온입니다. 이것은 약 2200km에 해당합니다. 예루살렘 성의 모양이 정 입방체라는 것은 새 예루살렘 성의 완전함과 온전함과 광

대함을 의미합니다. 완전함은 새 예루살렘 성은 거룩한 성임을 뜻하고, 온전함은 새 예루살렘 성은 모든 백성을 다 수용함을 뜻하고, 광대함은 새 예루살렘 성에는 부족함이 없음을 상징합니다.

(7) 17절 : 성곽은 성벽의 두께일 것입니다. 144규빗은 약 60-75m에 해당합니다. 엄청난 두께입니다. 144는 12×12인 점에서 하나님의 백성의 안전함을 의미합니다.

(8) 18절 : 성곽은 벽옥이며, 성은 맑은 유리 같은 정금이라고 합니다. 천국의 금은 세상의 금과는 다릅니다. 천국의 정금이 맑은 유리처럼 투명하다는 것은 투명하지 않은 지상의 금과는 품격이 다르다는 것을 의미합니다.

(9) 19-20절 : 성곽의 기초석을 열두 보석으로 설명하였습니다.

(10) 21절 : 열두 문은 열두 진주, 성의 길은 맑은 유리 같은 정금으로 되어 있습니다.

이 성은 너무나 아름답습니다. 하나님의 영광이 배인 성입니다. 성이 이렇게 아름답게 단장된 이유는 성안의 백성의 중요함을 의미합니다. 요한복음 10장 7-9절에 예수님은 양의 문이라고 하셨습니다. 그 문 안으로 들어온 백성이 하나님에게 얼마나 귀중했으면 이렇게 꾸미셨을까!

이 성의 아름다움은 예수님을 따르고자 모든 것을 다 버린 자가 받을 영광을 의미합니다. 이 영광은 다스리는 자가 누릴 영광이며 영원한 영광입니다.

4. 새 예루살렘 성전21:22-27

(1) 성전, 22-26절

계시록 21장 22절입니다. "성안에서…그 성전이라" 성전은 하나님과 하나님의 백성이 만나는 곳입니다. 구약의 성전에서는 하나님을 만나려면 제사장의 중보가 있어야 했습니다. 신약의 성도는 성령께서 내재하시는 성전이 되었습니다. 그러나 이 성전은 계시록에서 완성됩니다. 계시록의 성전은 예수님입니다. 예수님은 완성된 성전, 참 성전입니다. 완성된 성전이신 예수님이 다스리는 예루살렘에는 빛이 필요 없고23절, 만국의 왕들이 들어오며24절, 성문을 닫지 않는다는 것은 흑암이 완전하게 제거되고 안전함을 상징합니다. 26절은 24절의 반복입니다.

예배당인가 성전인가?

한국교회는 예배당과 성전에 대한 구분을 명확할 필요가 있다. 예배드리기 위해 모이는 장소는 예배드리는 장소로 예배당이지 성전은 아니다. 성전은 하나님께서 임재하시는 곳이다. 예배당을 성전이라고 부를 때 하나님께서 그곳에 계신다는 의미를 함축한다. 교회가 예배당을 지으면서 성전건축이라는 미명을 사용한다. 그 후폭풍은 생각보다 크다. 예배당을 성전이라고 부를 때 하나님은 예배당에만 계시고 다른 데서는 임재하지 않는다는 개념이 함축되어 있어서 예배당 아닌 곳에는 하나님이 임재하지 않으신다고 생각하기 쉽다. 그런 틈을 타고 성전을 건축하니 헌금 많이 하라고 재촉한다. 그러나 하나님은 예배당에만 계시는 분이 아니다. 성령님의 강림이후로 지상에서 우리의 성전은 우리 자신이며, 천상에서는 하나님과 어린 양 예수님이 우리의 성전이시다. 예배당은 성전이 아니다.

(2) 어린양의 생명책에 기록된 자, 27절

누가 이 성에 들어가는가? "오직 어린양의 생명책에 기록된 자들만" 들어갑니다. 생명책은 하나 뿐, 오직 어린양의 생명책뿐입니다.

이 책에 기록된 자만이 이 아름다운 성전에 들어갈 수 있습니다. 성전에 들어감이 왜 이토록 좋은가? 내 사랑하는 주님이 성전 되신 곳이기 때문입니다. 지금은 안개 속에 싸여서 희미한 예수님을 그때는 분명하고 환하게 기쁨으로 마음껏 만날 것입니다.

소그룹 공부를 위한 질문

요한계시록 21-22장은 요한계시록의 절정이며 성경전체의 결론입니다. 태초에 하나님께서 창조 역사를 시작하실 때 우리에게 간절히 주시기 원하셨던 것을 성취하는 장면입니다. 새 하늘과 새 땅이 임하면 우리는 주님의 신부가 되어 우리의 믿음이 조금도 헛된 것이 아님을 알게 될 것입니다.

1. 새 하늘과 새 땅은 무엇을 의미하며 새 예루살렘은 무엇을 상징합니까? 그때 어떤 약속들이 이루어집니까?계21:1-7

2. 그때에 둘째 사망을 받는 자들은 어떤 사람들입니까?계21:8

3. 새 예루살렘은 어떤 구조로 되어 있습니까? 각 구조는 어떤 의미가 있습니까?

4. 어린 양의 열두 사도의 이름이 의미하는 것은 무엇입니까?

5. 왜 새 예루살렘에는 성전이 없습니까? 그 성은 어떤 자만 들어갑니까?계21:22-27 그 성에 들어가기를 사모합니까?

31강
그 아름다운 시작 요한계시록 22장

수고하고 무거운 짐 진 자들아 다 내게로 오라.
내가 너희를 쉬게 하리라.
– 마11:28 –

대한민국 국회회의록에 흥미로운 사실이 있습니다. 단기 4281년 서기 1948년 5월 31일 오전 10시에 열린 제1회 국회회의록에 의하면 198명의 의원이 모인 중에 임시의장으로 선출된 이승만 박사는 회의를 진행하면서 제일 먼저 감리교의 목사이기도 했던 이윤영 의원에게 기도로 시작할 것을 부탁하였습니다. 이윤영 의원이 기도할 때에 의원 일동이 기립하였습니다. 대한민국 건국사상 최초로 국회의원들이 하나님께 기도드리려고 자리에서 일어섰던 장면입니다. 다음은 이윤영 의원의 기도문을 수정 없이 원문 그대로 옮겼습니다.–독음은 독자를 위해 적었습니다.–

이 宇宙우주와 萬物만물을 創造창조하시고 人間인간의 歷史역사를 선림하시는 하나님이시여 이 民族민족을 도라보시고 이 땅에 祝福축복하셔서 感謝감사에 넘치는 오날이 있게하심을 主님께 저희들은 誠心성심으로 感謝감사하나이다. 오랜 時日시일 동안 이 民族민족의 苦痛고통과 呼訴호소를 들으시사 正義정의의 칼을 빼서 日帝일제의 暴力폭력을 굽피시사 하나님은 이제 世界萬邦세계만방의 良心양심을 움지기시고 또한 우리 民族민족의 念願염원을 들으심으로 이 기쁜 歷史的역사적 歡喜환희의 날을 이 時間시간에 우리에게 오게하심을 하나님의 선림이 世界萬邦세계만방에 正視정시하신 것으로 저희들은 믿나이다. 하나님이시여 이로부터 南北남북이 둘로 갈리여진 이 民族민족이 어려운 苦痛고통과 羞恥수치를 심원하야주시고 우리 民族민족 우리 同胞동포가 손을 같이 잡고 웃으며 노래 부르는 일이 우리 앞에 속히 오기를 기도하나이다. 하나님이시여 願원치 아니한 民生민생의 塗炭도탄은 길면 길수록 이 땅의 惡魔악마의 權勢권세가 擴大확대되나 하나님의 거룩하신 榮光영광은 이 땅에 오지 않을 수밖에 없을 줄 저희들은 생각하나이다. 願원컨대 우리 朝鮮獨立조선독립과 함께 南北統一남북통일을 주시옵고 또한 우리 民生민생의 福樂복락과 아울러 世界平和세계평화를 許諾허락하여 주시옵소서. 거룩하신 하나님의 뜻에 依支의지하야 저희들은 聖성스럽게 擇택함을 입어가지고 글자 그대로 民族민족의 代表대표가 되었습니다. 그러하오나 우리들의 責任책임이 重且大중차대한 것을 저희들은 느끼고 우리 자신이 眞實진실로 無力무력한 것을 생각할 때 智지와 仁인과 勇용과 모-든 德덕의 根源근원이 되시는 하나님 앞에 이러한 要素요소를 저희들이 講求강구하나이다. 이제 이로부터 國會국회가 成立성립이 되어서 우리 民族민족이 念願염원이 되는 모-든 世界萬邦세계만방이 주시하고 기다리는 우리의 모든 問題문제가 圓滿원만히 解決해결되며 또한 이로부터서 우리의 完全自主獨立완전자주독립이 이 땅에 오며 子孫萬代자손만대에 빛나고 푸르른 歷史역사를 저희들이 定정하는 이 事業사업을 完遂완수하게 하야 주시옵소서. 하나님이 이 會議회의를 司會사회하시는 議長의장으로부터 모든 우리 議員一同의원일동에게 健康건강을 주시옵고 또한 여기서 良心양심의 正義정의와 威信위신을 가지고 이 業務업무를 完遂완수하게 도와주시옵기를 기도하나이다. 歷史역사의 첫걸음을 걷는 오날의 우리의 歡喜환희와 우리의 感謝감사에 넘치는 이 民族的민족적 기쁨을 다 하나님에게 榮光영광과 感謝감사를 올리나이다. 이 모든 말씀을 主주예수 크리스도 이름을 받드러 祈기도하나이다.「아-멘」

참 아름다운 시작입니다. 대한민국의 첫 국회가 예수 그리스도의 이름으로 기도드리고 시작 되었다는 사실에 저는 감격합니다. 인간 역사가 이어지는 한 언젠가는 한반도의 우리 민족이 하나님의 제사장 나라로 일어서는 것을 보고 싶습니다. 그러나 우리 민족이 모든 것의 끝이 아닙니다. 우리의 끝은 영원의 시작점입니다. 그 아름다운 시작을 요한계시록 마지막 장에 담아주신 예수님께 찬양과 영광과 감사를 올려드립니다.

1. 천국의 총정리22:1-5

(1) 에덴동산의 완성

1-5절은 천국에 대한 예언의 완결이며 총정리입니다. 창세기 3장 24절에 "이같이 하나님이 그 사람을 쫓아내시고 에덴동산 동쪽에 그룹들과 두루 도는 불 칼을 두어 생명나무의 길을 지키게 하시니라." 불 칼은 정관사가 붙은 단수로 '불의 그 칼' 을 의미합니다. 죄인을 죽여서 천국으로 들어오지 못하게 하는 심판의 검입니다. 하나님은 이 불 칼로 죄인 대신 성자 예수님을 찌르셨습니다. 그리고 죄인들이 다시 에덴동산으로 돌아올 길을 열어주셨습니다. 대속주 예수님을 믿는 믿음을 지킨 자들에게는 이제 하나님의 생명나무가 있는 그 동산으로 들어가는 길이 열린 것입니다.

> **창세기와 요한계시록**
>
> 성경은 창세기와 요한계시록을 연결시킬 때 온전한 해석이 가능하다. 예수님은 자신을 알파와 오메가요 시작과 끝이라고 하셨다. 예수님은 알파와 오메가이실 뿐만 아니라 알파와 오메가 사이에 모든 공간을 예수님으로 꽉 채우신다. 예수님은 시작과 끝이실 뿐만 아니라 시작과 끝의 모든 시간들 사이를 예수님으로 꽉 채우신다. 성경책의 시작은 창세기요 성경책의 끝은 계시록이지만 성경의 시작은 예수님이시며 성경의 끝도 예수님이시다. 창세기로 시작하여 요한계시록으로 끝나는 성경은 전부 예수님으로 채워졌다.(요 5:39, 눅 24:27, 44) 더불어 우리의 삶의 시간과 공간들도 예수님으로 채워갈 때 우리의 생활은 감격과 기쁨과 행복이 넘치도록 채워진다. 예수님을 통해서만 인간이 하나님 아버지께로 나아갈 수 있다.(요4:6)

(2) 천국에 대한 총정리

첫째, 천국보좌 : 1절 입니다. "또 그가 수정 같이 맑은 생명수의 강을 내게 보이니 하나님과 및 어린 양의 보좌로부터 나와서" 맑은 생명수의 근원지는 천국보좌입니다. 하나님나라는 검과 무력으로 다스리는 나라가 아니라 사랑하는 하나님 아버지께서 공의와 사랑으로 다스리시는 생명수가 흐르는 나라입니다.

둘째, 생명나무 : 2절에 하늘 보좌에서 흐르는 생명수를 알려주십니다. "길 가운데로 흐르더라 강 좌우에 생명나무가 있어 열두 가지 열매를 맺되 달마다 그 열매를 맺고 그 나무 잎사귀들은 만국을 치료하기 위하여 있더라." 창세기 3장에서 금지된 에덴동산의 생명나무가 이제는 풍성하게 주어집니다. '열두 가지 열매' 는 영생에 필요한 모든 양식과 또한 풍성함을 상징합니다. '달마다' 는 항시 또는 영원을 의미합니다. '만국을 치료하기 위한 잎사귀들' 은 천국에서는 생명나무 과실을 부족함 없이 공급하여 모든 민족이 먹도록 회복시킬 것을 의미합니다. 예수님이 우리의 치욕스러운 모든 죄를 덮어 주시는 치유의 잎이 되셨습니다. 에덴동산에서 죄를 지은 인간이 하나님 앞에서 수치스러운 자신을 가리려고 나뭇잎으로 몸을 가렸지만, 천국에서는 예수님께서 십자가 보혈로 우리 죄를 씻어주시고 영원히 덮어버리십니다. 그 잎이 예수님의 보혈입니다.

셋째, 천국 : 3-5절에 천국은 "다시 저주가 없으며 하나님과 그 어린 양의 보좌가 그 가운데에 있으리니 그의 종들이 그를 섬기며 그의 얼굴을 볼 터이요 그의 이름도 그들의 이마에 있으리라 다시 밤이 없겠고 등불과 햇빛이 쓸 데 없으니 이는 주 하나님이 그들에게 비치심이라 그들이 세세토록 왕 노릇 하리로다."라고 알려주십니다.

천국은 :

첫째, 다시 저주가 없는 나라입니다. 헬라어로 저주는 카타나데마로 '아래, ~에 의하여' 라는 뜻의 전치사 카타와 '금지 또는 파문' 을 뜻하는 단어 아나데마의 합성어입니다. 죄인의 저주는 하나님께 살

수 없도록 금지 된 것입니다. 하나님나라인 천국에는 이런 저주가 다시는 없습니다.

둘째, 주의 종들이 예수님과 교제하며 사는 나라입니다. 어린양의 보좌가 가운데 있다는 것은 누구든지 예수님을 만날 수 있다는 뜻이고, 섬긴다는 것은 봉사한다, 예배드린다는 뜻으로 예수님과 직접 교제하는 특권을 의미하며, 그의 얼굴을 본다는 것은 매우 친밀한 관계임을 뜻합니다. 예배의 완성입니다.

셋째, 예수님의 이름을 이마에 새긴 자들이 누리는 나라입니다. 사탄에게 신앙의 절개를 굽히지 않고 믿음을 지킨 자들, 예수님께 속한 자들입니다. 죽을지라도 사탄의 표666를 받지 않을 이유도 이것입니다.

넷째, 다시 밤이 없는 나라입니다. 밤은 절망과 아픔, 고통과 슬픔, 저주와 죽음을 의미합니다. 천국에는 이런 밤이 다시는 없습니다. 이유는 하나님이 생명의 빛을 항상 그리고 영원히 비추시기 때문입니다. 인간에게 드리워진 흑암도 예수님께서 완전히 그리고 영원히 제거하셨습니다. 성도들의 영원은 예수님께서 영원히 책임져 주시는 은혜라는 것을 잊지 말아야 합니다.

다섯째, 성도들이 세세토록 왕 노릇하는 나라입니다. 왕 노릇하는 길은 왕이던가 아니면 왕의 권세를 받는 것입니다. 성도가 왕 노릇하는 것은 왕이라서 왕 노릇하는 것이 아니라 왕의 영원한 자녀로 입양절차를 완료함으로써 왕이신 하나님의 자녀 된, 하나님 나라의 공주와 왕자된 권세를 영원히 누리는 것입니다.

2. 성경의 대단원22:6-20

(1) 성경의 결론

요한계시록 22장 6-20절은 세 가지 결론을 담은 구절입니다.

첫째, 요한계시록의 결론입니다. 이 결론 구절과 요한계시록의 서론구절을 연계하여야 합니다.

둘째, 복음서의 완성입니다. 복음서가 없으면 계시록은 해석하기 어렵습니다. 반면, 계시록이 없으면 복음서는 불완전합니다. 복음서와 계시록은 이렇게 중요한 관계에 있습니다. 계시록에서 우리는 강한 복음 메시지를 읽게 됩니다. 요한계시록은 복음서의 연장이며, 복음서의 완성입니다.

셋째, 성경전체의 결론입니다. 계시록은 신약성경의 결론일 뿐만 아니라 성경전체의 결론입니다. 계시록을 이해하지 않고는 성경을 바로 이해할 수 없습니다. 그러므로 요한계시록의 결론은 성경의 결론입니다. 계시록은 성경 전체에 없어서는 안 되는 책입니다. 그만큼 이 구절도 없어서는 안 됩니다.

(2) 예수님의 계시와 종말의 때

첫째, 속히 오리니 : 6절에 '선지자들의 영'에서 영은 복수로서 성령님이 아니라 선지자들의 영을 의미합니다. 천사는 성도들의 영을 통하여 일합니다

7절은 예수님의 말씀입니다. "보라 내가 속히 오리니 이 두루마리의 예언의 말씀을 지키는 자는 복이 있으리라 하더라." '이 두루마리

의 예언의 말씀' 은 계시록을 의미합니다. 마태복음 5장에서 시작한 복 있는 자에 대한 설교도 계시록에서 결론내리십니다. 예수님의 말씀을 종말의 때에 지키는 것은 진실한 믿음을 요구합니다.

예수님이 속히 오시겠다는 표현이 7절과 10절과 20절에 세 번 반복됩니다. '속히' 라는 단어 타퀴스는 긴급성을 의미하는 '곧' 이라는 의미와 신속성을 의미하는 '즉시' 라는 의미가 있습니다. 긴급성은 빠른 미래에 이루어진다는 의미와 신속성은 짧은 순간에 신속히 이루어진다는 의미입니다. 예수님의 재림은 두 가지 의미를 다 포함합니다. 그러나 긴급성은 절대적 시간보다 반드시 이루어질 일이라는 것을 강조하며, 신속성은 아무도 알지 못하는 때에 신속히 이루어질 것임을 강하게 강조합니다.

예수님은 마태복음 25장 13절에서 "그런즉 깨어 있으라 너희는 그 날과 그 때를 알지 못하느니라."라고 하셨습니다.막13:33-36 참조 바울 사도도 데살로니가전서 5장 1-2절에서 권면하였습니다. "형제들아 때와 시기에 관하여는 너희에게 쓸 것이 없음은 주의 날이 밤에 도둑 같이 이를 줄을 너희 자신이 자세히 알기 때문이라." 이 구절들은 예수님 재림의 확실성과 함께 신속하게 임하실 것을 경고합니다. 그러므로 속히 라는 뜻은 신속성에 더 무게가 실린 표현입니다.

둘째, 종말의 때 : 8절에 요한은 천사에게 경배하려합니다. 이것은 이미 앞서 경험한 일계19:10을 반복합니다. 그만큼 인간이 나약하며 영적으로 무지한 존재라는 것을 말합니다. 9절에 천사는 하나님께만 경배하라고 알려줍니다. 10절에 "또 내게 말하되 이 두루마리의 예언의 말씀을 인봉하지 말라 때가 가까우니라." 이 두루마리의 예언의 말씀은 7절의 것과 같은 것입니다. 인봉하지 말라는 것은 공개하라는 것입니다. 요한계시록은 신자와 불신자 모두에게 읽히고 알려져야 할 책입니다. 이유는 때가 가깝기 때문입니다. 종말의 때가 어떤 때인지 11절이 알려줍니다. "불의를 행하는 자는 그대로 불의를 행하고 더러운 자는 그대로 더럽고 의로운 자는 그대로 의를 행하고 거룩한 자는 그대로 거룩하게 하라." 악인들이 더는 회개할 가능성이 없고, 더는 소망이 없으며, 종말의 심판을 부르는 때입니다. 이 구절은 종말의 때에 대한 암시를 하고 있습니다. 어떤 이들은 지구상에서 일어나는 지진과 같은 자연재앙의 빈도수와 세계통합음모론자들의 활동으로 종말의 때를 예견하려고 합니다. 그러나 종말의 때는 사람들의 양심이 구원의 소망을 완전히 상실해 가고 있다는 사실에서 예견할 수 있습니다. 알면서도 의도적으로 고의로 예수님을 미워하고 예수님의 교회를 핍박하며 하나님을 대적하는 마음의 타락으로 더이상 구원의 소망이 없어질때 종말의 때가 옵니다.

(3) 예수님의 마지막 선포12-17절

12절에 "보라 내가 속히 오리니 내가 줄 상이 내게 있어 각 사람에게 그가 행한 대로 갚아 주리라." 예수님께서 다시 오시면 행한 대로 갚아 주십니다. 이 상을 받을 때는 모든 성도가 함께 기뻐하는 날입니다. 모든 불의는 백보좌 심판에서 제거되고 성도들의 희생과 수고를 갚아주시는 상급입니다. 마태복음 10장 42절 "또 누구든지 제자의 이름으로 이 작은 자 중 하나에게 냉수 한 그릇이라도 주는 자는 내가 진실로 너희에게 이르노니 그 사람이 결단코 상을 잃지 아니하리라 하시니라." 이 시상식은 경쟁이 없습니다. 더 받은 자도 덜 받은 자도 서로 축하하며 즐거워할 뿐입니다. 그 상급의 크기와 상관없이 예수님을 기쁘게 해드린 증거이기 때문입니다.

13절에 "나는 알파와 오메가요 처음과 마지막이요 시작과 마침이라." 예수님은 시작과 끝입니다. 만물의 모든 것이 예수님께 달려있습니다.

14절 "자기 두루마기를 빠는 자들은 복이 있으니 이는 그들이 생명나무에 나아가며 문들을 통하여 성에 들어갈 권세를 받으려 함이로다." 두루마기를 빠는 자들은 요한계시록 7장 14절에 언급된 자들로서 어린 양의 피로 모든 죄를 씻은 자들입니다. 생명나무 과실을 먹으며 어린양의 성으로 들어갈 권세를 받은 자들입니다. 15절에 나오는 점술가, 음행한 자, 살인자, 우상 숭배자, 거짓말 하는 자와 같이 성 밖에 쫓겨나서 슬피 우는 자마22:13, 24:51, 25:30나 문밖에서 후회하는 다섯 처녀마25:10-12가 되어서는 안 됩니다.

16절 "나 예수는 교회들을 위하여 내 사자를 보내어 이것들을 너희에게 증언하게 하였노라 나는 다윗의 뿌리요 자손이니 곧 광명한 새벽 별이라 하시더라." 예수님께서 자신을 '다윗의 뿌리요 자손' 이라고 하신 것은 예언대로 세상에 오셨던 그 예수님이라는 뜻이며, '광명한 새벽별' 이라고 하신 것은 예수님께서 예언을 완성하시고 천국을 주시는 분이라는 뜻입니다.

(4) 요한계시록의 기록 목적17절

17절은 계시록의 마지막 초청입니다. "성령과 신부가 말씀하시기를 오라 하시는도다 듣는 자도 오라 할 것이요 목마른 자도 올 것이요 또 원하는 자는 값없이 생명수를 받으라 하시더라." 주님의 신부된 교회는 성령님과 함께 복음전파의 동역자가 되어 예수님께서 재림하시는 순간까지 예수님을 증거할 사명이 있습니다.

요한계시록 22장 17절은 성령사역의 성경적으로 이해하는 다섯 가지 중 하나가 되는 구절입니다, 성령사역을 성경적으로 정리하면 :

첫째 성령사역의 본질은 예수님의 사역의 연장입니다. 요한복음 16:13-14절입니다. "그러나 진리의 성령이 오시면 그가 너희를 모든 진리 가운데로 인도하시리니 그가 스스로 말하지 않고 오직 들은 것을 말하며 장래 일을 너희에게 알리시리라 그가 내 영광을 나타내리니 내 것을 가지고 너희에게 알리시겠음이라." 예수님께서 지상의 33년 동안에 하신 일은 예수님 자신을 증언하는 일이었습니다. 이제는 부활 승천하시며 보내 주신 성령께서 그 사역을 연장하여 가십니다.

둘째 성령사역의 핵심은 예수님을 증언하는 일입니다, 요한복음 5:26절입니다. "내가 아버지께로부터 너희에게 보낼 보혜사 곧 아버지께로부터 나오시는 진리의 성령이 오실 때에 그가 나를 증언하실 것이요." 예수님의 성령이 오시면 성령의 사람들과 함께 하시며 그들에게 예수님을 증언하십니다.

셋째 성령사역의 목적은 예수님의 증인을 보내는 일입니다. 사도행전 1:8절입니다. "오직 성령이 너희에게 임하시면 너희가 권능을 받고 예루살렘과 온 유대와 사마리아와 땅 끝까지 이르러 내 증인이 되리라 하시니라." 사도행전 13:1-3절입니다. "안디옥 교회에 선지자들과 교사들이 있으니 곧 바나바와 니게르라 하는 시므온과 구레네 사람 루기오와 분봉 왕 헤롯의 젖동생 마나엔과 및 사울이라 주를 섬겨 금식할 때에 성령이 이르시되 내가 불러 시키는 일을 위하여 바나바와 사울을 따로 세우라 하시니 이에 금식하며 기도하고 두 사람에게 안수하여 보내니라." 바나바와 바울을 보내신 성령께서는 끊임없이 성령님께 순종하는 자들을 전도와 선교의 현장으로 보내십니다.

넷째 성령사역의 방법은 예수님의 신부들과 동역입니다. 계시록 22:17절입니다. "성령과 신부가 말씀하시기를 오라 하시는도다 듣는 자도 오라 할 것이요 목마른 자도 올 것이요 또 원하는 자는 값없이 생명수를 받으라 하시더라." 이 말씀은 성령님과 신부가 동역하며 세상을 향하여 영생수 되시는 예수님께로 나와서 공로 없어도 생명수를 받으라고 초청하는 것을 말합니다. 이 말씀은 계시록의 기록 목적이고, 요한계시록을 복음서의 관점으로 이해해야 하는 근거이기도 합니다.

다섯째 성령사역의 완성은 예수님의 재림으로 이루어집니다. 로마서 8:16절입니다. "성령이 친히 우리의 영과 더불어 우리가 하나님의 자녀인 것을 증언하시나니." 성령님은 우리 안과 밖에서 역사하시며 하나님의 자녀로 입양 된 우리를 하나님의 자녀 되게 도우십니다. 그 입양절차가 완성 되고 우리가 하나님의 자녀인 증거의 완성이 예수님의 재림입니다. 그때까지 성령님은 우리를 도우셔서 하나님의 자녀가 되어 서는 날을 고대하십니다.

에드윈 러쉬워드Edwin Rushworth 평생 회의론자로 살았습니다. 그러나 나이가 들자 자신이 평생 동안 비웃었던 성경책을 하루에 한 시간씩 읽기로 작정하였습니다. 성경을 일독하고 나서 부인에게 말했습니다.

"만약 이 책이 진짜면 우리는 다 잘못되었소."If this book is right, we are all wrong

또 한 주간동안 성경을 다 읽고 난 후 말했습니다.

"만약 이 책이 진짜면 우리는 잃어버린 자들이요."If this book is right, we are lost!

또 다시 열심히 일독하고 나서 말합니다. "만약 이 책이 진짜라면 우리도 구원받을 수 있겠소"If this book is right, we may be saved!

그리고 그들은 예수님의 사람들이 되었습니다. 에드윈이 성경 읽어가는 동안에 놀라운 깨달음을 깊게 하여주신 분은 성령님이십니다. 에드윈에게 성경 읽도록 감동하신 분은 성령님이요, 에드윈과 함께 그의 아내에게 예수님께 오라하고 듣게하고 목마르게 하고 값없이 생명수를 받으라고 하고 예수님을 믿도록 쓰신 분도 성령님이십니다. 성령님은 예수님의 신부성도들과 더불어 예수님께서 다시 오실 때까지 예수님을 증언하는 일을 이어가십니다.

(5) 요한계시록의 마지막 경고18-20절

18-19절은 이단과 거짓 교사들에게 주는 경고입니다. 예수님의 계시에 무엇이든지 더하거나 제하는 것도 심판의 대상입니다. 예수님의 계시에 사람의 것을 무엇이든지 더하여서 가짜 예수를 만들어 사람들을 현혹하는 것, 무엇이든지 제하여서 불완전한 예수를 만들어 혼란하게 하는 것, 모두 구원의 길을 막는 일이니 심판에서 벗어나지 못할 죄입니다. 이단이 요한계시록을 가르치면서 이 두 구절의 경

고를 어떻게 해석하는지 궁금하기도 합니다.

이 경고는 계시록에 대한 몇 가지를 강조합니다.

첫째, 계시록의 진실성을 의미합니다. 계시록의 모든 것은 진실이므로 가감이 없어야 합니다.

둘째, 계시록의 정확성을 의미합니다. 계시록의 모든 것은 정확하므로 가감이 없어야 합니다.

셋째, 계시록의 중요성을 의미합니다. 계시록을 교회와 세상에 반드시 알려야 합니다.

넷째, 계시록의 필요성입니다. 계시록의 모든 것은 교회와 세상에 반드시 필요하므로 계시록을 변질시키지도 말며, 그 중요성을 희석시켜서도 안 됩니다. 그대로 알리고 그대로 전해야 합니다.

(6) 대단원과 고백20-21절

예수님께서 "내가 진실로 속히 오리라"20절 하신 것은 불신자나 행악자에게는 불편한 경고입니다. 반면, 성도에게는 위로와 격려입니다. 성도는 고백합니다. "아멘 주 예수여 오시옵소서!" 계시록은 "주 예수여 어서 오시옵소서"라고 고백하지 않았습니다. "아멘 주 예수여 오시옵소서!"와 "주 예수여 어서 오시옵소서" 둘 중에 어느 것이 더 신실한 고백인가? 얼핏 보기에는 후자 일 것 같지만, 전자입니다. 후자는 '고난 많은 세상, 주님 속히 오십시오!' 라는 도피적 고백이라면, 전자는 '주님, 언제라도 오십시오. 내일 오셔도 주님 맞을 준비되어 있습니다. 내년에 오셔도 좋습니다. 그때까지 주의 일에 충성하며 기다리겠습니다. 10년 후, 100년 후도 좋습니다. 언제라도 오시옵소서. 기다리겠습니다.' 라는 장렬한 고백이기 때문입니다. 멋진 대단원의 고백입니다.

21절은 이런 성도를 축복합니다. "주 예수의 은혜가 모든 자들에게 있을지어다 아멘." 예수님의 신부된 성도들이여! 예수님은 반드시 다시 오십니다. 그 날까지 거룩한 신부의 정절을 지키며, 성령님과 복음의 동역자가 되어 일평생 예수님의 증인이 되어 살면서 사탄의 표는 단호하게 거부하고, 죄와 사탄의 권세위에 왕노릇하며, 일평생 예수님의 사람을 길러내며 살다가 죽어서 예수님앞에 기쁨으로 서십시다. 주 예수님의 크고 막강한 은혜가 일평생 우리와 함께 할 것입니다. 시편 23편이 완성되기까지!

소그룹 공부를 위한 질문

1. 천국은 어떤 곳입니까?계22:1-5 요한계시록의 천국과 창세기의 에덴동산을 비교하면서 하나님나라에 대한 하나님의 계획을 묵상해 보십시오.

2. 요한계시록 22장 6-20절은 요한계시록의 결론이며 성경의 대단원이기도 합니다. 이 본론과 요한계시록의 서론을 비교해 보십시오. 그 내용은 복음서의 메시지와 어떤 연관이 있습니까?

3. 요한계시록 22장 11-12절에서 종말은 언제 임하는지 알 수 있습니까?

4. 요한계시록은 누구의 계시계22:16이며, 그 목적계22:17이 무엇입니까?

5. 요한계시록 22장 18-19절은 어떤 의미를 강조합니까?

6.요한계시록 22장 20절에서 어떤 기도제목으로 기도하시겠습니까?

부록

요한계시록을 정리하면서

다음의 질문들을 묵상하면서 요한계시록을 정리하면 유익할 것입니다.

[질문에 대한 답은미국에 거주하고 있는 김찬웅 형제(D.D.S.)가 원고를 읽고 채운 글을 허락받고 실었습니다.]

1. 요한계시록의 대주제와 핵심 메시지는 무엇입니까?

창세기 때부터 시작된 예수님의 구속 사역의 완성이며, 4복음서의 완성이고, 우리의 영원한 구세주 되시며 주인 되시는 예수님의 구원 사역의 완전한 결말입니다. 핵심메시지 역시 다시 오실 예수님의 구속 사역의 결론입니다. 다시 말해 예수님 없는 요한계시록은 있을 수 없으며, 예수님으로 가득찬 복음서의 결론이 요한계시록입니다.

2. 요한계시록을 통해 자신의 관점에 어떤 변화가 일어났으며, 어떤 은혜를 입었습니까?

예수님의 은혜로 말미암아 예수님과의 교제가 더욱 깊어졌습니다. 또한 요한계시록에 가득한 예수님의 메시지가 흔들림 없이 꽉 차 있는 책을 읽으며 감사의 눈물을 흘렸습니다. "아 그렇지요! 서반 그렇게 믿고 사는 것이 아니었군요! 아멘!"이라는 '거룩'의 확신 또한 힘이 되었습니다.

예수님은 철저히 배제된 채 천국과 지옥 두 갈래 중 지옥에 대한 공포로 가득 찬 메시지가 점점 많아지는 이때에 참 좋으신 우리 예수님의 다시 오심을 더욱더 기쁜 마음으로 기대하고 기다리는 데에 다시금 큰 힘을 얻었습니다.

3. 창세기와 요한계시록은 어떤 관계가 있습니까?

죄로 말미암아 주님과 끊어진 관계를 완전하게 회복하시는, 성경 전체에 가득한 예수님의 구속 사역은 창세기에서 시작하여 요한계시록에서 끝납니다. 그러므로 요한계시록은 예수님으로 시작해 예수님으로 끝나는 성경의 결말입니다

4. 예수님의 교회가 요한계시록의 주제는 무엇을 배워야합니까?

예수님의 신부된 교회가 예수님을 구세주와 주인으로 모셔 모든 환난과 유혹에서도 정결을 지키고 예수님의 온전한 신부가 되어야 합니다.

5. 요한계시록을 공부한 우리는 어떤 간절한 소망을 품게 됩니까?

오! 좋으신 예수님이여, 당신을 기다리는 마음이 더욱 간절합니다! 모든 영혼을 빠짐없이 살리시는 예수님, 당신을 사랑하며 영원토록 찬양합니다!

베리칩과 지옥 자체에 집중하여 정작 요한계시록에 가득 찬 예수님 당신의 메시지를 지나쳐 버리는 것이 아니라, 성령의 도우심으로 그 메시지 자체가 예수님 당신이심을 믿고 알게 하소서. 예수님 당신 안에서만 온전히 서도록 연약한 우리를 도우소서.

나가는 말

21세기는 첫째, 진실과 비진실이 혼합된 시대이고, 둘째, 과학과 비과학이 타협하는 시대이며, 셋째, 이성과 감성이 자리바꿈해버리는 시대이고, 넷째, 선과 악이 뒤바뀌는 시대이며, 다섯째, 이런 현상이 가속화되는 시대입니다.[1] 그리고 이런 특성들이 교회의 성도에서 적지 않게 영향을 끼쳐서 날이 갈수록 영적 혼란이 심화됨을 체감하는 시대입니다.[1]

이런 혼란의 시대에 이단들은 계시록의 내용을 자기들의 교리로 합리화하여 진실인 것처럼 선전하며 큰소리칩니다. 그리고 안타깝게도 멀쩡해 보이는 사람들도 이런 사이비와 이단에 쉽게 빠집니다.

그런 의미에서 계시록은 필히 공부해야 합니다. 이 책은 계시록의 본래 메시지를 담아내려고 시도하였습니다. 본래의 메세지를 알고나면 요한계시록은 어려운 책이 아니라는 것을 알게됩니다. 이 책은 요한계시록 강해서도 아니고, 강해 설교 모음집도 아닙니다. 굳이 따지면 이들의 중간쯤 될 것입니다. 주해가 필요한 부분은 주해를 시도하였고, 일부는 설교 자료도 될 것입니다. 일반 성도들도 쉽게 읽고 이해할 수 있도록 시도했습니다. 이 책을 통하여 예수님을 더 분명히 알고, 믿고, 전하는 일에 작게라도 유익함이 있기를 소망합니다.

대덕에서 이병균

제2차 대전 후 소련군의 점령 아래 있었던 오스트리아에서 일어난 일이다.

어느 날 한 부인이 언덕 위에 있는 교회를 향하여 걸어가는 도중 여러 명의 소련 병사에게 질문을 받았다.

"당신은 지금 어디 갑니까?"

"기도하러 교회에 갑니다."

그랬더니 그 병사는 이상하다는 듯이 다시 물었다.

"당신은 무엇을 위해 기도합니까?"

부인은 미소를 지으며 대답하였다.

"천국에 가도록 기도합니다. 그러니 여러분도 천국에 가도록 기도해 드리겠습니다."

소련 병사들은 황급히 고개를 좌우로 흔들었다.

"아니요. 스탈린은 언제나 소련이 천국이라고 선전했습니다. 천국이 그러한 곳이라면 우리는 포기하겠어요. 그러니 아무쪼록 우리가 오스트리아에 그대로 머물도록 기도해 주시오."

세상 것이 아무리 좋아 보여도 예수님께 남아있는 것이 천국입니다.

참고 자료

들어가며

1) 이병균, 『예수님 중심으로 펴는 신앙의 일곱 가지 본질』(도서출판 대장간, 2012), pp. 22-23.
2) Graeme Goldsworthy, 'The Gospel in Revelation: Gospel and Apocalypse', *Biblical Classics Library*, (Paternoster Press, 1984), p. 24.

1강 서론

1) Tan, Paul Lee, *Encyclopedia of 7,700 Illustrations: Signs of Times*, (Assurance Publishers, Rockville, MA, 1988), #4807, p. 1096.
2) William Barclay, *The Revelation of John*, vol. 1, (Westminster Press, Philadelphia, 1976), p. 1.
3) 『요한계시록』, vol. 26, "카리스 종합주석", pp. 21-22.
4) 위의 책, p. 23.

2강

1) 메릴 C. 테니, 『요한계시록 해석』 김근수 역, (기독교 문서선교회, 1988), p. 135.

3강 복음서 요약

1) Michael Faraday, the great scientist, was taken ill. When it became evident that the sickness that had fastened itself upon him would soon result in his death, a group of fellow scientists came to see him – not so much to talk about science as to talk about death. One of them said to him: "Mr. Faraday, what are your speculations about your future?" With evident surprise to them he replied: "Speculations! I have none. I am resting on certainties." Then he quoted II Tim. 1:12: "For I know whom I have believed, and am persuaded that he is able to keep that which I have committed unto him against that day." Tan, Paul Lee, 앞의 책, #1039, p. 311.

5강 예수님의 일곱 교회

1) H. A. Ironside, *Revelation: An ironside Expository Commentary*, (Kregal Publications, Grand Rapid, MI, 2004), pp. 25-48.

6강 첫 사랑 예수님

1) 이병균, 앞의 책, p. 342.

7강 약한 중 강하라

1) William Barclay, 앞의 책, p. 76.

11강 힘을 내어라

1) Tan, Paul Lee, 앞의 책, #4981, p. 1133.

12강 문을 열어라

1) 이병균, 앞의 책, P. 343.

14강 어린 양에게 찬양을

1) H. A. Ironside, 앞의 책, p. 59.

15강 일곱인의 심판

1) Tan, Paul Lee, 앞의 책, #4772, p. 1089.

16강 십사만사천의 비밀

1) 신성종, 『요한계시록 강해』 상권, (도서출판 두란노, 1996), p. 251.

17강 일곱째 인과 일곱 나팔

1) 그리스도의 현현 - 창18:2와 창19:1에 등장하는 사자의 수를 비교

해 보면 뒤에 등장하지 않은 한 사자는 그리스도의 현현이라고 볼 수 있으며, 삿13:19와 사9:6을 비교해 보아도 알 수 있다.

20강 두 감람나무와 일곱째 나팔

1) Gregg, Steve, *Revelation: Four Views: A Parallel Commentary*, (Thomas Nelson Publishers, Nashiville, 1997), pp. 226-233.

2) H. A. Ironside, 앞의 책, p. 112.

3) 『요한계시록』, vol. 26, 카리스 종합주석, p. 657.

4) Bauckham, Richard, 『요한계시록 신학』, 이필찬 역, (한들출판사, 2000), p. 129.

5) MacArther, John, *Revelation 1-11: the MacArther New Testament Commentary*, (Moody Press, Chicago, 1999), p. 298.

6) Bauckham, Richard, 앞의 책, p. 131-132.

22강 두 짐승과 666

1) Tan, Paul Lee, 앞의 책, #217, p. 152.

29강 천년 왕국

1) 신성종, 『요한계시록 강해』 하권, (도서출판 두란노, 1996), p. 202.

2) Riddlebarger, Kim, *A Case for Amillennialism: Understanding the End Time*, (Inter-Varsity Press, Baker

Books, 2003).

나가며

1) 이병균, 앞의 책, p. 354-359.